Método
EVEREST
de español
para extranjeros

Español como segunda lengua

Libro del alumno
NIVEL SUPERIOR

Dirección editorial: Raquel López Varela
Coordinación editorial: Yolanda Lobejón Sánchez
Autores: César Hernández Alonso
Carmen Hoyos Hoyos
Nieves Mendizábal de la Cruz
Beatriz Sanz Alonso
Mª Ángeles Sastre Ruano
Diseño de cubierta: David de Ramón
Alfredo Anievas
Diseño de interiores: Blas Rico Navarro
Maquetación y diagramación: Ana Cristina López Viñuela
Luis Manuel Fernández Arrojo
Carmen García Rodríguez
Azul Faro Díez
Fotografías: Archivo fotográfico Everest
Ilustraciones: Francisco Morais
Archivo fotográfico Everest

© César Hernández Alonso, Carmen Hoyos Hoyos, Nieves Mendizábal de la Cruz, Beatriz Sanz Alonso
© EDITORIAL EVEREST, S. A.
Carretera León-La Coruña, km 5 - LEÓN
ISBN: 84-241-1807-3
Depósito legal: LE. 176-2001
Printed in Spain - Impreso en España

EDITORIAL EVERGRÁFICAS, S. L.
Carretera León-La Coruña, km 5
LEÓN (España)

UNIVERSIDAD DE VALLADOLID

Método
EVEREST
de español
para extranjeros

Español como segunda lengua

Libro del alumno
NIVEL SUPERIOR

Dr. César Hernández Alonso
Dra. Carmen Hoyos Hoyos
Dra. Nieves Mendizábal de la Cruz
Dra. Beatriz Sanz Alonso
Mª Ángeles Sastre Ruano

EVEREST

Introducción

La principal función del lenguaje es la comunicación. A través de ese maravilloso instrumento y mecanismo de interacción entre las personas conformamos nuestra manera de ser y de pensar, a la vez que reafirmamos las bases de nuestra convivencia.

Por ello nuestro *Método Everest de español para extranjeros* se ha concebido como eminentemente comunicativo y creativo; ha buscado siempre los mecanismos de producción discursiva y de enunciación de mensajes, contando con la cooperación activa del estudiante.

Al igual que decíamos en la Introducción del Nivel Intermedio, todo este material que presentamos ha sido aplicado y experimentado por varios profesores en numerosísimos cursos de español a alumnos no hispanohablantes nativos de muy diversas nacionalidades y culturas. Y en todos los casos los resultados han sido muy positivos. Los excelentes frutos que ha dado este Curso en las clases es suficiente garantía de éxito para los objetivos de cualquier profesor que ilusionadamente lo aplique, así como para cualquier estudiante autodidacta que desee perfeccionar su español.

Se ha cuidado en todo momento que la enseñanza de la lengua se realice en el marco de las culturas que la sustentan. Hemos tenido siempre como objetivo prioritario el perfeccionamiento de las destrezas comunicativas fundamentales: que el alumno logre hablar y comunicarse con gran soltura y fluidez; que la comprensión de cualquier mensaje oral o escrito sea la correcta; y que el estudiante sea capaz de producir textos escritos de diversa índole. Y todo ello implicando al alumno en una constante actividad creativa.

Hemos distribuido el *Método* en tres niveles, intencionadamente, buscando que el estudiante al terminar el Nivel Inicial pueda comunicarse dignamente con cualquier hispanohablante en cuestiones, situaciones y materias comunes y cotidianas. Es decir, hemos realizado un nivel Inicial que, arrancando del desconocimiento absoluto del español, llegará a superar muy pronto el nivel umbral y culminará en un nivel medio. El segundo nivel, el Intermedio, arranca de un conocimiento de la lengua suficiente para una comunicación normal cotidiana, intensifica e incrementa la enseñanza de muchas funciones comunicativas y profundiza en el conocimiento de estructuras y léxico en muy diversas situaciones, y, por fin, este Nivel Superior pretende desarrollar la interacción comunicativa, expresiva y comprensiva, de la lengua española hasta lograr que el estudiante no solo se exprese bien, adaptándose a varios registros (culto, estándar, coloquial popular...), sino que sea capaz de escribir muy diversos tipos de textos, apoyándose para ello en el dominio de todos los mecanismos fundamentales de la creatividad a través del lenguaje, y profundizando en la reflexión sobre esos mecanismos y las estructuras que soportan el sistema del español.

En todos los cursos se ha intensificado la metodología cíclica, profundizando y graduando los conocimientos debidamente. Se han atendido, de manera especial en este Nivel Superior, las peculiaridades del habla coloquial popular –con las que el estudiante convive cotidianamente–, así como las particularidades más destacadas del español en Hispanoamérica y de sus culturas. Así se ha desarrollado el conocimiento de muchas frases hechas, de fórmulas fijas estereotipadas, de numerosos refranes, que utilizamos continuamente al hablar. Y, conforme habíamos proyectado desde el inicio, hemos incrementado gradual y progresivamente el léxico, de modo que lográramos al final del *Método* que el alumno conozca bien y utilice un léxico activo de más de 5 000 palabras, lo que supone un rico caudal que le permita comunicarse en todas las situaciones, circunstancias y ambientes.

Aproximadamente ese es el léxico básico que utiliza un hispanohablante culto, sin contar los tecnicismos de las diversas profesiones.

El esquema de cada lección es muy semejante al de los niveles precedentes.

El *lema* o *título* hace referencia al contenido gramatical y a las estructuras que se van a estudiar.

El *diálogo* inicial, a partir de situaciones reales, incluye las principales funciones comunicativas, debidamente graduadas al nivel de los conocimientos. Con él se practicará la comprensión lectora y auditiva; la participación dialogada de varios alumnos, la memorización de frases fijas; y todo ello enriquecido y fijado con los correspondientes ejercicios de explicación textual que le siguen. Estos son un instrumento idóneo para propiciar la intercomunicación oral, para grabar estructuras, para favorecer la expresión oral y escrita en el marco de la creatividad individual del estudiante.

Siguen los *esquemas gramaticales*, a los que el alumno ha llegado inductivamente, a través de los ejercicios precedentes. Estos esquemas, muy cuidados y minuciosos, presentan las estructuras fundamentales de la lengua. Por ello tienen gran importancia que el estudiante las memorice y ejercite, rellenándolas con diverso léxico. Son, pues, excelente recurso de producción textual si se aplican debidamente.

Una segunda parte de la lección se inicia con un *texto*, muy enraizado en la cultura de la lengua, que servirá para completar la capacidad de expresión oral y escrita, como un buen soporte de diálogos y debates, y como mecanismo de enriquecimiento léxico.

El apartado *hablemos del texto* reforzará los objetivos mencionados, y ampliará la competencia comunicativa, así como los conocimientos gramaticales y léxicos.

En el epígrafe *Léxico* se ofrece un buen número de nuevos términos, con los que el alumno se ejercitará. Han sido ordenados por clases de palabras (nombres, adjetivos, verbos...) y por campos léxicos.

Por fin, hemos incluido en este Nivel Superior una *ventana a la cultura*, o más bien a las culturas más relevantes del mundo hispánico. Este apartado es un excelente recurso de diálogos, debates, de ejercicios de producción textual oral y escrita, etc.

En fin, creemos que un estudiante que conozca bien este Método y que lo haya asimilado podrá comunicarse perfectamente en cualquier situación comunicativa de cualquier país en que se hable español.

Valladolid, diciembre 2000

Guía de uso

Lema o Título
Se alude al contenido cultural
y gramatical de la lección.

Diálogo
Representa una situación
real de la vida diaria.

Icono Diálogo

Icono casete
Señala todos los textos que
se podrán escuchar en las
casetes del Método.

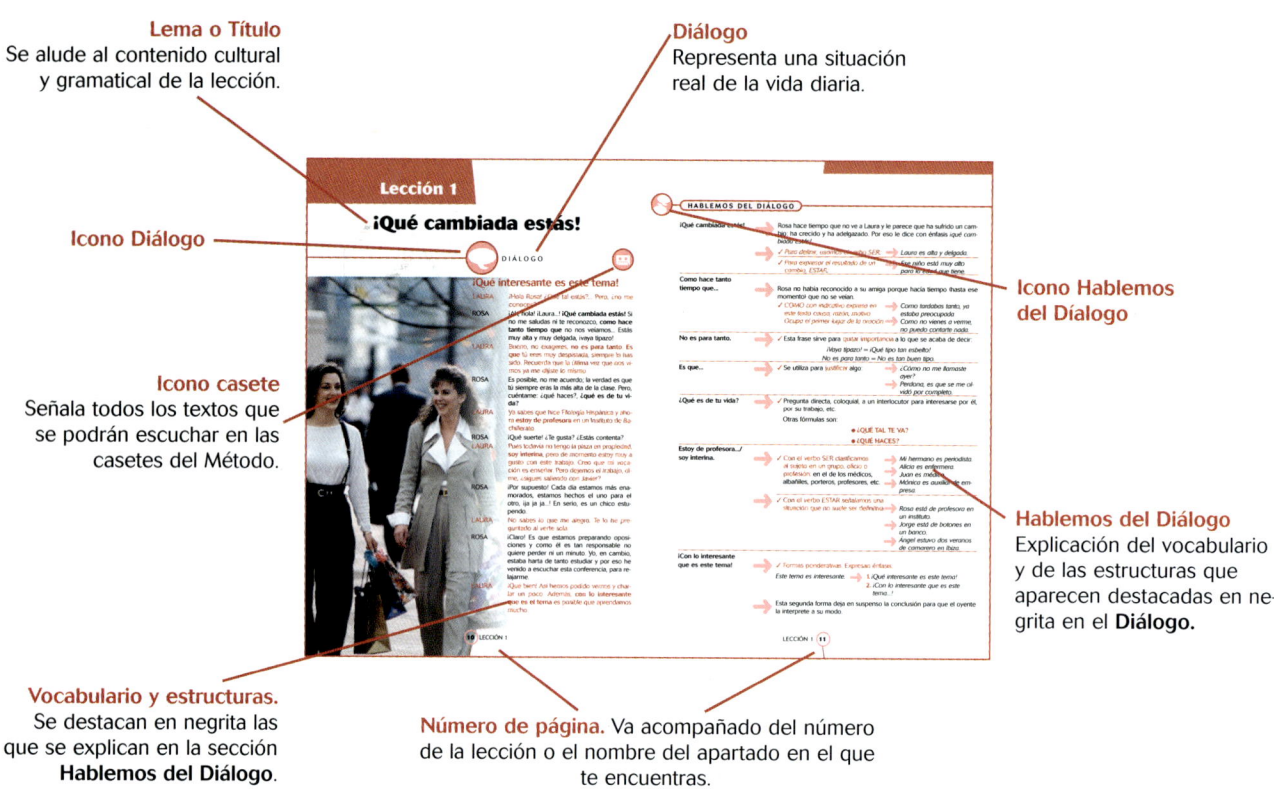

**Icono Hablemos
del Diálogo**

Hablemos del Diálogo
Explicación del vocabulario
y de las estructuras que
aparecen destacadas en negrita en el **Diálogo.**

Vocabulario y estructuras.
Se destacan en negrita las
que se explican en la sección
Hablemos del Diálogo.

Número de página. Va acompañado del número
de la lección o el nombre del apartado en el que
te encuentras.

Los **Ejercicios,** cuyas soluciones se incluyen en el *Libro del Profesor,* pretenden
una interacción con los
alumnos.

Atención o Recuerda.
Son apartados que aportan aclara-
ciones gramaticales necesarias
para realizar los ejercicios.

Las **Órdenes** se resaltan
en mayúsculas y negrita
para facilitar la comprensión del ejercicio.

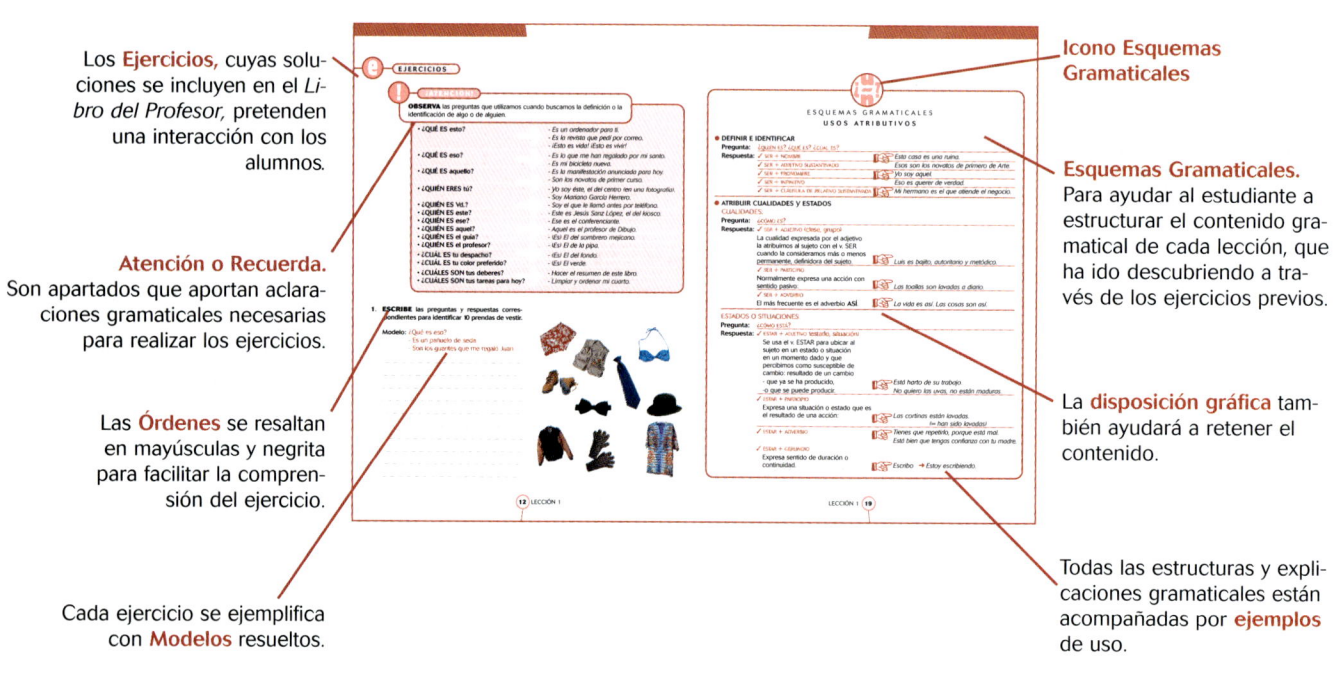

**Icono Esquemas
Gramaticales**

Esquemas Gramaticales.
Para ayudar al estudiante a
estructurar el contenido gramatical de cada lección, que
ha ido descubriendo a través de los ejercicios previos.

La **disposición gráfica** también ayudará a retener el
contenido.

Todas las estructuras y explicaciones gramaticales están
acompañadas por **ejemplos**
de uso.

Cada ejercicio se ejemplifica
con **Modelos** resueltos.

Icono Texto

A lo largo de las lecciones aparece gran número de **Cuadros** con explicaciones gramaticales o de uso, valores, expresiones coloquiales, etc.

Icono casete
Señala todos los textos que podrás escuchar en las casetes del Método.

Texto
Los temas seleccionados permiten asomarse al panorama cultural hispano.

Icono Hablemos del Texto

Hablemos del Texto
Explicación del vocabulario y de las estructuras que aparecen destacadas en negrita en el **Texto.**

Icono Ejercicios de refuerzo

Los **Ejercicios de refuerzo** sirven para reflexionar sobre los objetivos alcanzados y para practicar lo que se ha aprendido.

Las **Órdenes** se resaltan en mayúsculas y negrita para facilitar la comprensión del ejercicio.

Número de página. Va acompañado del número de la lección o el nombre del apartado en el que te encuentras.

Icono Léxico

Léxico
Aparece ordenado por microcampos léxicos y categorías gramaticales.

Microcampos léxicos

Categorías gramaticales

Refranes

Expresiones

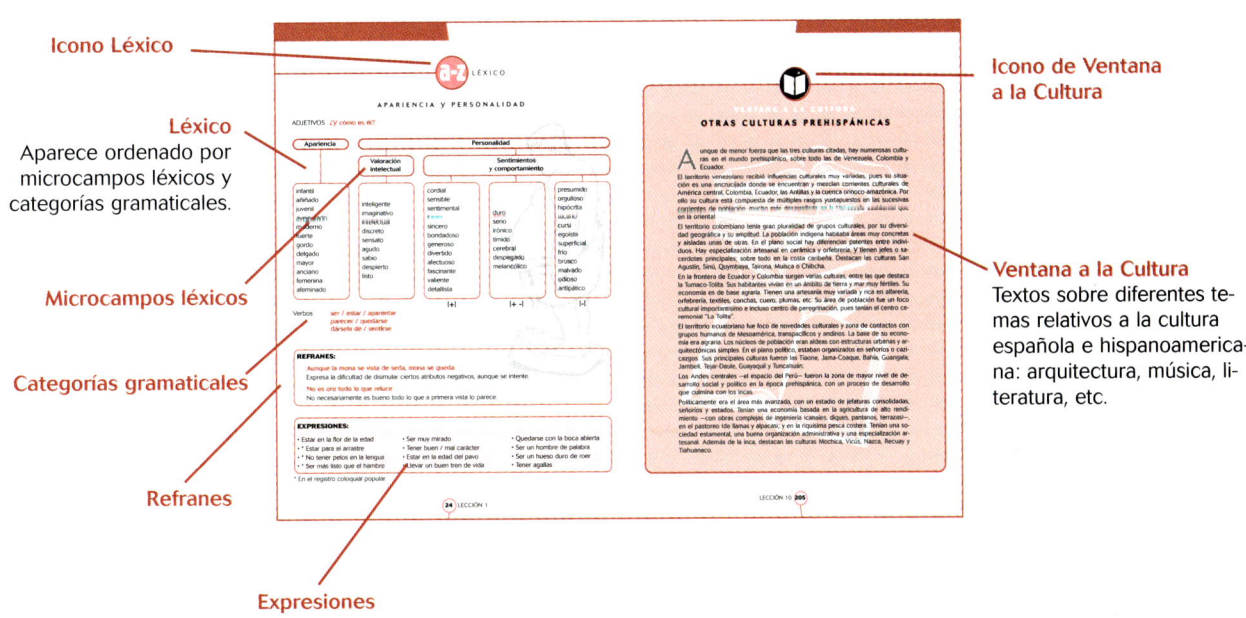

Icono de Ventana a la Cultura

Ventana a la Cultura
Textos sobre diferentes temas relativos a la cultura española e hispanoamericana: arquitectura, música, literatura, etc.

Lección 1

¡Qué cambiada estás!

¡Qué cambiada estás!

 DIÁLOGO

¡Qué interesante es este tema!

LAURA ¡Hola Rosa! ¿Qué tal estás?... Pero, ¿no me conoces?

ROSA ¡Ah, hola! ¡Laura...! **¡Qué cambiada estás!** Si no me saludas ni te reconozco, **como hace tanto tiempo que** no nos veíamos... Estás muy alta y muy delgada, ¡vaya tipazo!

LAURA Bueno, no exageres, **no es para tanto**. Es que tú eres muy despistada, siempre lo has sido. Recuerda que la última vez que nos vimos ya me dijiste lo mismo.

ROSA Es posible, no me acuerdo; la verdad es que tú siempre eras la más alta de la clase. Pero, cuéntame: ¿qué haces?, **¿qué es de tu vida?**

LAURA Ya sabes que hice Filología Hispánica y ahora **estoy de profesora** en un Instituto de Bachillerato.

ROSA ¡Qué suerte! ¿Te gusta? ¿Estás contenta?

LAURA Pues todavía no tengo la plaza en propiedad, **soy interina**, pero de momento estoy muy a gusto con este trabajo. Creo que mi vocación es enseñar. Pero dejemos el trabajo, dime, ¿sigues saliendo con Javier?

ROSA ¡Por supuesto! Cada día estamos más enamorados, estamos hechos el uno para el otro, ¡ja ja ja...! En serio, es un chico estupendo.

LAURA No sabes lo que me alegro. Te lo he preguntado al verte sola.

ROSA ¡Claro! Es que estamos preparando oposiciones y como él es tan responsable no quiere perder ni un minuto. Yo, en cambio, estaba harta de tanto estudiar y por eso he venido a escuchar esta conferencia, para relajarme.

LAURA ¡Qué bien! Así hemos podido vernos y charlar un poco. Además, **con lo interesante que es el tema** es posible que aprendamos mucho.

delgado a: mince.
adelgazar: maigrir   *crecer: grandir*

subir

¡Qué cambiada estás!

 Rosa hace tiempo que no ve a Laura y le parece que ha sufrido un cambio: ha crecido y ha adelgazado. Por eso le dice con énfasis *¡qué cambiada estás!*

 ✓ *Para definir, usamos el verbo SER:* → *Laura es alta y delgada.* ✓

✓ *Para expresar el resultado de un cambio, ESTAR:* → *Ese niño está muy alto para la edad que tiene.* ✓

Como hace tanto tiempo que...

 Rosa no había reconocido a su amiga porque hacía tiempo (hasta ese momento) que no se veían.

✓ *COMO con indicativo expresa en este texto causa, razón, motivo. Ocupa el primer lugar de la oración.*
→ *Como tardabas tanto, ya estaba preocupada.*
→ *Como no vienes a verme, no puedo contarte nada.*

No es para tanto.

 ✓ Esta frase sirve para quitar importancia a lo que se acaba de decir:

¡Vaya tipazo! = ¡Qué tipo tan esbelto!   *svelte*
No es para tanto = No es tan buen tipo.

Es que...

 ✓ Se utiliza para justificar algo:
→ *¿Cómo no me llamaste ayer?*
→ *Perdona, es que se me olvidó por completo.*

¿Qué es de tu vida?

 ✓ Pregunta directa, coloquial, a un interlocutor para interesarse por él, por su trabajo, etc.

Otras fórmulas son:

● **¿QUÉ TAL TE VA?** ✓

● **¿QUÉ HACES?** ✓

Estoy de profesora.../ soy interina.

 ✓ Con el verbo SER clasificamos al sujeto en un grupo, oficio o profesión: en el de los médicos, albañiles, porteros, profesores, etc.
→ *Mi hermano es periodista.*
→ *Alicia es enfermera.*
→ *Juan es médico.*
→ *Mónica es auxiliar de empresa.*

no suele ser
no todavía ser

 ✓ Con el verbo ESTAR señalamos una situación que no suele ser definitiva.

ne ...pas encore

→ *Rosa está de profesora en un instituto.*
→ *Jorge está de botones en un banco.*
→ *Ángel estuvo dos veranos de camarero en Ibiza.*

¡Con lo interesante que es este tema!

 ✓ Formas ponderativas. Expresan énfasis:

Este tema es interesante. → **1.** *¡Qué interesante es este tema!*
2. *¡Con lo interesante que es este tema...!*

→ Esta segunda forma deja en suspenso la conclusión para que el oyente la interprete a su modo.

OBSERVA las preguntas que utilizamos cuando buscamos la definición o la identificación de algo o de alguien.

• ¿QUÉ ES esto?	- *Es un ordenador para ti.*
	- *Es la revista que pedí por correo.*
	- *¡Esto es vida! ¡Esto es vivir!*
• ¿QUÉ ES eso?	- *Es lo que me han regalado por mi santo.*
	- *Es mi bicicleta nueva.*
• ¿QUÉ ES aquello?	- *Es la manifestación anunciada para hoy.*
	- *Son los novatos de primer curso.*
• ¿QUIÉN ERES tú?	- *Yo soy éste, el del centro (en una fotografía).*
	- *Soy Mariano García Herrero.*
• ¿QUIÉN ES Vd.?	- *Soy el que le llamó antes por teléfono.*
• ¿QUIÉN ES este?	- *Este es Jesús Sanz López, el del kiosco.*
• ¿QUIÉN ES ese?	- *Ese es el conferenciante.*
• ¿QUIÉN ES aquel?	- *Aquel es el profesor de Dibujo.*
• ¿QUIÉN ES el guía?	- *(Es) El del sombrero mejicano.*
• ¿QUIÉN ES el profesor?	- *(Es) El de la pipa.*
• ¿CUÁL ES tu despacho?	- *(Es) El del fondo.*
• ¿CUÁL ES tu color preferido?	- *(Es) El verde.*
• ¿CUÁLES SON tus deberes?	- *Hacer el resumen de este libro.*
• ¿CUÁLES SON tus tareas para hoy?	- *Limpiar y ordenar mi cuarto.*

1. **ESCRIBE** las preguntas y respuestas correspondientes para identificar **10** prendas de vestir.

   Modelo: ¿Qué es eso?
   - Es un pañuelo de seda.
   - Son los guantes que me regaló Juan.

2. IDENTIFICA a los personajes de las fotografías por su vestimenta o por sus rasgos físicos.

Modelo:

- María López Sastre es la del sombrero.
- Pedro es el que lleva el pelo (cortado) a cepillo.

OBSERVA cómo atribuimos o referimos cualidades a un sujeto gramatical:

- y ¿CÓMO ES él?

  - *Es inteligente.*
  - *Es nervioso.*
  - *Es hábil.*

OBSERVA cómo atribuimos situaciones o estados a un sujeto:

- ¿CÓMO ESTÁ...?

  - *El cielo está azul.*
  - *El cielo está nublado.*
  - *El cielo está gris.*

  - *Diego estaba contento porque había ganado su equipo.*
  - *Juan está soltero y sin compromiso.*
  - *Estos plátanos no se pueden comer, están muy verdes.*

3. FORMA PAREJAS de contrarios con los adjetivos que describen el físico. **ÚNELOS** con una línea y **ESCRIBE** las frases correspondientes.

Modelo:

Juan es alto, pero Fátima es baja.

Juan, **alto** 1 ●	● 1 Claudia, **delgada**
Andrés, **gordo** 2 ●	● 2 Marta, **guapa**
Eugenio, **moreno** 3 ●	● 3 Lidia, **rubia**
Pedro, **apuesto** 4 ●	● 4 Fátima, **baja**
Francisco, **feo** 5 ●	● 5 Sara, **desgarbada**
Jaime, **blanco** 6 ●	● 6 María, **mulata**

Andrés es gordo, pero Claudia es delgada.
Eugenio es moreno, pero Lidia es rubia.
Pedro apuesto, pero Sara es desgarbada.
Francisco es feo pero Marta es guapa.
Jaime es blanco pero Zara es Mulata.

4. FORMA PAREJAS. UNE los números cuyos adjetivos tengan significado semejante. Son adjetivos que expresan personalidad. **ESCRIBE** cinco frases.

Modelo: Juan es simpático y Sara también es muy sociable.

Juan, **simpático** 1   1 Claudia, **lista**
Andrés, **inteligente** 2   2 Marta, **estudiosa**
Eugenio, **imaginativo** 3   3 Lidia, **ingeniosa**
Pedro, **vago** 4   4 Fátima, **idiota**
Francisco, **trabajador** 5   5 Sara, **sociable**
Jaime, **imbécil** 6   6 María, **perezosa**

---

5. FORMA PAREJAS de diferencias o contrastes con los siguientes adjetivos clasificadores según la religión, política, nacionalidad, tendencias, etc. **UNE** los números con una línea y **ESCRIBE** cinco frases.

Modelo: Juan es ateo, en cambio, María es católica.

Juan, **ateo** 1   1 Claudia, **liberal**
Andrés, **comunista** 2   2 Marta, **colombiana**
Eugenio, **patrón** 3   3 Lidia, **clásica**
Pedro, **vanguardista** 4   4 Fátima, **obrera**
Francisco, **inglés** 5   5 Sara, **republicana**
Jaime, **monárquico** 6   6 María, **católica**

Andrés es communista, en cambio Claudia es liberal
Eugenio es patrón, en cambio Fátima es obrera
Pedro es vanguardista, en cambio Lidia es clásica
Francisco es Ingles, en cambio Marta es Colombiana
Jaime es monárquico, en cambio, María es católica

---

6. ESCRIBE en el espacio en blanco la forma adecuada del verbo SER o ESTAR.

1. Ana *está* ridícula con ese sombrero.
2. Luis no se atreve a saludar a su profesor porque *es* muy tímido.
3. Ese niño *está* tan mimado que *esta* inaguantable.
4. No me gusta Paco, *es* un pedante.
5. ¡Cuidado con el perro! *está* rabioso.
6. El ciclista ya *está* dispuesto para la carrera.
7. Otra vez viene Antonio con nosotros, ¡con lo pelmazo que *está*!
8. ¡Qué guapa *está* Victoria hoy con ese nuevo peinado!
9. Juan *es* alegre por naturaleza, pero hoy no ha recibido carta de su novia y *está* melancólico.
10. Pilar *es* mi cuñada porque *es* casada con mi hermano.

¡Cuidado con el perro! Está rabioso.

En el diálogo, Laura dice: "... de momento *estoy muy a gusto* con este trabajo". Podemos sustituir *muy a gusto* por *bien, muy bien, estupendamente,* etc. Lo contrario sería *estar mal, muy mal*. También se pueden usar otros adverbios: *mejor* y *peor*.

A veces en lugar del adverbio se utilizan expresiones más o menos equivalentes:

Estar bien de la cabeza.   *Estar en sus cabales.*
Estar todo bien, preparado.   *Estar a punto.*
Estar la comida bien cocinada.   *Estar en su punto.*
Estar todo mal, con desorden.   *Estar todo patas arriba* (coloquial).

7. UTILIZA alguna de las expresiones del recuadro en estas frases.

1. El Presidente retrasó un poco la conferencia porque su discurso aún no estaba *a punto*
2. ¡Enhorabuena por la cena! Todo ha estado *en su punto.*
3. Su habitación era un desastre. Todo estaba *en sus cabales.*
4. Pero, ¡qué tonterías haces! Parece que no estás *toda patas arriba*

8. PROTESTA por algo con lo que no estés de acuerdo y **ESCRIBE** la frase correspondiente.

UTILIZA alguna de estas construcciones:
¡Ya está bien, oiga!
¡Ya está bien de guasa!
¡Ya está bien de que el ascensor no funcione!
¡Ya está bien de que no haya calefacción!

En estos casos literalmente se dice que algo está bien, pero la entonación exclamativa anula ese significado y equivale a 'eso está mal'.

NO FUNCIONA LA CALEFACCIÓN

9. FÍJATE en estas frases:

La vida es así. ¡Así es la vida!
Mi suegra es así, ¡qué le vamos a hacer!
Siendo así, no tienes que preocuparte.

ESCRIBE otras tres frases con el verbo SER + ASÍ.

10. OBSERVA la diferencia de sentido en estas frases y coméntalas:

> - Estos ancianos **son visitados** diariamente por el médico.
> - **Están** bien **atendidos**.
> - En esta Residencia la comida **es cocinada** cada día con productos frescos.
> - La comida ya **está cocinada**.
> - La luz **está apagada** = ha sido apagada.

UTILIZA una forma verbal de **SER** o **ESTAR**, según el contexto:

Modelos: Los uniformes ya están lavados y planchados.
La puerta fue cerrada de un portazo.

1. Hay que buscar otro; el apartamento del anuncio que vimos ayer ya _están_ alquilado.
2. La pizarra de clase _es_ borrada cada día por el bedel.
3. Las páginas del periódico _son_ revisadas atentamente antes de imprimirlas.
4. Este ciclista _es_ admirado por sus compañeros porque _es_ un campeón y una buena persona.
5. Las ventanas _están_ abiertas para que entrara el sol.

11. PREGUNTA a tus compañeros qué están haciendo.

FÍJATE en las preguntas: 1 ¿QUÉ LEES? ⟶ 2 ¿QUÉ ESTÁS LEYENDO?
Con la segunda forma se pone de relieve un sentido durativo, de continuidad.

> Estudio álgebra. ⟶ Estoy estudiando álgebra.
> Leía el periódico. ⟶ Estaba leyendo el periódico.
> Toqué la guitarra. ⟶ Estuve tocando la guitarra.

> En el ejercicio anterior has visto el uso de SER y ESTAR con participio. Aquí se utiliza el verbo ESTAR con gerundio. Con el verbo SER sólo se usa el gerundio en construcciones como: FUE bailando COMO la conocí.

TRANSFORMA estas frases para que expresen sentido durativo:

1. El pintor copiaba el paisaje. ⟶
2. El profesor explica la lección. ⟶
3. El cirujano operó por la tarde. ⟶

12. FÍJATE cómo preguntamos por la situación real o figurada de un sujeto:

¿Dónde ESTÁ mi chaqueta de punto? (real)
(ESTÁ) encima de la mesa / en el armario / ahí, en la silla / donde la dejaste esta mañana.

¿Dónde ESTÁ el problema? (figurada)
El problema ESTÁ en encontrar una fecha adecuada para la reunión.

CONTESTA estas preguntas:

1. ¿Dónde está tu casa? (Calle, nº de vivienda y piso)

Está en la calle "des Promenades", nº 11.

2. ¿Dónde está lo positivo de este negocio?

El positivo de este negocio está esta avantajos para el vendor y el comprador

13. ESCUCHA y luego **LEE** con atención este breve diálogo:

JUAN ¿A cuántos estamos? ¿Qué día es hoy? ¡No sé ni el día en que vivo!

LOLA Pues hoy es jueves y estamos a veinte de mayo.

JUAN ¿Ya estamos a veinte? ¡Cómo pasa el tiempo! Oye, tengo que marcharme, es algo tarde.

LOLA No te vayas tan pronto. Aún es de día y falta un rato para que sea de noche.

INVENTA la situación de una persona en un tiempo y lugar concretos. **ESCRÍBELA.**

Modelo:

El 15 de mayo era lunes y Ana estaba en casa deseando que fuera de noche para salir con su amigo.

14. Presta atención al significado de estas frases:

El examen será (= se celebrará) en mayo.
La conferencia fue (= tuvo lugar) el lunes, 8 de Febrero, en el Salón de la Caja de Ahorros.

ESCRIBE una forma verbal de SER o ESTAR, según el contexto:

Modelo:

La boda será para el año que viene. / El regalo está donde lo guardaste.

1. La solución *está* en ahorrar un poco más de dinero.

2. La manifestación *era* el jueves pasado, en la plaza de la Universidad.

3. Nuestra casa *es* cerca del Estadio, a cinco minutos en coche.

4. Lo que has dicho _____ fuera de lugar.

5. El museo de pintura *es* en la plaza donde nos conocimos.

15. ESCUCHA y luego **LEE** este breve fragmento. En él se describe la forma física y la personalidad de Juanito Santa Cruz, el protagonista masculino de la novela *Fortunata y Jacinta*, escrita por Benito Pérez Galdós (1843-1920). Es un retrato:

> Tenía Juanito entonces veinticuatro años (...). Era el hijo de D. Baldomero, **muy bien parecido** y además muy simpático (...). Por lo bien que decía las cosas y la gracia de sus **juicios** aparentaba saber más de lo que sabía, y en su boca las **paradojas** eran más bonitas que las verdades. Vestía con elegancia y tenía tan buena educación, que se le perdonaba fácilmente el hablar demasiado. Su instrucción y su ingenio agudísimos le hacían **descollar** sobre todos los demás mozos de la partida.

Muy bien parecido: *de buena figura, apuesto.*
Juicios: *opiniones, pareceres.*
Paradojas: *frases que expresan aparente contradicción.*
Descollar: *sobresalir, destacar.*

HAZ un retrato de alguien que tú conozcas. **TEN EN CUENTA** los verbos SER, TENER y LLEVAR.

16. JUEGO: CADA OVEJA CON SU PAREJA.

LEE atentamente las siguientes frases en cursiva. Son expresiones idiomáticas que hacen referencia a partes del cuerpo. Los significados correspondientes están en la otra columna, pero colocados desordenadamente. El juego consiste en **UNIR** cada expresión idiomática con su significado.

1 ☐	5 ☐
2 ☐	6 ☐
3 ☐	7 ☐
4 ☐	8 ☐

EXPRESIONES IDIOMÁTICAS

1. Eduardo, desde que sale con Mercedes, parece que *ha sentado la cabeza.*
2. ¡Qué imbécil! Has actuado como una persona que *no tiene ni dos dedos de frente.*
3. El padre estaba disgustado con su hijo y le *echó en cara* lo mucho que había trabajado para darle estudios.
4. He comprado una moto *de segunda mano.*
5. Lo hizo todo muy pronto, *en un abrir y cerrar de ojos.*
6. *LUIS:* - ¡Menudo cochazo!, le *habrá costado un ojo de la cara.*
7. *JUAN:* - No importa, ese bien puede. Heredó el capital de una tía soltera, así que *tiene el riñón bien forrado.*
8. Oye, dime la verdad y no me *tomes el pelo.*
9. La policía sorprendió a los ladrones *con las manos en la masa.*

SIGNIFICADOS

A. Ser el segundo propietario.
B. Momento en el que se está realizando la acción.
C. Comportarse con sensatez.
D. Reprochar algo a alguien.
E. Ser muy rico, tener mucho dinero.
F. Rápidamente.
G. Burlarse de alguien.
H. Cantidad de dinero muy elevada.
I. No ser inteligente.

ESQUEMAS GRAMATICALES
USOS ATRIBUTIVOS DE SER Y ESTAR

● **DEFINIR E IDENTIFICAR**

Pregunta: ¿QUIÉN ES? ¿QUÉ ES? ¿CUÁL ES?

Respuesta:

✓ SER + NOMBRE	*Esta casa es una ruina.*
✓ SER + ADJETIVO SUSTANTIVADO	*Esos son los novatos de primero de Arte.*
✓ SER + PRONOMBRE	*Yo soy aquel.*
✓ SER + INFINITIVO	*Eso es querer de verdad.*
✓ SER + CLÁUSULA DE RELATIVO SUSTANTIVADA	*Mi hermano es el que atiende el negocio.*

● **ATRIBUIR CUALIDADES Y ESTADOS**

CUALIDADES:

Pregunta: ¿CÓMO ES?

Respuesta: ✓ SER + ADJETIVO (clase, grupo)

La cualidad expresada por el adjetivo la atribuimos al sujeto con el v. SER cuando la consideramos más o menos permanente, definidora del sujeto.

Luis es bajito, autoritario y metódico.

✓ SER + PARTICIPIO

Normalmente expresa una acción con sentido pasivo:

Las toallas son lavadas a diario.

✓ SER + ADVERBIO

El más utilizado es el adverbio **ASÍ**.

La vida es así. Las cosas son así.

ESTADOS O SITUACIONES:

Pregunta: ¿CÓMO ESTÁ?

Respuesta: ✓ ESTAR + ADJETIVO (estado, situación)

Se usa el v. ESTAR para ubicar al sujeto en un estado o situación en un momento dado y que percibimos como susceptible de cambio: resultado de un cambio que ya se ha producido, o que se puede producir.

Está harto de su trabajo.
No quiero las uvas, no están maduras.

✓ ESTAR + PARTICIPIO

Expresa una situación o estado que es el resultado de una acción:

Las cortinas están lavadas.
(= han sido lavadas)

✓ ESTAR + ADVERBIO

Tienes que repetirlo, porque está mal.
Está bien que tengas confianza con tu madre.

✓ ESTAR + GERUNDIO

Expresa sentido de duración o continuidad.

Escribo → *Estoy escribiendo.*

ESQUEMAS GRAMATICALES
USOS PREDICATIVOS DE SER Y ESTAR

● **PARA SITUAR**

ESTAR: Expresa situación real o figurada del sujeto.

Pregunta: *¿DÓNDE ESTÁ?* **Respuesta:** *Los obreros están en la mina* (real).
La clave del problema está en los sindicatos (figurada).

SER: Expresa un suceso o acontecimiento y puede situarlo en el tiempo y / o en un lugar. Para situar algo que no sea un suceso se utiliza el v. ESTAR.

Pregunta: *¿DÓNDE ES?* **Respuesta:** *Las elecciones generales son el 2 de julio* (ubicación en el tiempo).

¿DÓNDE SERÁ? *El examen será el martes, día 22, en el aula "Antonio Nebrija".*
(= tendrá lugar, se efectuará)

● **PARA EXPRESAR TIEMPO**

SER: **Pregunta:** *¿QUÉ (DÍA) ES HOY?* **Respuesta:** *Hoy es lunes.*
• También el verbo SER expresa tiempo en la construcción sin sujeto o impersonal: *Es pronto; es tarde; es de día; es de noche.*

ESTAR: **Pregunta:** *¿A CUÁNTOS ESTAMOS?* **Respuesta:** *Estamos a 27 de febrero.*

OTRAS ESTRUCTURAS ATRIBUTIVAS

SER: SER + PREPOSICIÓN + SUSTANTIVO *Isidoro era de pueblo.*
SER + ATRIBUTO (SUSTANTIVO) + SUJETO (CLÁUSULA) *Es una pena que vendas la casa.*
SER + ATRIBUTO (ADJETIVO) + SUJETO (CLÁUSULA) *Es malo que fumes tanto.*

ESTAR: ESTAR + PREPOSICIÓN + SUSTANTIVO *Mi marido está de viaje.*
SUJETO + ESTAR + ATRIBUTO (CLÁUSULA) *Él está que muerde.*

FRASES PONDERATIVAS:
SUJETO + SER O ESTAR + ADJETIVO + COMPARACIÓN *Raúl es lento como una tortuga.*
Raúl es más lento que una tortuga.

OTROS VERBOS ATRIBUTIVOS: PERMANECER, SEGUIR, ANDAR, PARECER...

● **Adjetivos que prefieren el verbo SER**
- Expresan nacionalidad, religión, ideología política, tendencias culturales y sociales, clases, etc. *Francés, protestante, demócrata...*
- Adjetivos verbales: *Abrumador, angustioso...*

● **Adjetivos que prefieren el verbo ESTAR**
- Expresan: estado o situación en la que se halla un sujeto. *Guillermo está alegre, pero Guillermina está inaguantable.*
- Si se emplean con SER pasan a **designar cualidades:** *Guillermo es alegre* (forma de ser).
Guillermina es inaguantable (forma de ser).

● **Adjetivos que cambian de significado con el verbo SER o con ESTAR** *Ser bueno / Estar bueno.*
Ser listo / Estar listo.

Advertencia: En ocasiones el empleo de SER o ESTAR dependerá de la actitud del hablante. *Ser guapa / Estar guapa.*

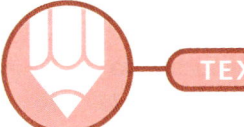

El pueblo en la cara

Ya en el año cinco, al marchar a la ciudad para lo del bachillerato, me avergonzaba ser de pueblo y que los profesores me preguntasen (sin **indagar** antes si yo era de pueblo o de ciudad): "Isidoro, ¿de qué pueblo eres tú?" Y también me **mortificaba** que **los externos se dieran de codo** y **cuchichearan entre sí**: "¿Te has fijado qué cara de pueblo tiene **el Isidoro**?" o, simplemente que **prescindieran de mí** cuando **echaban a pies** para disputar una partida de **zancos** o de pelota china y dijeran **despectivamente**: "Ese no; ese es de pueblo".

Miguel Delibes
"Viejas historias de Castilla la Vieja"

HABLEMOS DEL TEXTO

Indagar: Averiguar.

Mortificar: Causar sufrimiento.

Los externos: Los alumnos externos, los que no vivían en el colegio.

Darse de codo: Advertir a alguien tocándole el codo.

Cuchichear: Hablar en voz baja.

El Isidoro: El artículo con los nombres propios de persona es un uso rural en España.

Prescindir de uno: No tenerle en cuenta.

Echar a pies: Procedimiento en los juegos infantiles para decidir quién elegía primero a los de su equipo.

Zancos: Palos altos que se atan a los pies.

Despectivamente: Con desprecio.

EJERCICIOS DE REFUERZO

17. LEE las siguientes frases y **SEÑALA** el significado de la parte en cursiva:

1. El cuadro de Las Meninas *es de Velázquez*.
2. Isidoro *era de pueblo* y sus compañeros *eran de ciudad*.
3. Estas gafas *son de Quique*. No las rompas.
4. El disco que compré ayer *es para Carlos*.
5. Los muertos en las películas *son de mentira*.

Modelo: El anillo de mi madre *es de oro* (materia).

FÍJATE, "Isidoro *era de pueblo*". Así se expresa la procedencia o el origen.

SER + PREPOSICIÓN + SUSTANTIVO

Es una construcción que expresa diversos significados (propiedad, autor, destinatario, origen, materia, modo, etc.).

18. OBSERVA atentamente estas otras frases:

1. Aunque *estamos en invierno* no hace mucho frío.
2. Ya no se llevan esos pantalones, no *están de moda*.
3. Mi jefe hoy *no está para bromas*.
4. ¡No sé dónde vamos a llegar! El pescado *está por las nubes*.
5. Esta noche *estoy de guardia* en el hospital.
6. *Estoy de acuerdo* con lo que dices.
7. Mi marido es representante y actualmente *está de viaje*.
8. Ha subido la temperatura, *estamos a veinte grados*.
9. Luis ya tiene trabajo, *está de conserje*.

> **ESTAR + PREPOSICIÓN + SUSTANTIVO**
> Con esta construcción se expresan también muchos significados (situación en el tiempo, en el trabajo, situación anímica, precio, temperatura, modo, etc.).

IDENTIFICA alguno de estos significados en las frases anteriores.

1. _____	4. _____	7. _____
2. _____	5. _____	8. _____
3. _____	6. _____	9. _____

19. TRANSFORMA la parte cursiva de estas frases en la otra variante.

1. Fue un acierto *que construyeran el pantano*.

    _____

2. Es una pena *no arreglar ese traje*.

    _____

3. Es un error *vender las tierras*.

    _____

4. Es una lástima *que abandonemos el pueblo*.

    _____

5. Es una gozada *disfrutar de estas vistas*.

    _____

Modelo: Fue un acierto construir el pantano.

> A veces para referirnos a una situación o un hecho usamos, por economía, pronombres neutros.
>
> *Esto es una pena.*
>
> En cambio, cuando explicitamos el contenido de *esto*, tenemos dos variantes:
>
> *Es una pena que vendas la casa familiar.*
> (VERBO CONJUGADO)
>
> *Es una pena vender la casa familiar.*
> (VERBO EN INFINITIVO)

20. TRANSFORMA la parte cursiva de las siguientes oraciones en las otras variantes, según el modelo.

1. Es útil *que hagamos un inventario*.

    _____

2. Es conveniente *preparar las maletas con tiempo*.

    _____

3. Es interesante *visitar la parte antigua de la ciudad*.

    _____

4. Es necesario *que estudies bien los temas de la oposición*.

    _____

5. Es bueno *hacer ejercicio físico cada día*.

    _____

Modelo: Es útil hacer un inventario. Lo útil es hacer un inventario. Lo útil es que hagas (haga, hagáis, etc.) un inventario.

> **COMPARA** las frases del ejercicio anterior con estas:
>
> *Es malo que fumes tanto.*
> *Es malo fumar tanto.*
>
> Otras variantes serían:
>
> *Lo malo es fumar tanto.*
> *Lo malo es que fumes tanto.*
>
> La diferencia está en que aquí el atributo es un adjetivo: *malo*, frente a las otras en las que el atributo era un sustantivo (*acierto, pena, error*, etc.).

21. PIENSA el atributo adjetivo-participio que corresponde a estas frases:

1. Felipe no ha conseguido aumento de sueldo y está *que trina*. ....

2. A Javier le ha tocado la lotería y está *que no cabe en sí*. ....

3. Espera un poco. La sopa está *que arde*. ....
4. A Félix le ha llevado el coche la grúa y está *que bota*.

5. Rosa ha ganado el premio del concurso y está *que bota*. ....

> **RECUERDA** que para atribuir situaciones o estados a un sujeto se utiliza:
>
> ### ESTAR + ADJETIVO-PARTICIPIO
>
> *Juan está furioso / Luis está cansado.*
>
> Pero también se puede expresar con cierto énfasis esa situación, estado o actitud de esta manera:
>
> *Juan está que muerde.*
> *Luis está que no se tiene en pie.*

22. ESCRIBE el adjetivo adecuado, teniendo en cuenta el contexto:

1. La abuela tenía muchos años; ella misma decía que era más .... que Matusalén.

2. Pepita sólo podía usar tallas grandes, estaba más .... que una vaca.

3. Con esta chica no se pueden hacer planes. No razona. Está .... como una cabra.

4. Su novia es muy agradable, es .... como la miel.

5. Iñaki ha bebido mucho. Está .... como una cuba.

Modelo: La abuela tenía muchos años; ... decía que era más vieja que Matusalén.

> Otra estructura ponderativa para intensificar la atribución de cualidades o estados es:
>
> ### SER o ESTAR + ADJETIVO + COMPARACIÓN
>
> *Raúl es lento como una tortuga.*
> *Raúl es más lento que una tortuga.*
>
> *Daniel está alegre como unas Pascuas.*
> *Daniel está más alegre que unas Pascuas.*

23. CONSTRUYE frases atributivas con estos adjetivos y **UTILIZA** en cada caso el verbo que te parezca más adecuado:

Callado

Ateo

Mentiroso

Tonto

Loco

Preso

> **OBSERVA** estas frases:
>
> *Miguel es simpático* (definir modo de ser habitual).
> *Miguel hoy está simpático* (permanecer un tiempo en un estado).
> *Miguel se ha vuelto muy simpático* (hacerse).
> *Miguel parece simpático* (parecer).
>
> Además de SER y ESTAR hay otros verbos como PERMANECER, SEGUIR, ANDAR, HACERSE, VOLVERSE, PONERSE, PARECER, etc. que se utilizan para atribuir cualidades o estados, pero que al mismo tiempo aportan algún significado:
>
> *Juan anda triste* (indica permanencia en un estado y además comportamiento externo).
> *Mi prima sigue enferma* (continuidad en la permanencia).
> *Ramón se hizo socialista* (cambio).
> *Lola se puso seria* (cambio).

 LÉXICO

APARIENCIA Y PERSONALIDAD

ADJETIVOS **¿Y cómo es él?**

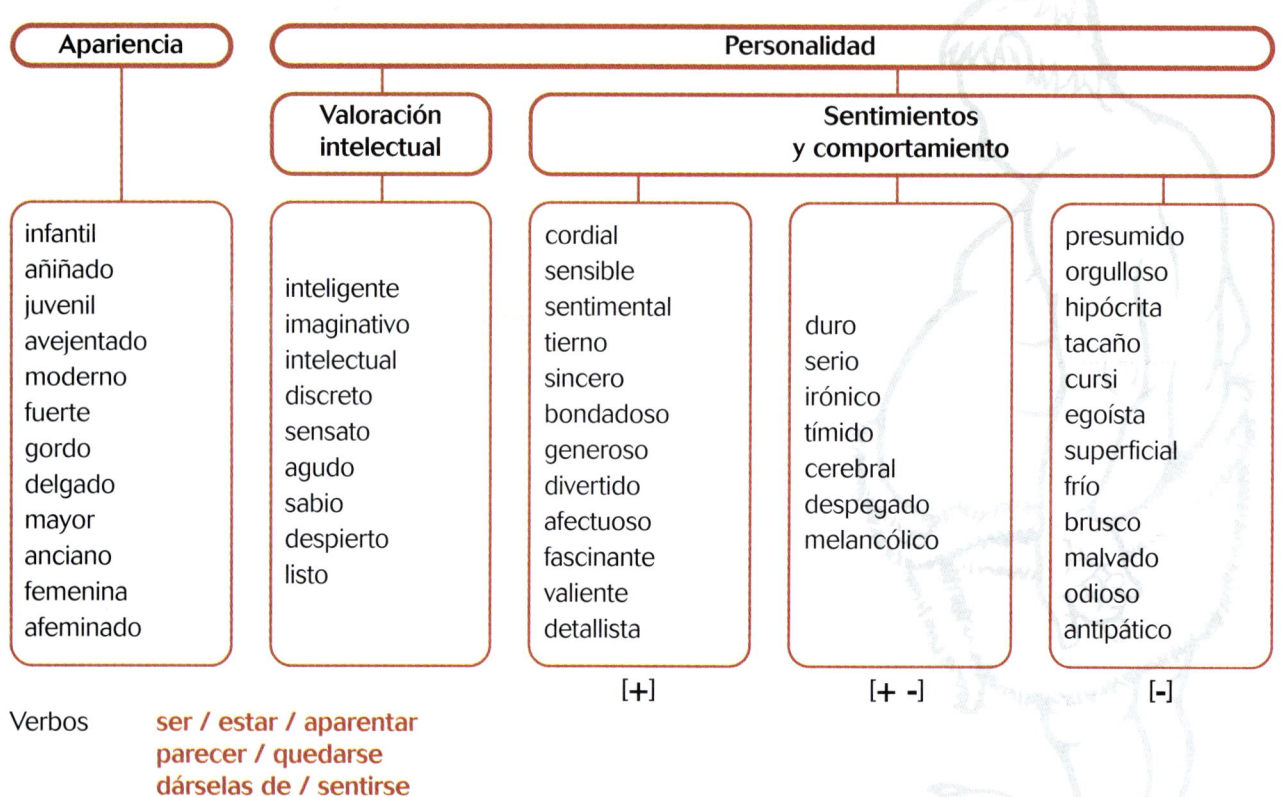

Apariencia	Personalidad			
	Valoración intelectual	**Sentimientos y comportamiento**		
infantil	inteligente	cordial		presumido
añiñado	imaginativo	sensible		orgulloso
juvenil	intelectual	sentimental	duro	hipócrita
avejentado	discreto	tierno	serio	tacaño
moderno	sensato	sincero	irónico	cursi
fuerte	agudo	bondadoso	tímido	egoísta
gordo	sabio	generoso	cerebral	superficial
delgado	despierto	divertido	despegado	frío
mayor	listo	afectuoso	melancólico	brusco
anciano		fascinante		malvado
femenina		valiente		odioso
afeminado		detallista		antipático
		[+]	[+ -]	[-]

Verbos **ser / estar / aparentar parecer / quedarse dárselas de / sentirse**

REFRANES:

Aunque la mona se vista de seda, mona se queda.
Expresa la dificultad de disimular ciertos atributos negativos, aunque se intente.

No es oro todo lo que reluce.
No necesariamente es bueno todo lo que a primera vista lo parece.

EXPRESIONES:

- Estar en la flor de la edad.
- * Estar para el arrastre.
- * No tener pelos en la lengua.
- * Ser más listo que el hambre.
- Ser muy mirado.
- Tener buen / mal carácter.
- Estar en la edad del pavo.
- Llevar un buen tren de vida.
- Quedarse con la boca abierta.
- Ser un hombre de palabra.
- Ser un hueso duro de roer.
- Tener agallas.

* En el registro coloquial popular.

24. EXPLICA las expresiones en cursiva. **IMAGINA** un contexto en el que se puedan utilizar.

> **Modelo:** *¡Uff...! Estoy para el arrastre.*
> He trabajado mucho hoy y estoy muy cansado.

1. Tienes que perdonarle todas esas tonterías. Ya sabes, *está en la edad del pavo*.

2. Este niño *es más listo que el hambre*.

3. Yo digo la verdad a quien sea, *no tengo pelos en la lengua*.

4. Los Rodríguez *llevan un tren de vida* por encima de sus posibilidades.

5. Pensé que Alberto *era un hombre de palabra*.

25. LEE con atención el siguiente anuncio. **BUSCA** las construcciones conocidas con el verbo SER.

Puedes consultar los Esquemas Gramaticales.

Es de cristal. Es económico. Es muy bonito. Es para hombres. Es para mujeres. Es para mí. Es para ti. Es para todos los que viven en esta casa. Es una fragancia. Es una pena que se acabe.

26. ENLAZA la explicación de la columna **A** con el adjetivo correspondiente de la columna **B**.

A   B

A		B
Ingenioso, despabilado. 1 ●	● a	Despegado.
Áspero en el trato, poco cariñoso. 2 ●	● b	Despierto.
Calculador, sereno, que no se inmuta. 3 ●	● c	Irónico.
Que presume de fino y elegante sin serlo. 4 ●	● d	Frío.
Que en sus comentarios utiliza una burla fina y disimulada. 5 ●	● e	Cursi.

EL ESPAÑOL EN EL MUNDO

El castellano o español es una lengua derivada del latín que nació en el extremo oriental del reino asturiano. Con la Reconquista —es decir con la guerra de los cristianos contra los árabes (siglos IX al XV)— los hablantes de esta lengua fueron bajando hacia el sur, con lo que se convirtió en el idioma de prácticamente toda la península, a excepción de Portugal.

El año 1492, el del descubrimiento de América, fue el más importante para nuestra lengua, porque en él se publicó la *Gramática de la Lengua Castellana* de Nebrija, que fue la primera escrita en una lengua romance —o sea, derivada del latín— y la que los evangelizadores llevaron al nuevo mundo para enseñar. En ese año se decreta la expulsión de los judíos de España. Estos judíos —*sefardíes*— se dirigieron a varios países de Europa, del Norte de África, a América y a Turquía, sin perder hasta hoy día su lengua española.

Pero el suceso fundamental para nuestra lengua fue su viaje a América. Allí creció, se expandió y adoptó un amplio número de indigenismos para convertirse, en el siglo XIX, en la lengua de toda la América española, en el vehículo de pensamiento, en una bandera de unión desde California a Punta Arenas.

A partir de 1552 el español entra en Filipinas, pero su vigencia ha descendido notablemente frente al inglés, reduciéndose a algo más de un millón los hispanohablantes en esas islas.

En el Norte de África se habla nuestra lengua, evidentemente, en Ceuta y Melilla, ambas ciudades españolas; y también en Guinea, antigua colonia española en la que el número de hispanohablantes asciende a 300 000.

A todo ello habrá que añadir los más de 30 millones que la hablan en Estados Unidos (no podemos olvidar que hay un gran número de periódicos que se imprimen sólo en español, o en español e inglés; que hay unas 220 emisoras de radio y varias de televisión que emiten sólo en nuestra lengua) y los millones que aprenden español como segunda lengua.

Todo ello supone una cifra de 400 millones de hispanohablantes —según datos de 1995— que se extienden a lo largo de 23 naciones, lo que coloca al español como la segunda lengua más hablada del mundo.

Pero en esta peripecia a lo largo del planeta y a lo largo de los siglos, el español no ha estado solo. Y así, en España es la lengua oficial del estado y cooficial con el catalán, el gallego y el vasco, en sus respectivas autonomías. Convive, entre otras lenguas, con el guaraní en Paraguay, el quechua y el aimara en Bolivia, Perú y todo el altiplano andino, con el tagalo en Filipinas, con el francés en Guinea, con el nahuatl y el maya en México, con el inglés en Estados Unidos y Puerto Rico. De todas ellas aprende, de todas asimila algún concepto, alguna palabra y a todas presta vocablos y estructuras. Porque es una lengua viva, una lengua en ebullición, la lengua de una inmensa cultura y de un amplio mundo.

Lección 2

De hoy para mañana

De hoy para mañana

 DIÁLOGO

Un clima a la medida

(En la biblioteca)

CARLOS Pero Juan, ¡cuánto tiempo sin verte!

JUAN Sí, es verdad. **¿Cómo tú por aquí?**

CARLOS **Vengo a buscar unos datos para un reportaje que estoy preparando.** Y tú, **¿qué haces aquí?**

JUAN Yo soy asiduo. **Me paso aquí las mañanas enteras** recogiendo información para el Proyecto de fin de carrera.

CARLOS **¿De veras? ¿Sobre qué estás trabajando?**

JUAN Estoy haciendo un estudio sobre los mecanismos de control del clima.

CARLOS ¡Qué interesante! **¿Y qué aspectos vas a tratar?**

JUAN **Voy a demostrar que** con los conocimientos a nuestro alcance podemos incrementar el agua de lluvia hasta un veinte por ciento, y también reducir en un cincuenta por ciento los riesgos y daños que provoca el granizo.

CARLOS Pero, ¿cómo se puede hacer eso?

JUAN No es demasiado complicado. Verás: **se trata de 'sembrar' las nubes con productos químicos lanzados desde aviones, que favorecen los procesos de precipitación o frenan el crecimiento del pedrisco.**

CARLOS ¡Caramba! Parece cosa de brujas.

JUAN No, no, nada de brujería. Tiene su explicación científica: aprovechar lo que la naturaleza ofrece, el agua de la atmósfera.

CARLOS ¿Y eso de verdad crees que resultará?

JUAN Actualmente hay un equipo que está trabajando en una zona de la provincia de León en la que caía granizo de veinte a treinta días al año, y sus actuaciones demuestran que es posible reducir los daños que provoca en las cosechas.

CARLOS ¡Qué curioso! Vamos, que, al final, con todos estos inventos **vamos a tener la posibilidad** de tener un clima a la medida.

JUAN ¡Uff! Eso es más difícil. Ya sabes que **nunca llueve a gusto de todos**.

HABLEMOS DEL DIÁLOGO

En el diálogo se dan una serie de aspectos que hacen posible la utilización del **PRESENTE DE INDICATIVO**:

- La coincidencia casual de dos amigos en la biblioteca después de un tiempo sin verse.
- El interés de ambos por sus respectivas actividades.

✓ **¿Cómo tú por aquí?**

Equivalente coloquial de *¿Qué haces aquí?* o *¿Qué estás haciendo aquí?*

✓ **Vengo a buscar unos datos para un reportaje que estoy preparando.**

Para expresar la duración utilizamos también la perífrasis **ESTAR + GERUNDIO** (*[...] para un reportaje que estoy preparando*; *¿Sobre qué estás trabajando?*; *Estoy haciendo un estudio [...]*), aunque también es posible el uso del presente: *Y tú, ¿qué haces aquí?*

✓ **Me paso aquí las mañanas enteras.**

Juan, en respuesta a la pregunta de Carlos, quiere manifestar la asiduidad de su estancia en la biblioteca a diario. Para ello también utiliza la forma verbal de presente que, en este caso, expresa acciones que se producen no sólo en el momento en que hablamos, sino que han venido sucediendo antes y tendrán lugar después.
Se trata del llamado **PRESENTE HABITUAL**, que normalmente va acompañado de expresiones que marcan el tiempo de manera 'cíclica' (*todas las mañanas, cada semana, los lunes, miércoles y viernes*, etc.).

✓ **Se trata de sembrar las nubes con productos químicos lanzados desde aviones, que favorecen los procesos de precipitación o frenan el crecimiento del pedrisco.**

Juan ofrece a Carlos una explicación del funcionamiento de los mecanismos de control del clima que no es más que la descripción del proceso.
Este uso del **PRESENTE** es el utilizado **EN LAS DESCRIPCIONES** (físicas o psíquicas, procesos, como en este caso, etc.).

✓ **Nunca llueve a gusto de todos.**

Es un dicho que refleja la falta de coincidencia de opiniones entre la gente.
El **PRESENTE** es la forma verbal utilizada en **DICHOS, REFRANES, DEFINICIONES, VERDADES GENERALES**, etc. por el valor universal de su contenido.

✓ **¿Y qué aspectos vas a tratar?**
✓ **Voy a demostrar que [...].**
✓ **Vamos a tener la posibilidad [...].**

Uso de la perífrasis **IR A + INFINITIVO** como indicador de posterioridad. Es de uso muy frecuente, incluso mayor que el de la forma verbal de futuro.

✓ **[...] con los conocimientos a nuestro alcance podemos incrementar el agua de lluvia.**

El matiz de futuro puede ser expresado también por una forma de presente: es el denominado **PRESENTE CON VALOR DE FUTURO**.

1. **EMPLEA** el presente de indicativo de los siguientes verbos y **EXPLICA** su valor:

1. El próximo martes (merendar) _____ todos juntos para celebrar mi cumpleaños.

2. Espérame abajo. (Salir) _____ en cinco minutos.

3. En el otoño (caer) _____ las hojas.

4. Desde que se jubiló sólo (conducir) _____ los domingos.

5. Dentro de un mes (nacer) _____ su hijo.

6. Más (valer) _____ pájaro en mano que ciento volando.

7. Las comidas con orégano me (sentar) _____ mal.

8. En 1496 los Reyes Católicos (dar) _____ a Valladolid el privilegio de ciudad.

9. Si me encuentran, ¿(salir, yo) _____ corriendo?

10. —¿Qué (oír) _____ usted ahora? —(Oír, yo) _____ el ruido del mar.

2. Imagina que estás ante el retrato de don Juan. **UTILIZA** las formas adecuadas para describirlo:

Don Juan (ser) _____ un hombre como todos los hombres. No (ser) _____ ni alto ni bajo; ni delgado ni grueso. (Tener) _____ una barbita en punta, corta. Su pelo (estar) _____ cortado casi al rape. No (decir) _____ nada sus ojos; (mirar) _____ como todos los ojos. La ropa que (vestir) _____ (ser) _____ rica, pero con apariencias fastuosas. (Hablar) _____ con sencillez, (saber) _____ escuchar.

(Azorín, *Don Juan*)

3. **SUSTITUYE** las formas verbales en cursiva por una de presente:

1. En 1917 Juan Ramón Jiménez *publicó* el 'Diario de un poeta recién casado'.

2. Este invierno *está haciendo* mucho frío.

3. Si de verdad quieres trabajar, *compra* el periódico y *mira* la sección de ofertas de trabajo.

4. El libro *siempre ha sido y será* el mejor amigo de los niños.

5. Mañana por la mañana temprano *iré* a tu casa o, si no, *te veré* a las cuatro.

6. *Estamos trabajando* en un proyecto para salvar las ballenas.

7. El próximo día 8 los españoles *decidirán* quién será el nuevo presidente.

4. Con los verbos que se te ofrecen, **EXPRESA** una acción habitual, futura, pasada, actual, etc., en presente:

1. Apretar ....

2. Caerse ....

3. Reírse ....

4. Descubrir ....

5. Colgar ....

5. Ya hemos dicho que con el presente podemos hacer referencia a acciones que han tenido lugar en el pasado y a acciones habituales. Y también lo usamos en descripciones. Obsérvalo en estos textos a la vez que pones el verbo que va entre paréntesis en la forma adecuada:

a) Pero mi vacilación (cortarse) ____1____ tajantemente aquella noche de agosto cuando, después de un desairado expurgo con Irma, (abandonar) ____2____ la habitación del hotel y (decidir) ____3____ recurrir, para no perder la costumbre, al impreciso remedio del alcohol.

Mi coche (avanzar) ____4____ por la carretera de la costa derramando la luz de los faros amarillos y articulando algunas piruetas desordenadas. La carretera (ser) ____5____ estrecha y envolvente, difícil para los virajes.

(Expandir) ____6____ los nervios en la tensión del volante y (vigilar) ____7____ las sombras entre los ramalazos de luz.

(Ser) ____8____ en una de las curvas más cerradas cuando (observar) ____9____ una figura blanca y vacilante.

b) Apenas se han diluido las campanadas de la media tarde y (permanecer) ____1____ el eco perpetuador en otros relojes de torre, cuando don Ceferino (entrar) ____2____ en casa, (quitarse) ____3____ el manteo y la teja, (cambiar) ____4____ los zapatos por unas zapatillas de felpa que la sobrina ha calentado en el horno, (ponerse) ____5____ la vieja dulleta, el bonete y la bufanda, y después de merendar su chocolate con picatostes (subir) ____6____ a su despacho con el cigarro recién liado y todavía sin encender en los labios. (Sentarse) ____7____ en la mesa camilla, (encender) ____8____ el cigarro, (repasar) ____9____ un libro de cuentas, donde (anotar) ____10____ progresiones de débitos de sus rentas, y después, cerrada la puerta del despacho con doble paso de llaves, (abrir) ____11____ el armario, (extraer) ____12____ una botella de aguardiente y un vaso, (consumir) ____13____ cuatro sorbos rebosantes y (disponer) ____14____ encima de la mesa unos complicados artefactos de alambre.

(Adaptación de L. Mateo Díez, *Brasas de agosto*)

6. Ya están aquí las casas bioclimáticas.

A continuación se describen algunos aspectos referidos a su construcción y funcionamiento. **PON** los verbos que van entre paréntesis en la forma adecuada, y luego **ESCUCHA** el texto.

¿CÓMO SE CONSTRUYE LA VIVIENDA PERFECTA?

Se (deber) _____ elegir un lugar que esté en ligera pendiente. La vegetación (ser) _____ fundamental. La de hoja caduca (haber) _____ que plantarla al sur de la casa; y la de hoja perenne, al norte. (haber) _____ que tener en cuenta los vientos templados del suroeste, así como el aislamiento.

Así funciona

De día

En invierno

- La vegetación caducifolia (permitir) _____ que, durante los cortos días del invierno, los rayos del sol (penetrar) _____ a través de la cristalera, creando efecto invernadero. Los árboles de hoja perenne, orientados al norte, (proteger) _____ de los vientos fríos.

En verano

- La vegetación (proteger) _____ la casa del calor con su sombra. Con ello se (lograr) _____ un ambiente más fresco en el interior. El riego —siempre a la caída del sol— (contribuir) _____ a bajar unos cuantos grados la temperatura ambiente.

De noche

En invierno

- El calor almacenado durante el día (repartirse) _____ por toda la casa, de abajo arriba. El suelo de barro con calefacción de hilo radiante (conservar) _____ mejor el calor. Los aislantes que (poseer) _____ la cubierta protegen de las heladas.

En verano

- El aire fresco (penetrar) _____ por las puertas y ventanas creando corrientes ascendentes que liberan el aire caliente por el piso superior. Las ventanas se (deber) _____ cerrar al amanecer, antes de que caliente el sol.

(Adaptado de la revista *El semanal*, 14-5-2000)

ESQUEMAS GRAMATICALES
LA TEMPORALIDAD

● **GENERALIDADES**

Cuando un hablante desea comunicar algo necesita tener algún tipo de referencia con el fin de ordenar el mensaje en el tiempo.

Por lo general, este tipo de referencia es el MOMENTO DEL HABLA, que coincide con su momento vital, lo que justifica que este momento se haya interpretado como eje de la tradicional división del tiempo.

Por eso los procesos aparecen distribuidos en *antes, en* y *después* de dicho instante:

ANTES DEL MOMENTO DEL HABLA 👉 PASADO

EN EL MOMENTO DEL HABLA 👉 PRESENTE

DESPUÉS DEL MOMENTO DEL HABLA 👉 FUTURO

Pero la medición del tiempo en español no es única. Cualquier medición de temporalidades necesariamente ha de ser relativa a un momento o a varios.

● **MOMENTOS TEMPORALES EN LA EXPRESIÓN DE LOS MENSAJES:**

✓ MOMENTO DE LA ENUNCIACIÓN   Se corresponde con el presente del hablante.

✓ MOMENTO DEL ACONTECIMIENTO   Momento temporal en el que ocurre la acción enunciada por el hablante.

● **LA PERSPECTIVA DEL HABLANTE**

✓ PERSPECTIVA   Punto de vista que el hablante adopta para comunicar su mensaje.

Son las diferencias de perspectiva las que hacen que una forma verbal determinada pueda hacer referencia a momentos temporales muy distintos, dependiendo del contexto o situación en que esta haya sido formulada.

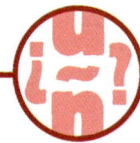

ESQUEMAS GRAMATICALES
USOS DEL PRESENTE

Es la forma verbal de significado más amplio. Esto explica su gran número de **usos.**

● CON VALOR DE PRESENTE

✓ PRESENTE ACTUAL

La acción verbal tiene lugar en el momento en que el hablante emite un enunciado. El tiempo de la acción y el de la formulación lingüística son coincidentes, aunque la coincidencia no tiene que ser rigurosa necesariamente.

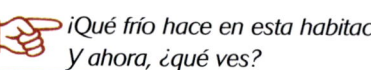 *¡Qué frío hace en esta habitación!*
Y ahora, ¿qué ves?

✓ DURATIVO

Expresa una permanencia que incluye el tiempo actual. También es posible utilizar la perífrasis **estar** + **gerundio** para expresar esta duración transitoria.

 *— ¿Qué haces este año? (= estás haciendo).*
— Hago un curso de restauración de muebles (= estoy haciendo).

● CON VALOR DE PASADO

✓ PRESENTE HISTÓRICO

Para contar hechos pasados, como medio expresivo para acercarlos de forma ficticia al momento del habla y así dar más fuerza y vida a la narración.

 La Gramática de Nebrija se publica en 1492.
¡Qué rara es María! La semana pasada me encuentro con ella, me mira y ni me saluda.

● CON VALOR DE FUTURO

✓ PRESENTE FUTURO

Utilizado para anunciar cosas que ocurrirán en un momento posterior al momento del habla. Se trata de acercar el futuro al presente del hablante. Cuando se utiliza con este valor, suele ir acompañado de algún elemento que indique futuro.
Precedido de adverbios o expresiones temporales de posterioridad del tipo *ahora (mismo), enseguida, en un momento*, etc., indica **futuro inmediato.**

 Dentro de un mes terminamos el curso.

 Enseguida termino.
Ahora mismo salgo.

● OTROS USOS

✓ HABITUAL

La acción es presentada como usual o acostumbrada. Indica que la acción ha venido realizándose desde el pasado y seguirá realizándose en el futuro.

 Siempre baño al niño antes de acostarlo.
Los domingos duermo hasta bien tarde.

✓ PERMANENTE

Para enunciar juicios fuera de todo límite temporal. Las afirmaciones se formulan al margen del tiempo. Se utiliza en refranes, máximas, sentencias, y en definiciones y enunciados científicos con validez universal.

 Dos y dos son cuatro; cuatro y dos son seis.
Al que a buen árbol se arrima, buena sombra le cobija.

✓ DE MANDATO

Utilizado para dar órdenes. Alterna con el imperativo.

 Bajas al kiosko y me subes el periódico (= baja y súbeme).

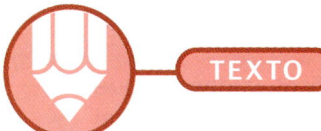

El cambio se olvidó de la ecología

La locomotora del proyecto del último gobierno ha sido la construcción de grandes infraestructuras: línea de alta velocidad, nuevas autopistas, más embalses... Lo malo es que la protección del medio ambiente casa mal con esta política, así que mientras que en estos catorce años el haber "verde" ha ido ganando en leyes protectoras del entorno, el debe se ha llenado de las heridas dejadas por tanta macroobra. El Plan Hidrológico Nacional (PHN) planeaba, en su último borrador, la construcción de 156 nuevos pantanos, la puesta en regadío de más de 400 000 hectáreas (reducidas ahora a 180 000, según el nuevo plan de regadíos) y el trasvase de 4 000 hectómetros cúbicos de agua, **haciendo caso omiso** al gravísimo impacto de estas obras en zonas bien conservadas y a la política agraria de la Unión Europea, que desaconseja tanta presa y regadío. Pero quizá lo más preocupante es que esta política sólo persigue satisfacer la cada vez mayor demanda de agua en vez de tratar de contenerla.

El tren de alta velocidad (AVE) se hizo con verdadera prisa y no hubo tiempo —ni ganas— para detenerse a analizar las huellas **indelebles** que dejarían algunos de sus tramos, ni la muralla que supondría la red para la fauna; muralla que a su paso por los Montes de Toledo afectaría a especies amenazadas tan emblemáticas como el lince ibérico.

De llegar al poder alguno de los grupos mayoritarios, elaborarían un plan contra la desertificación, introducirían el uso de energías renovables en los edificios públicos, crearían un Ministerio de Medio Ambiente, aprobarían una legislación medioambiental de prevención y control, modificarían la ley de aguas, **reforestarían** un millón de hectáreas, penalizarían el **despilfarro** de aguas, elaborarían un plan de residuos sólidos urbanos... Todo ello en un intento de protección del legado ecológico, que es patrimonio de todos.

(Adaptado del periódico *El Mundo*, 20.02.96)

HABLEMOS DEL TEXTO

• En el texto hay algunos términos que probablemente no conozcas:

Hacer caso omiso: No hacer caso.
Indeleble: Imborrable.
Reforestar: Volver a sembrar árboles.
Despilfarro: Gasto excesivo o innecesario.

• De acuerdo con el mensaje del texto, **DI** si las siguientes afirmaciones son verdaderas o falsas:

	V	F
1. La fauna de algunas zonas se ha visto afectada por el trazado de la línea del AVE.	☐	☐
2. El partido que gobierne en el futuro tiene proyectados planes de protección del medio ambiente.	☐	☐
3. La gestión medioambiental del último gobierno español ha sido nula.	☐	☐
4. España es un país con muchas áreas protegidas.	☐	☐
5. Está en proyecto la creación de un Ministerio de Medio Ambiente.	☐	☐
6. El PHN resulta coherente de acuerdo con la política de la Unión Europea.	☐	☐

Como puedes ver en el último párrafo del texto, los partidos políticos —por si alguno de ellos está algún día en el poder— tienen planes medioambientales o ecológicos. Si tú fueras Ministro de Medio Ambiente o alguien con responsabilidad en este tipo de asuntos, ¿qué objetivos te marcarías?

7. A estas alturas, pocos científicos dudan de que las actividades humanas están recalentando el clima del planeta. Si quieres saber cuáles serán las consecuencias en el futuro del aumento de la temperatura, tendrás que colocar los verbos que se nos han escapado en la forma correcta:

dejar

haber

descender

desaparecer

incrementar

verse

proliferar

El aumento de las temperaturas .... la frecuencia de inundaciones, sequías e incendios; .... humedales costeros; .... los insectos y, con ellos, las plagas; algunos animales ya gravemente amenazados nos .... para siempre. Pero, quizá, lo más preocupante sea el efecto de la sequía sobre la agricultura, con el riesgo de que se agrave aún más la hambruna en los países ya castigados por esta tragedia.

España .... muy afectada por el cambio climático. .... las precipitaciones entre un 10 y un 40 por ciento, ... largos periodos de sequía y lluvias torrenciales en momentos muy concretos.

8. **INVENTA** excusas a las invitaciones siguientes utilizando el futuro hipotético simple:

1. Te invito a tomar un vino.

    ....

2. ¿Os apetece veniros a pasar el fin de semana a la casa de la playa?

    ....

3. ¿Quieres participar en la creación de una asociación juvenil de protección del medio ambiente?

    ....

4. Saldréis después de la cena, ¿no?

    ....

5. ¿Queréis asistir al concierto de la Orquesta Sinfónica? Me han regalado unas entradas.

    ....

Te invito a tomar una cerveza.

9. OBSERVA este ejemplo explicativo:

¿Por qué tu novio no te ha llamado para despertarte?

Si lo sabes, dices:

✓ Porque *está* dormido.
✓ Porque hoy *ha salido* de viaje temprano.
✓ Porque anoche *llegó* a casa tarde.

Si sólo lo supones, dices:

✓ Porque *estará* dormido todavía.
✓ Porque *habrá salido* muy temprano de viaje.
✓ Porque anoche celebraron el cumpleaños de Pepe y *llegaría* muy tarde a casa.

¿Y por qué no te llamó ayer tampoco?

Si lo sabes, dices:

✓ Porque la noche anterior *había llegado* muy tarde a casa.
✓ Porque *estaba* durmiendo.
✓ Porque *había salido* de viaje muy temprano.

Si sólo lo supones, dices:

✓ Porque la noche anterior *habría llegado* muy tarde a casa.
✓ Porque *estaría* durmiendo.
✓ Porque *habría salido* muy temprano de casa.

De acuerdo con este ejemplo explicativo, **TRATA** de dar respuestas variadas a las preguntas siguientes. Ten en cuenta que tienes varias posibilidades:

1. ¿Por qué está encendida la lámpara del salón de día? ¿Y por qué estaba encendida también ayer?

2. ¿Cómo es que no ha venido a trabajar en coche? ¿Y por qué no vino ayer tampoco?

3. ¿Por qué no ponen en el cine películas recientes?

4. ¿Por qué han cambiado el programa de las procesiones cuando solamente faltan dos días?

5. ¿Cómo es que vino solo a la fiesta?

6. ¿Cuál es el mejor alimento para la salud?

7. ¿Dónde trabaja?

8. ¿Con cuál de los dos libros se quedó?

9. ¿Para qué quiere el mapa de carreteras?

10. ¿Dónde nace el río Amazonas?

10. De acuerdo con la siguiente tabla, **FORMULA** tú algunas hipótesis a partir de los enunciados que se te ofrecen.

Modelo: Esta mañana ha recibido un ramo de flores.
Será su cumpleaños.

Correspondencias que marcan un enunciado como una constancia y como una hipótesis:

LO SÉ	LO SUPONGO
✓ Presente	✓ Futuro imperfecto
✓ Pretérito perfecto	✓ Futuro perfecto
✓ Pretérito imperfecto	✓ Condicional simple
✓ Pretérito indefinido	✓ Condicional simple
✓ Pretérito pluscuamperfecto	✓ Condicional compuesto

1. Últimamente está muy contenta y habla con todo el mundo.

2. Se ha comprado un coche descapotable y una casa en el campo.

3. Ayer le dijo que no se metiera más en su vida.

4. ¡Mira! Van abrazados y dándose besitos.

5. Se le ve muy nervioso, en casa está lo menos posible, apenas habla con sus compañeros.

Parece un pueblo tranquilo.

Será porque todavía no habrán llegado los turistas.

11. **¿QUÉ PREGUNTAS** te harías en estas situaciones?

Modelo: Llaman a la puerta a las tres de la madrugada.
¿Quién será a estas horas?

1. Entras en casa y ves un aviso de mensaje en el contestador.

2. Llegas a la oficina y la secretaria te dice que alguien está preguntando por ti.

3. Estás paseando tranquilamente y te encuentras unas llaves.

4. Vas a abrir la funda de las gafas y las gafas no están dentro.

5. Al salir de un restaurante vas a buscar tu abrigo y no está.

6. Estás viendo la televisión y de repente se corta la electricidad.

Podemos crear respuestas o intervenciones polémicas utilizando los futuros (*cantaré* y *habré cantado*) y los futuros hipotéticos o condicionales *(cantaría* y *habría cantado)*. Con ello aceptamos la posibilidad de que nuestro interlocutor tenga razón, pero seguidamente presentamos un argumento que parece demostrar lo contrario.

CORRESPONDENCIAS TEMPORALES:

Momento temporal	Forma verbal
✓ Presente	✓ Futuro imperfecto *(cantaré)*
✓ Pasado cercano	✓ Futuro perfecto *(habré cantado)*
✓ Pasado	✓ Condicional simple *(cantaría)*
✓ Pasado anterior a otro pasado	✓ Condicional compuesto *(habría cantado)*

12. A continuación se presentan una serie de mensajes. **ESTABLECE** una relación de contraste presentando un argumento que parezca demostrar lo contrario.

Modelos: *El abuelo* es una película muy buena. ➡ *Será muy buena, pero no ha ganado ningún premio.*

Ha estudiado español seis años. ➡ *Habrá estudiado seis años, pero es incapaz de mantener una mínima conversación en esta lengua.*

1. Nuestro vecino es muy buen conductor.

....

2. El chocolate es bueno contra la depresión.

....

3. Han conseguido una casa barata.

....

4. Este periódico es el mejor.

....

5. Es mejor viajar en avión.

....

6. La bicicleta es el mejor medio de transporte en la ciudad.

....

7. La mejor forma de ir al aeropuerto es en taxi.

....

8. Estamos en primavera.

....

ESQUEMAS GRAMATICALES
USOS DEL FUTURO

Expresa la posterioridad respecto al momento de la enunciación. Se utiliza para hacer referencia a una acción o proceso que con mayor o menor grado de probabilidad pensamos que va a tener lugar.

En enero subirán los impuestos.
Tus amigos llegarán en el tren de las cuatro y diez.

Esta forma puede ir acompañada de adverbios o marcas temporales de futuro: *mañana, pasado mañana, la próxima semana, el domingo que viene, el mes próximo,* etc.

● CON VALOR DE PRESENTE

✓ PROBABILIDAD
Para formular hipótesis en el presente.

 ¡Qué gordo! Pesará unos 150 kg.
Esa mujer tendrá unos 40 años.

✓ CORTESÍA
Para expresar con amabilidad una sugerencia, una pregunta o un mandato.

 ¿Será tan amable de acompañarme?
¿Querrá esperar aquí unos instantes?

✓ SORPRESA
Para expresar el asombro del hablante al aceptar algo que parece evidente. Generalmente aparece en construcciones de carácter exclamativo o interrogativo.

 ¿Serás capaz de negarlo? [Estás negando algo que yo te vi hacer].
¡Será posible que no haya llamado por teléfono! [No ha llamado].

✓ CONTRASTE
Expresa la dificultad que tiene el hablante para aceptar algo que ya ha sido afirmado, dada su contradicción con otros hechos que él presenta como argumentos en contra.

 Se levantará pronto, pero siempre llega tarde al trabajo. [Quizá se levante pronto, según afirmas, pero hay un hecho que parece demostrar lo contrario: llega cada día tarde a trabajar].

● CON VALOR DE FUTURO

✓ DE MANDATO
En la 2ª y 3ª personas es equivalente a un imperativo. Se utiliza para dar instrucciones u órdenes tajantes, en leyes, mandamientos, etc., independientemente de que lo mandado se realice o no.

 No matarás.
Los trabajos no excederán de 15 folios a doble espacio.

✓ RESOLUTIVO
Se utiliza solamente con las primeras personas (singular y plural). Con él se expresa el propósito de llevar a cabo la acción verbal.

 Ya no aguanto más. Mañana le llamaré y le pediré el dinero que me debe.

● CON VALOR DE PASADO

✓ NARRATIVO
Indica hechos futuros en referencia a otro momento pasado, pero anteriores al presente del hablante.

 A partir de 1940 los poetas del exilio escribirán sus poemas más hondos y sentidos.

ESQUEMAS GRAMATICALES
USOS DEL FUTURO HIPOTÉTICO

Tiempo relativo, se caracteriza por situar una acción o proceso con posterioridad a un pretérito. Se trata de un futuro del pasado.

Desde el punto de vista temporal, esta forma puede referirse tanto al pasado cronológico como al futuro o al presente.

Ayer a mediodía me dijiste que llegarías a las diez. Sólo tenemos la certeza de que la acción de *llegar* es posterior a la de *decir*, pero el contexto y la situación en que esta haya sido pronunciada decidirán si la acción de *llegar* es anterior, simultánea o posterior al momento de la enunciación del mensaje por parte del hablante.

● **CON VALOR DE PRESENTE**

✓ **CORTESÍA**

Para expresar necesidades, deseos, etc. de una manera más educada y cortés. *Querría pedirle un favor.*
¿Sería tan amable de darme fuego?

✓ **PARA DAR CONSEJOS**

Con el fin de suavizar la presión que el hablante ejerce sobre el oyente, y con expresiones como *deber, ser mejor que, convenir que, ser conveniente que*, etc. *Con la niebla que hay, convendría que no condujeras de noche.*

● **CON VALOR DE PRESENTE**

✓ **PROBABILIDAD**

Se utiliza para formular hipótesis, desde el momento de la enunciación, acerca de algún momento del pasado cronológico. *Anoche serían las tres cuando llegamos. Por aquel entonces mi padre tendría unos 25 años.*

✓ **CONTRASTE**

Del mismo tipo que los futuros, pero en esta ocasión sitúa la acción en el pasado. *Tu ex-novio conduciría muy bien, pero se saltaba los semáforos en rojo.*
 A tu amiga no le gustaría Manolo, pero ayer no le quitó ojo en toda la noche.

✓ **NARRATIVO**

Equivalente a un pretérito indefinido (pretérito perfecto simple). *Aquel 'sí quiero' trastocaría por completo todos sus planes.*

● **CON VALOR DE FUTURO**

✓ **EN CONSTRUCCIONES CONDICIONALES**

Como parte de la correlación *si tuviera/tuviese ... compraría.* *Si pusieras más empeño, avanzarías mucho más en tu trabajo.*
 Si esta noche nevara, mañana podríamos ir a esquiar.

ESQUEMAS GRAMATICALES
USOS DEL FUTURO HIPOTÉTICO COMPUESTO
Y DEL FUTURO PERFECTO

FUTURO COMPUESTO

Expresa acciones futuras y terminadas en un momento determinado del futuro, pero anteriores a otro momento o acción también futuros en relación con el presente.

Mañana a las cuatro ya habré llegado.

 El momento de la llegada no nos interesa. Lo único relevante es que es anterior a 'otra acción futura' (*mañana a las cuatro*, en este caso).

[Cuando termine la película] yo ya me habré dormido.

 La expresión de la acción futura puede ser un adverbio, un sintagma, una cláusula, etc.

● **CON VALOR DE PASADO (CERCANO)**
  ✓ PROBABILIDAD

 ¿Te duele mucho el estómago? Habrás tomado algo en malas condiciones o habrás bebido demasiado.

  ✓ CONTRASTE
  [En la misma línea que la forma simple]

 Habrás dormido diez horas, pero tienes cara de haber dormido cuatro.

FUTURO HIPOTÉTICO COMPUESTO

Indica una acción futura y terminada, anterior a otra en el futuro, pero en relación a un momento determinado del pasado.

La adivina nos pronosticó que antes de fin de año habríamos comprado el coche.

● **CON VALOR DE PASADO**
  ✓ PROBABILIDAD
  En un pasado anterior a otro pasado.

 Ayer pasé por tu oficina y no vi ni tu cartera ni tu abrigo. Te habrías marchado antes.

  ✓ CONTRASTE
  Con el mismo significado que los futuros, pero sitúa la acción en un pasado anterior a otro pasado.

 Habría vivido en muchos países y tenido contacto con muchas culturas, pero en sus reacciones era un auténtico racista.

  ✓ EN CONSTRUCCIONES CONDICIONALES
  Expresa acciones que se hubieran realizado si la condición se hubiera cumplido. Alterna con el pretérito pluscuamperfecto de subjuntivo (*hubiera/hubiese cantado*).

 Si me hubieras preguntado, te lo habría dicho.

  ✱ Una variante es la **hipótesis no realizada en el pasado.**

 De no haber ido a bailar, nos habríamos ido al cine.

 Te habría llamado por teléfono, pero no tenía tu número.

LÉXICO

MEDIO AMBIENTE Y ECOLOGÍA

SUSTANTIVOS

La contaminación
La energía
Los residuos

Los vertederos
Las incineradoras
Las pesticidas
La desertización
La degradación

ADJETIVOS

sólidos
tóxicos
orgánicos

VERBOS

reciclar
proteger
reforestar

El depósito de basuras
El depósito de escombros
Los vertidos industriales
El impacto ambiental
La gestión ambiental

La evaluación ambiental
El ahorro energético
El centro de reciclaje
El programa de modificación atmosférica

 EJERCICIOS

13. RESPONDE verdadero (V) o **falso** (F) a las afirmaciones siguientes.

V F

☐ ☐ **1.** El abandono de los campos trae como consecuencia la erosión del suelo.

☐ ☐ **2.** Las inundaciones son el resultado de la contaminación de los ríos.

☐ ☐ **3.** Los incendios provocan la desertificación del suelo.

☐ ☐ **4.** El abuso de fertilizantes y de productos químicos en la agricultura puede provocar la contaminación del suelo y de las aguas.

☐ ☐ **5.** Una de las mayores amenazas que se ciernen sobre nuestros bosques es el fuego.

14. El agricultor, con el trabajo de la tierra, se ha convertido no sólo en productor de alimentos, sino también en arquitecto del paisaje o agricultor paisajista. Esto significa que los agricultores, con su trabajo, han modificado y adaptado el paisaje que nos rodea.

En la columna de la izquierda aparecen algunas de las obras que han construido. **UNE** cada una de ellas con su función, con la finalidad para la que han sido construidas (se encuentran en la columna de la derecha).

terrazas ⊙	⊙ cultivar la tierra
limpiar suelos y quitar piedras ⊙	⊙ reforzar y ordenar las laderas
apertura de canales ⊙	⊙ protección de parcelas afectadas por los vientos
construcción de muros en seco ⊙	⊙ regar la tierra

Pero hay también tipos de paisajes que el hombre no ha podido modelar. De entre los que se te ofrecen, **INDICA** en cuáles ha podido intervenir el hombre y en cuáles no.

PUNTA   SELVA

CABO   SALAR

PÁRAMO   RÍA

RÍO   PINAR

VALLE   LAGO

ARROYO   PUERTO

BAHÍA

CARRETERAS

LÍNEA FÉRREA

PASEO MARÍTIMO

LAGUNA

HAYEDO

SIERRA

AUTOPISTA

PLAYA

OTERO

CALA

CUESTA

ARRECIFE

GOLFO

CAMINO

MONTE

GLACIAR

ISLA

DUNA

ACANTILADO

15. **¿POR QUÉ** los bosques son indispensables para el equilibrio de la vida en la tierra? Entre las respuestas que se te ofrecen hay unas que son **verdaderas** y otras que son **falsas**. ¿Puedes detectarlas?

V   F

☐ ☐   **1.** Porque las raíces fijan la tierra e impiden el desprendimiento del terreno.

☐ ☐   **2.** Porque en ellos viven muchos animales.

☐ ☐   **3.** Porque las familias pueden ir a ellos a pasar un día al aire libre.

☐ ☐   **4.** Porque proporcionan el oxígeno necesario para la vida.

☐ ☐   **5.** Porque son el tercer pulmón del hombre.

16. EL EUROBARÓMETRO se utiliza para recoger opiniones de una determinada muestra de europeos. Posteriormente son publicadas.

Sobre la protección del medio ambiente se han seguido dos líneas principales:

a) **Es urgente ocuparse de la protección del medio ambiente y la lucha contra la contaminación.**

b) **Conocer los comportamientos que podemos adoptar en la vida cotidiana para contribuir a la protección del medio ambiente.**

Esto, en la práctica, tiene que traducirse en una serie de actuaciones específicas. Partiendo de estas dos líneas, ¿cuáles son, en tu opinión, las cosas más importantes que debemos hacer para proteger el medio ambiente?

A continuación te ofrecemos algunas. **COMPLÉTALAS TÚ**.

a. No tirar al suelo papeles ni residuos.

b. Ahorro de energía. Utilizar menos agua caliente y menos agua en general.

c. Separación de los residuos domésticos para facilitar el reciclaje.

d. Comprar, aunque sea más caro, un producto que respete el medio ambiente.

e. Regular el llamado 'turismo salvaje' en aquellas zonas en las que haya riesgo de dañar el ecosistema.

LAS LENGUAS DE ESPAÑA

En España la lengua oficial del estado es el español. Pero se hablan, además, otras tres lenguas: gallego, catalán y vasco. Excepto el vasco, cuyo origen se desconoce, las otras lenguas son romances, es decir, herederas del latín.

- El **castellano** nace a partir del latín hablado por gentes cántabras, con muchos rasgos del leonés y alguno del riojano y del aragonés.

    Posee gran riqueza léxica. Se normaliza literariamente en el siglo XIII con el rey Alfonso X el Sabio.

    El descubrimiento de América llevó a aquel continente esta lengua, hablada hoy por más de veinte naciones y por más de 400 millones de personas.

- El **catalán** es lengua nativa en Cataluña, Baleares, parte del antiguo reino de Valencia, Andorra, Rosellón y Alguer (Cerdeña). La hablan unos 6 millones de personas. Es una lengua de cultura.

    La mayor parte de los que hoy hablan catalán son bilingües, puesto que aquella lengua es idioma cooficial con el español —en su territorio— desde hace unos veinte años, por lo que antes se usaba el castellano para la escuela, la administración y la justicia, mientras que el catalán se reducía al ámbito familiar.

    A lo largo del tiempo hay figuras señeras en la creación literaria en lengua catalana: Raimon Llull (1315), los cronistas del XVI, Jordi de Sant Jordi, Ausias March (siglo XV), Ballot —que publica una gramática catalana en 1814—, Milá y Fontanals, Verdaguer, etc.

- El **gallego** es lengua que hablan en Galicia unos dos millones y medio de personas.

    Se escindió del portugués a mediados del XIV. Fue la lengua de la lírica cortesana en los siglos XIV y XV, pero luego quedó postergada en favor del castellano, hasta que vuelve a resurgir en el siglo XVIII (con Rosalía de Castro, E. Pondal, Castelao, etc.).

- El **vascuence** lo hablan en Guipuzcua, Vizcaya, Álava y norte de Navarra unas 500 000 personas.

    Ha estado sometido a mayor aislamiento que las otras lenguas peninsulares y no ha tenido control literario ni una norma uniformadora. En su vocabulario hay gran influencia latina.

    El origen de esta lengua es desconocido; probablemente sea caucásico, y quizá esté relacionada con lenguas del norte de África.

    Su literatura es más oral que escrita. El primer libro impreso en vasco es una colección de poesías publicada en 1545.

Lección 3

Ellos también tuvieron veinte años

Ellos también tuvieron veinte años

DIÁLOGO

Ellos también tuvieron veinte años

MARIO ¡Hola, buenos días! **¿Qué deseaba?**

CARLOS Buenos días. **Venía a** solicitar información sobre esta residencia.

MARIO Siéntese, por favor. Le atenderé con mucho gusto. ¡Carlos, hombre! ¡Pero si eres Carlos! **¡No te había reconocido!**

CARLOS ¡Caramba, Mario, **yo tampoco me había fijado**! Si te digo la verdad, **no esperaba encontrarte aquí**. ¿Cuánto tiempo llevas trabajando aquí?

MARIO **Dos años**. Después de terminar la carrera **empecé a especializarme** en gerontología. **Hice un máster** y aquí me tienes, de director de esta residencia. ¿Y tú? ¿Qué fue de tu vida? No te había visto desde que terminamos la carrera.

CARLOS Yo **llevo un año trabajando** en el departamento de asuntos sociales de la Comunidad. **Hemos empezado una investigación** sobre las residencias de ancianos y por eso ando por aquí.

MARIO Si puedo ayudarte...

CARLOS Sí, me gustaría que contestaras a unas preguntas del **cuestionario que hemos elaborado**.

MARIO Pues venga, adelante.

[Mario contesta a las preguntas que Carlos le va formulando]

CARLOS Con esta filosofía y estos valores creo yo que vivir en una residencia no debería ser tan traumático, ¿no?

MARIO Planteado así, no. De hecho, cada año hacemos una encuesta muy detallada a nuestros residentes, y **en la del año pasado todos dijeron que estaban muy contentos**, y un altísimo porcentaje que, aunque las circunstancias cambiaran, no volverían a sus casas. Y yo, como director, siempre he tratado de ir a mejor en todo lo que sea mejor para ellos. Al fin y al cabo, **ellos también tuvieron veinte años**.

CARLOS Oye, esta residencia tenía que figurar como modelo de bien hacer. Me ha encantado. **Iba a ponerme en lista de espera**...

✓ —¿Qué deseaba?
✓ —Venía a...

Al comienzo del diálogo Mario y Carlos no se han reconocido; por eso se tratan de usted y de una manera muy formal. Ambos utilizan el imperfecto con valor de presente. Se trata del llamado **IMPERFECTO DE CORTESÍA**, que hace que las peticiones, ruegos, etc., se sientan como más amables que si fueran enunciados en presente.

✓ ¡No te había reconocido!
✓ ¡Yo tampoco me había fijado!
✓ No esperaba encontrarte aquí.

Para manifestar sorpresa se utiliza el **PLUSCUAMPERFECTO CON UN MATIZ EXCLAMATIVO** o también el **IMPERFECTO**.

✓ —¿Cuánto tiempo llevas trabajando aquí?
—Dos años.

Cuando Carlos le pregunta a Mario cuánto tiempo lleva trabajando en la residencia, Mario responde utilizando la forma más breve: *dos años*. Podría haber utilizado otras estructuras para dar la misma información:

- *Desde 1978.*
- *Desde que terminé el máster.* Es la forma que Mario utiliza para expresar la cantidad de tiempo que hacía que no veía a Carlos: *No te había visto desde que terminamos la carrera.*
- *Desde hace dos años.*
- *Llevo dos años.* Esta es la forma que utiliza Carlos para dar cuenta de la cantidad de tiempo que hace que trabaja en el departamento de asuntos sociales: *Llevo un año trabajando...*

✓ Empecé a especializarme…
✓ Hice un máster…

Mario le cuenta a Carlos sus actividades pasadas en **PRETÉRITO INDEFINIDO**. Es el tiempo verbal utilizado para la expresión de acciones pasadas, terminadas y sin relación con el presente.

✓ En la del año pasado dijeron que estaban muy contentos.

Uso del **IMPERFECTO** como tiempo medido indirectamente. La forma verbal *estaban* depende de *dijeron*. Si en lugar de *dijeron* tuviéramos, por ejemplo, *dicen*, la correlación temporal exigiría *están* para que el enunciado tuviera sentido.

✓ Iba a ponerme en la lista de espera.

Se trata del **IMPERFECTO 'DE CONATO'**, que sirve para la expresión de acciones que no han llegado a realizarse. En este caso, todavía Carlos no se ha puesto en lista de espera; era una simple intención.

✓ Ellos también tuvieron veinte años.

Esta expresión da cuenta del punto de vista que se adopta para transmitir el mensaje. Hace referencia a la 'lejanía' de ese momento (20 años). No olvides que está hablando de gente anciana. Pero podría haber dicho *Ellos también han tenido veinte años*, puesto que aún están vivos. Incluso sería correcto decir *Ellos tenían veinte años [cuando ocurrió aquello]*. La utilización del imperfecto se debe a que el hablante considera el hecho de tener veinte años como durativo.

CANTÉ / HE CANTADO

Utilizamos una u otra forma generalmente teniendo en cuenta la referencia temporal que vamos a utilizar o que aparece en el contexto.

¿Lo has pasado bien? *está*	¿Lo pasaste bien? *no está*
✓ Hoy	✓ Ayer / Anteayer
✓ Esta mañana (tarde, noche, semana)	✓ Anoche / Anteanoche
✓ Este mes (trimestre, semestre, año, siglo...)	✓ El día (mes, año, curso) pasado
✓ Hace un momento (rato, diez minutos, una hora)	✓ Esa (aquella) mañana (tarde, noche, década)
✓ Nunca / En mi vida / En toda mi vida	✓ Ese (aquel) año (mes, día)
✓ Siempre	✓ En 1970
✓ Alguna vez / Varias veces	✓ El 10 de mayo
✓ Hasta ahora	✓ Hace cinco años / Hace mucho tiempo
✓ Últimamente / En los últimos días (meses, horas)	✓ El otro día / En aquella ocasión
✓ Todavía / Ya	✓ Cuando tuve el accidente
✓ En esta ocasión	✓ Hasta ese (aquel) momento

Si se trata de referencias temporales en las que está el hablante, se utiliza el pretérito perfecto compuesto (*he cantado*). En caso contrario, se usa el pretérito indefinido (*canté*).

1. Utiliza alguna de las referencias temporales vistas (u otras que creas que son más adecuadas para el mensaje que quieres transmitir) y **CREA** frases en las que aparezcan las formas verbales *canté* y *he cantado*. Si quieres, puedes hacer uso de algunos de los verbos siguientes.

Modelo: Olvidar.
Hasta ahora nunca he olvidado el cumpleaños de las personas cercanas.

1. Utilizar.

2. Descartar.

3. Recorrer.

4. Acercarse.

5. Abuchear.

6. Murmurar.

7. Salir.

8. Creerse algo.

9. Tomárselo a mal.

10. Saltarse un semáforo.

2. De acuerdo con lo que acabamos de decir sobre el uso de las formas verbales **CANTÉ** y **HE CANTADO**, de entre las dos posibilidades que se te ofrecen, **SEÑALA** la opción que consideres más correcta.

1. ☐ En los años 70 el petróleo experimentó una fuerte subida de precios.
   ☐ En los años 70 el petróleo ha experimentado una fuerte subida de precios.

2. ☐ Últimamente los precios del petróleo se han estabilizado un poco.
   ☐ Últimamente los precios del petróleo se estabilizaron un poco.

3. ☐ Colón nunca ha escuchado la radio.
   ☐ Colón nunca escuchó la radio.

4. ☐ En mi vida he visto una película de ciencia-ficción.
   ☐ En mi vida vi una película de ciencia-ficción.

5. ☐ Anoche os fuisteis a cenar con los participantes de la mesa redonda.
   ☐ Anoche os habéis ido a cenar con los participantes de la mesa redonda.

6. ☐ La última encuestra que preparamos dará cuenta de la importancia que los españoles dan al dinero.
   ☐ La última encuesta que hemos preparado dará cuenta de la importancia que los españoles dan al dinero.

7. ☐ Tu abuela, que en paz descanse, nunca tuvo una salud de hierro.
   ☐ Tu abuela, que en paz descanse, nunca ha tenido una salud de hierro.

8. ☐ En el siglo pasado la medicina avanzó mucho.
   ☐ En el siglo pasado la medicina ha avanzado mucho.

9. ☐ Finalmente hoy salieron los resultados de los exámenes.
   ☐ Finalmente hoy han salido los resultados de los exámenes.

3. **UTILIZA** el pretérito perfecto compuesto o el indefinido en las frases siguientes.

Modelo: Cuando la *vio* con esas pintas, *se estuvo riendo* de ella un buen rato.

1. Anteayer tu primo (conducir) _____ él solo durante todo el trayecto.

2. Esta noche (despertarse, yo) _____ una vez.

3. Juan no (divertirse) _____ nada en la fiesta de aquel día.

4. De joven tu abuelo (probar) _____ gato asado y le (gustar) _____ mucho.

5. En aquella ocasión el coche (caer) _____ al vacío; ahora (volcar) _____ .

6. Cuando ella (tener) _____ el accidente, él no (separarse) _____ ni un momento del lado de su cama.

7. Esta estúpida guerra (destruir) _____ todo y no (dejar) _____ ni rastro de la cultura de estos pueblos.

8. Tengo una larga experiencia como traductora, pero nunca (traducir) _____ poesía.

9. —¿Quién (romper) _____ el video?
   —(Ser) _____ los niños.

Todos los verbos pueden usarse en los contextos más diversos. Por ejemplo, el verbo *fumar* en el pasado:

PROPÓSITO	TIEMPO VERBAL	EJEMPLO
• Contar acciones pasadas	pretérito indefinido pretérito perfecto compuesto	*Ayer fumó solamente tres cigarrillos.* *Esta mañana he fumado un cigarrillo después del desayuno.*
• Describir en el pasado	pretérito imperfecto	*Doña María era encantadoramente femenina en su aspecto, pero fumaba puros.*
• Hablar de acciones habituales	pretérito imperfecto	*Doña María se fumaba los domingos un puro con el café.*
• Mostrar acciones durativas en el pasado	pretérito imperfecto	*Mientras fumaba su cigarro, le llamaron varías veces por teléfono.* *Mientras fumaba dejaba su mirada vagar por el horizonte.*

4. De acuerdo con la información del cuadro, **CREA** mensajes con los siguientes verbos. La exigencia es que, al menos, utilices cada verbo para dos propósitos diferentes.

Modelo: Nacer.
[Contar acciones pasadas] *Nací en 1970.*
[Acción durativa en el pasado] *Mientras nacía el césped de nuestro jardín entrábamos en casa por la puerta de atrás.*

1. Ladrar.

2. Explotar.

3. Disparar.

4. Caerse.

5. Resbalarse.

6. Estar nervioso.

El perro ladraba en el jardín.

5. *¿Cuándo fue la última vez que...?* **ELABORA** posibles preguntas y respuestas para las acciones que se dan a continuación.

Modelo: Comer caviar.
   ¿Cuándo fue la última vez que comiste caviar?
   a) *La última vez que comí caviar fue cuando tenía 12 años.*
   b) *En mi vida he probado el caviar.*

1. Leer poesía.

4. Decirle a tu novio(a) que lo (la) quieres.

2. Ir a cenar a un restaurante caro.

5. Coser un botón.

3. Bailar salsa.

6. Andar en bici.

6. **RESPONDE** a las preguntas siguientes.

Modelo: ¿Desde cuándo vives en esta casa?
   —*Desde que me trasladé a esta ciudad.*
   —*Desde hace un año.*
   —*Desde el año pasado.*

1. ¿Cuándo fue nombrado ministro tu profesor de álgebra?

2. ¿Cuánto tiempo llevas dándole vueltas a este asunto?

3. ¿Desde cuándo lo tratas de tú?

4. ¿Cuándo vio usted por última vez al presunto asesino?

MOMENTOS CONCRETOS

¿Cuándo terminaste (has terminado) la carrera?

   —En 1988 / en el 98.
   —La semana pasada.
   —Este mes.
   —Hace una semana / hace dos años.

• Hace una semana que he terminado la carrera.
• He terminado la carrera hace una semana.

CANTIDADES DE TIEMPO

¿Cuánto tiempo llevas trabajando aquí?
¿Desde cuándo llevas trabajando aquí?

   —(Llevo) 15 días / dos años.
   —Desde ayer, desde junio, desde el 98.
   —Desde que terminé la carrera.
   —Desde hace dos días / una semana / dos años.

• Hace una semana que trabajo aquí.
• Trabajo aquí desde hace una semana.

ESQUEMAS GRAMATICALES
USOS DEL PRETÉRITO IMPERFECTO

Expresa una acción pasada cuyo principio y fin no son importantes para el hablante. Solamente se atiende al transcurso de la acción, sin prestar atención a sus límites temporales.

Por su carácter cursivo, por su imperfectividad, por la visión de la acción en su desarrollo, expresa una mayor duración de la acción verbal que los demás pretéritos. En ocasiones traspasa la frontera del presente y significa en el futuro: *De buena gana me iba al cine con vosotros esta noche.*

● CON VALOR DE PASADO

✓ HABITUAL

Hace referencia a acciones repetidas en el pasado por hábito o costumbre. Suele haber alguna referencia temporal que indique la repetición, lo cíclico: *cada día, una vez al mes, frecuentemente,* etc.

✹ Puede ser sustituido por **SOLÍA + INFINITIVO.**

 Antes solamente fumaba un cigarrillo después de comer.

 Mi abuelo solía llevarnos a la biblioteca.

✓ DESCRIPTIVO

Para decir cómo eran las personas o las cosas. También para describir el marco en el que sucedían los hechos.

 *Era mediano de estatura, alto de cuello, atravesado de nariz, cargado de hombros y corto de brazos. Parecía un roble viejo.*

✓ ITERATIVO, DE REPETICIÓN

Con verbos de significado perfectivo como *chocar, explotar, entrar, salir, ladrar, saltar,* etc. Hace referencia a acciones repetidas, no a acciones de larga duración.

 Los soldados disparaban sin tregua.

✓ ACCIÓN EN DESARROLLO

a) Simultánea a otra también en desarrollo.
En el contexto tiene que existir alguna marca temporal (*mientras, al mismo tiempo que,* etc.) que indique la simultaneidad de las acciones.

 Mientras veía el fútbol, hablaba por teléfono.

b) Durante la que tienen lugar otras acciones.

 Todo ocurrió mientras dormía.

● CON VALOR DE PRESENTE

✓ CORTESÍA

Hace sentir las peticiones, ruegos, etc. como más amables.

 —¿Qué deseaba? —Quería un kilo de naranjas y media docena de huevos.

✓ SORPRESA

Aparece en enunciados interrogativos y/o exclamativos.

 ¡Anda! ¿Pero tú venías con nosotros? ¡Pero bueno! ¿Tú no conocías este libro?

✓ HIPOTÉTICO-IMAGINATIVO

Muy propio del habla infantil, como expresión de la irrealidad, de la ficción.

 Venga, y ahora era yo el que te vencía a ti y rescataba a la princesa.

● CON VALOR DE FUTURO

✓ FUTURO EN RELACIÓN CON EL PASADO

Equivalente al futuro hipotético es utilizado sobre todo en el lenguaje coloquial.

 Carlos dijo que llegaba tarde, como siempre (= que llegaría tarde).

✓ HIPÓTESIS

Alterna con el futuro hipotético.

 Yo que tú me compraba este libro.

ESQUEMAS GRAMATICALES
USOS DEL PRETÉRITO PERFECTO COMPUESTO y DEL PRETÉRITO INDEFINIDO

PRETÉRITO PERFECTO COMPUESTO

Expresa acciones pasadas y terminadas que guardan relación con el presente del hablante.

Hemos llegado esta mañana.

● **CON VALOR DE PASADO**

✓ **ACCIONES OCURRIDAS EN UN PERÍODO DE TIEMPO QUE NO HA TERMINADO TODAVÍA**

En el contexto aparecen marcas temporales que indican un período de tiempo más o menos amplio y que abarca el presente del hablante: *esta semana, hoy, este mes (año), esta temporada, siempre, aún, todavía,* etc.

 Este año hemos tenido buen tiempo en Semana Santa, pero el año pasado hizo un frío horrible.

✓ **ACCIONES OCURRIDAS EN UN MOMENTO ALEJADO DEL PRESENTE, PERO CUYOS EFECTOS SE DEJAN SENTIR EN EL MOMENTO DEL HABLA**

a) De forma objetiva.

 La apertura de grandes hipermercados ha desestabilizado al pequeño comercio.

b) De forma subjetiva.

 He aprobado las oposiciones hace ya cuatro años.

● **CON VALOR DE FUTURO**

✓ **PROSPECTIVO**

Con esta forma verbal se presenta como ya ocurrido lo que se desea que acontezca.

 En menos de un mes ya he vuelto. No me voy al fin del mundo.

PRETÉRITO INDEFINIDO

● Expresa acciones pasadas y terminadas sin relación alguna con el presente del hablante.
Suele ir acompañado de unidades temporales que indican tiempo pasado más o menos largo y que excluyen el tiempo en que se habla: *ayer, la semana pasada, anoche, hace 25 años, en 1492,* etc.

—¿Fuiste al cine el domingo por la noche?
—No, me quedé en casa.

● Es forma muy apropiada para la narración de hechos y momentos pasados. Suele combinarse con el pretérito imperfecto para contraponer los elementos narrativos (en pretérito indefinido) y los descriptivos (en pretérito imperfecto).

El hombre nos preguntó por el nombre del pueblo, dejó la bolsa que traía a la espalda en el verde de la charca, se quitó las botas, metió los pies en el agua y lió un cigarro.

✳ La oposición entre pretérito perfecto y pretérito indefinido se mantiene vigente en el español normativo peninsular, salvo en Galicia y Asturias, y en bastantes áreas de Hispanoamérica.

ESQUEMAS GRAMATICALES

EL PRETÉRITO PLUSCUAMPERFECTO

● Tiempo medido relativamente, expresa una acción pasada y terminada, pero además anterior a otra acción o momento temporal también pasados.

En el momento de los postres yo ya me había bebido más de tres copas.

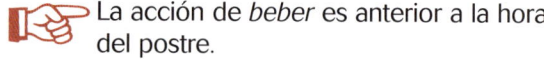 La acción de *beber* es anterior a la hora del postre.

● En ocasiones alterna con el pretérito indefinido *(canté)*, cuando se quiere poner énfasis especial en la rapidez con que se ha producido un hecho. Aparece entonces acompañado de marcas temporales como *al instante, al minuto, al momento, al poco rato,* etc.

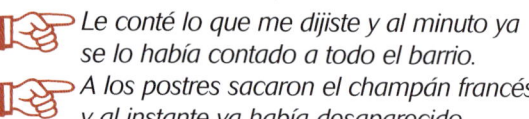 *Le conté lo que me dijiste y al minuto ya se lo había contado a todo el barrio.*

A los postres sacaron el champán francés y al instante ya había desaparecido.

LA OPOSICIÓN CANTÉ / HE CANTADO

● **CUANDO EXISTE UNA REFERENCIA TEMPORAL EXTERNA**

  ✓ CANTÉ

  Expresa acciones que no guardan relación con el momento del hablante.
  • **Marcadores temporales opcionales:**
    ayer, la semana pasada, el mes pasado, anoche, anteanoche, etc.

 El mes pasado hicimos un recorrido por el sur de España.

  ✓ HE CANTADO

  Expresa acciones que sí llegan temporalmente al momento del hablante.
  • **Marcadores temporales opcionales:**

  a) En los que está incluido el hablante: *hoy, esta mañana, esta semana, este mes, este año,* etc.

  b) En los que no se halla incluido, pero están muy cerca del presente: *últimamente, recientemente, hace unos momentos,* etc.

 Este año hemos ido muy poco al cine.

Últimamente habéis viajado muy poco.
Hace unos momentos he visto una estrella fugaz.

● **USOS ALTERADOS (aunque la lengua escrita y la literaria traten de mantenerlos)**

  ✓ Geográficamente: Galicia, Asturias y extensas zonas de Hispanoamérica, muestran una marcada preferencia por el pretérito indefinido.

  ✓ Incluso en zonas en las que se mantiene viva la oposición, a veces se neutralizan los contenidos de las dos formas. En ocasiones el hablante utiliza he cantado para aproximar afectivamente un determinado momento o acción ya objetivamente concluida a su momento vital, con el fin de mostrar que la acción que se produjo la siente como actual y sigue viviéndola. Y utiliza canté para distanciar de su momento vital, también subjetivamente, un contenido o un hecho.

Crónica de una guerra absurda

Del verdadero J. L. Márquez, sin duda uno de los mejores cámaras de guerra del mundo, recuerdo dos momentos que nunca podré olvidar. Visitábamos el hospital de Vukobar en octubre de 1991, pocos días antes de que la ciudad cayese en manos de los serbios. Había muertos por todas partes. Los serbios utilizaban la aviación del antiguo ejército yugoslavo para **meter en cintura** a los croatas. Las bombas de 250 kilos perforaban los **férreos** edificios austrohúngaros y los derretían como si fueran de chocolate. En el hospital, los heridos **se hacinaban** en el sótano. Fuera, había más de dos docenas de muertos sin cubrir, destrozados por la metralla y envueltos en plásticos hasta que los familiares los reconociesen. Sobre el volante del coche había una mujer muerta por el **certero disparo** de un **francotirador**. Márquez empezó a hacer su trabajo. Mientras, yo temblaba, no podía concentrarme. Él, en cambio, trabajaba con frialdad. Colocó el objetivo sobre el agujero que había dejado la bala sobre la sien de la mujer y comenzó a abrir el plano con una precisión y un pulso de autómata.

Una semana después recibí la noticia de que un periodista del diario *El país* estaba en un hospital de Osijek. Había tenido un accidente y estaba conmocionado. J. L. Márquez fue el primero en ofrecerse a ir a buscarlo. Pero lo hizo sin **aspavientos**, en su estilo directo e introvertido. Durante ese viaje que hicimos juntos, tuve ocasión de conocerlo mejor. Me di cuenta de que estaba ante una de las personas más humanas que cubrían aquella **mierda de guerra**.

(Adaptado de la revista *El semanal,* 18-4-1996)

HABLEMOS DEL TEXTO

Férreo: De hierro; tan fuerte o resistente como el hierro.
Hacinarse: Juntarse gente muy estrechamente en alguna parte.
Disparo certero: Disparo que da en el blanco.
Francotirador: Persona en posesión de un arma que dispara sin ley.
Aspavientos: Demostración algo exagerada, con gestos o palabras, de una impresión.
Meter en cintura a alguien: Obligarle a comportarse como es debido, con disciplina o 'regularidad'.
Una mierda de guerra: Una guerra sin justificación, sin sentido, que no lleva a ninguna parte.

✓ Si relees con atención el texto, te darás cuenta de que el autor quiere relatar principalmente dos momentos concretos de la actividad del cámara J. L. Márquez: a) *empezó a hacer su trabajo; colocó el objetivo sobre el agujero; comenzó a abrir el plano;* b) *fue el primero en ofrecerse; lo hizo sin aspavientos;* además de otras acciones pasadas: (*recibí la noticia*) y su impresión personal acerca de la persona (*me di cuenta*).

Para ello utiliza el **PRETÉRITO INDEFINIDO** (*canté*), que sirve para presentar las acciones pasadas como un todo cerrado y concluido, sin relación con el presente del hablante.

✓ Pero antes nos presenta el marco situacional en el que se enmarcan esos momentos, un espectáculo deprimente. Las acciones, acontecimientos y situaciones englobadas dentro de este marco van en **PRETÉRITO IMPERFECTO**:

Visitábamos el hospital; Había muertos por todas partes; Los serbios utilizaban la aviación del antiguo ejército yugoslavo; Las bombas perforaban los edificios y los derretían; Los heridos se hacinaban en el sótano; Fuera había más de dos docenas de muertos; Sobre el volante había una mujer muerta.

✓ También el imperfecto sirve para la expresión de la simultaneidad de dos acciones (*Mientras, yo temblaba, no podía concentrarme. Él, en cambio, trabajaba con frialdad*).

✓ Hay un par de casos en los que la aparición del imperfecto viene dada por el tiempo del verbo dominante o 'principal': a) *Me di cuenta de que estaba ante una de las personas más humanas que cubrían aquella mierda de guerra.* b) *Recibí la noticia de que el periodista del diario El país estaba en un hospital.* Si en lugar de un pretérito indefinido tuviéramos un presente, los verbos en imperfecto estarían en presente.

Se trata del imperfecto como tiempo medido indirectamente, en donde hay una correlación entre el verbo dominante y los verbos que dependen de él.

✓ Habrás visto que aparece en dos ocasiones el **PRETÉRITO PLUSCUAMPERFECTO** (*había cantado*): a) *Colocó el objetivo sobre el agujero que había dejado la bala en la sien de la mujer;* b) *Había tenido un accidente.* En ambos casos expresa una acción pasada anterior a otra también pasada.

En a) primero la bala deja un agujero en la sien de la mujer. Posteriormente el cámara coloca el objetivo; en b) primero el periodista tiene un accidente y después el autor recibe la noticia.

✓ Al final del texto aparece la expresión *una mierda de guerra*. Se trata de una construcción coloquial que responde al siguiente esquema formal:

Ejemplos:		
	Una maravilla de mujer.	Esta mujer es una maravilla.
	Una vergüenza de organización.	Esta organización es una vergüenza.
	Una preciosidad de niños.	Estos niños son una preciosidad.
	Un encanto de chica.	Esta chica es un encanto.

7. **COMPLETA** las siguientes frases con la referencia temporal que convenga más al sentido de la frase.

> ✔ esta semana
> ✔ un día
> ✔ nunca
> ✔ por san Juan
> ✔ el domingo pasado
> ✔ cada vez
> ✔ este año
>
> ✔ alguna vez
> ✔ siempre
> ✔ anoche
> ✔ casi a diario
> ✔ un 23 de abril
> ✔ el año pasado
> ✔ un día

1. He estado excepcionalmente ocupado _____ .

2. — ¿Te has planteado _____ dedicarte a otra profesión?

— No, _____ se me ha pasado por la cabeza.

3. _____ iba a visitar a los niños los viernes por la tarde, pero _____ se le pasó.

4. _____ los mozos ponían una rama en la puerta de la casa de su novia.

5. María dio a luz _____ un bebé precioso.

6. _____ nevó en la sierra.

7. Compraba el periódico _____ , pero _____ dejó de comprarlo.

8. Cervantes murió _____ .

9. _____ que íbamos al campo, los muchachos se ponían felices.

10. _____ hemos tenido una buena cosecha, pero _____ casi pasamos hambre.

8. **CAMBIA** *este curso, este año,* etc. por *el curso pasado, el año pasado,* etc. en las frases siguientes. No te olvides de **AJUSTAR** también las formas verbales.

Modelo: Este año, cuando nieva, se cierran los colegios.
El curso pasado, cuando nevaba, se cerraban los colegios.

1. Este invierno tu abuela no ha tenido una salud de hierro.

2. Este mes hemos tenido que comprar pocos libros.

3. A principios de este curso tu hija me ha prometido que no copiará en los exámenes.

4. Dice que ha aprobado todo este año.

5. Este curso terminamos los exámenes antes del 15 de junio.

9. Con los datos que se te ofrecen, **CREA** frases utilizando las formas verbales de pasado *canté* y *cantaba.*

Modelo: Ser nuevo en la ciudad / Invitarlo.

Era nuevo en la ciudad y lo invitaba a comer con frecuencia.
Cuando lo invité a comer era nuevo en la ciudad.
Como era nuevo en la ciudad lo invité a comer.
Lo invité a comer porque era nuevo en la ciudad.

1. Gustarle la comida caribeña / Preparar arroz con frijoles.

2. Él mirarla / Ella sonreír.

3. Ir en el tren / Conocer a una chica / Gustarme la chica.

4. Hacer mucho calor / No tener traje de baño / Bañarse desnudo.

5. Despertarse con música clásica / Calmar la música su malhumor matutino.

6. Tener la gente mucho interés en el tema / Crearse una asociación.

7. Venir el cartero / Estar yo en la cama.

8. Apetecer mucho hacer un viaje / Tener tiempo / Querer descansar / Ir a la isla de Pascua.

9. Cuando Carlos era joven / Correr diariamente 15 km. / Ser bueno para la salud hacer deporte.

10. Estar en la luna / No oír el teléfono / No oír el timbre.

10. Tomando como modelo este esquema, **APLÍCA-LO** a las siguientes frases.

| Él se levantó. | DESPUÉS | Llegó su hermana. | → | *Cuando llegó su hermana él ya se había levantado.* |
| Estudiaba hasta las doce. | | Se tomaba su café. | → | *Cuando se tomaba su café ya había estudiado bastante.* |

1. Las flores se secaron / Él se decidió a regar el jardín.

2. Los periódicos se agotaron / Fui a comprar el periódico.

3. Tú te instalaste en Madrid / Publicaste tu primer libro de poemas.

4. Se convirtió en el poeta predilecto de los jóvenes / Acudía todas las tardes al Café Gijón.

5. La mujer desapareció / Él alzó la vista.

11. Tomando el esquema como modelo, **APLÍCA-LO** a las frases siguientes:

| Fue mejor que todo sucediera así. | DESPUÉS | Él lo pensaba. | → | *Él pensaba que había sido mejor que todo sucediera así.* |
| Conoció una chica muy guapa. | | Él se lo confesó. | → | *Él le confesó que había conocido a una chica muy guapa.* |

1. Ana se fugó con su novio / Su padre lo adivinó.

2. Agredió a la víctima en defensa propia / El abogado defensor lo alegó.

3. Que sus hijas supieran hablar inglés fue su mayor ilusión / Él me lo contó.

4. Sus padres se conocieron en 1970 / Ella lo mencionó anoche en tu cena de cumpleaños.

5. Su familia nunca le dio importancia a sus actividades culinarias / Ella lo confesó abiertamente.

6. El plazo para solicitar la beca terminó hace un mes / Ana se dio cuenta de ello.

7. Alguien estuvo revolviendo mis papeles / Me pareció.

ESQUEMAS GRAMATICALES
LA OPOSICIÓN CANTABA / CANTÉ

● DESCRIPCIÓN / NARRACIÓN

✓ CANTÉ

 Tiempo verbal utilizado para la narración, para contar acontecimientos, hechos o sucesos ocurridos en el pasado.

✓ CANTABA

 Utilizado para la descripción. El hilo de la narración de detiene para decir cómo eran las personas en el pasado, o para describir el escenario en el que tenían lugar los hechos.

> La familia de Villar *vino* a mi pueblo dos meses antes de que llegara el agua. El padre *se llamaba* Antonio, la madre Enedina, y los hijos Benito y Clara. *Arrendaron* seis hectáreas del secano pedregoso cerca de la carretera de Villamaniel y *compraron* una casa de adobe que *estaba* a las afueras del pueblo. *Era* una casa abandonada (...). *Trabajaron* en ella hasta componerle las paredes, la *retejaron* y *dividieron* la vivienda...
>
> (L. Mateo Díez, *Brasas de agosto*)

● ACCIONES HABITUALES / ACCIONES PUNTUALES

✓ CANTÉ

 Hace referencia a acciones puntuales (ocurrieron una vez o un número determinado de veces).

✓ CANTABA

 Utilizado para hacer referencia a acciones repetidas o habituales en el pasado.

● ACCIÓN EN DESARROLLO / ACCIÓN PUNTUAL

✓ CANTÉ

 Acción puntual.

✓ CANTABA

 Acción en desarrollo.

PAREJA, MATRIMONIO Y FAMILIA

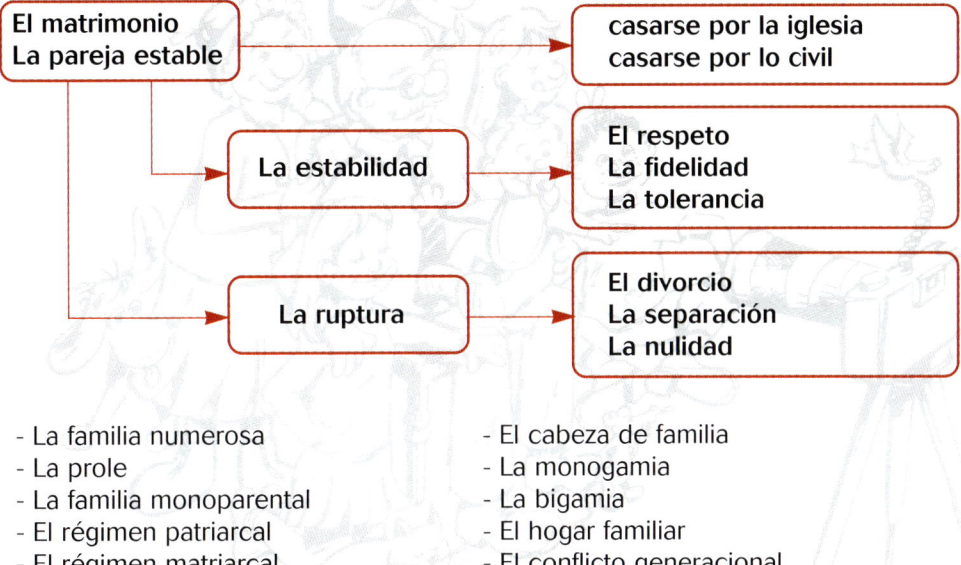

El matrimonio La pareja estable	→	casarse por la iglesia casarse por lo civil
La estabilidad	→	El respeto La fidelidad La tolerancia
La ruptura	→	El divorcio La separación La nulidad

- La familia numerosa
- La prole
- La familia monoparental
- El régimen patriarcal
- El régimen matriarcal
- La emancipación

- El cabeza de familia
- La monogamia
- La bigamia
- El hogar familiar
- El conflicto generacional

 EJERCICIOS

12. En la sociedad actual, por exigencias de uno u otro tipo o por vocación, muchos hombres y mujeres apuestan por vivir solos. Jaime, de momento, ha optado por no compartir su casa con nadie. A continuación nos presenta algunas ventajas y una serie de contrapartidas, a las que tú deberás añadir otras.

a) No tengo que rendir cuentas.
  —A veces me siento muy solo, abandonado, sin nadie a quien contarle lo que me ha ocurrido en el trabajo.

b) Me siento muy cómodo y soy muy libre.
  —Todo sale más caro.
  —En algunos aspectos he acabado volviéndome maniático.

c) ....
....

d) ....
....

13. La sociedad española está viviendo cambios profundos en los últimos años. Aquí tomamos a la mujer como punto estratégico de un cambio de mentalidad en la familia.

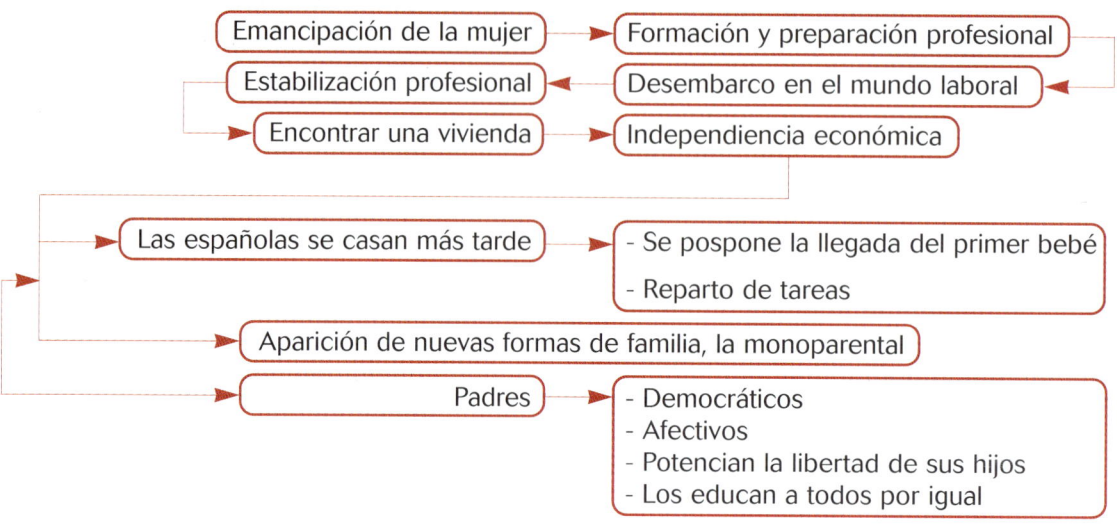

¿Responde esta visión a la situación de tu país? ¿Qué diferencias existen?

14. Tener más de un hijo tiene ventajas e inconvenientes. **SEÑALA** algunos, atendiendo a los factores que a continuación se enumeran:

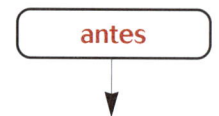

- Familias muy numerosas.
- La carrera de la natalidad tenía premio.

- Reducción de la natalidad.
- Se traen al mundo bebés con cuentagotas.
- Como máximo, la parejita.

a) Económico

b) Social

c) Afectivo

LOS ÁRABES EN ESPAÑA

En el 711 Hispania es ocupada por gentes del califato omeya de Damasco que traen:

a) un grupo dominante étnicamente árabe.

b) el uso de otra era: la hégira.

c) una ideología: el islam.

d) una lengua oficial: el árabe.

e) una cultura: la musulmana.

La ocupación de Hispania se hace en unos cinco años. Los árabes no encontraron casi resistencia. La zona conquistada por los árabes se llamó Al-Andalus y vivió un gran cambio lingüístico (arabización) e ideológico (islamización).

La árabe era una sociedad básicamente agrícola. No tenía régimen esclavista y contaba con un activo comercio exterior.

Características reseñables de esta sociedad eran:

- El **factor urbano:** Gran número y extensión de las ciudades; densidad e importancia demográfica de las ciudades, que concentran la actividad artesano-mercantil, constituyen la sede del poder político y monopolizan la vida ideológico cultural.

- Los **componentes sociales:** Se estructuraban según cuatro criterios: étnico, confesional, jurídico y socioeconómico. El grupo árabe ya constituye, a fines del siglo VIII, un 10% de la población hispana. Además se fomentó la educación de los niños en el marco de la sociedad árabe musulmana.

  Aunque la sociedad musulmana estaba basada en una ideología igualitaria, siempre existió el concepto de rango, de grupo social, de categoría.

Fue inmensa la aportación árabe a la agricultura peninsular, con la creación de norias canales, aceñas, acequias, galerías subterráneas pozos, presas, etc. para el riego, con la introducción de nuevos cultivos: naranjas, limones, plátanos... El árbol por excelencia era el olivo; la base de la alimentación, el trigo, pero también se cultivaban cebada, centeno, mijo y panizo.

Extraían y manufacturaban hierro, cinabrio, cobre, estaño, plomo, oro, plata, piedras semipreciosas y alumbre.

Entre las manufacturas árabes destacan los paños de algodón, lino, seda y lana, los recamados y bordados, las alfombras, el cuero repujado (cordobán), la cerámica vidriada (un cordobés, Abbàs B. Firmàs, inventó la fórmula del cristal), etc., todo ello realizado en pequeños talleres artesanos.

Pero, sin lugar a dudas, lo que sobresale en Al-Andalus es la cultura: se desarrolla una escuela de música andalusí; se crea literatura original y se inventan formas propias: la *muwassaha* y el *zéjel*; se da un importantísimo impulso a la medicina, a la botánica, a la astronomía, a la arquitectura civil (por ejemplo la Alhambra,...), la religiosa (mezquitas) y la militar (por ejemplo, las alcazabas); se forja la estructura urbana; los árabes nos dejan el arte de la azulejería, etc., numerosas comidas y una soberbia cultura que aún pervive en miles de palabras que forman parte del léxico de la lengua española.

Lección 4

¡Que lo vean tus nietos!

¡Que lo vean tus nietos!

 DIÁLOGO

¡Que lo vean tus nietos!

SARA Seguramente Ana se ha dormido otra vez. **¡Ojalá llegue a tiempo de coger el tren!** ¿Y si no viene?

MONSE **Mírala**, por ahí viene, corriendo a todo correr.

SARA ¿Qué, Ana, acaso se te han pegado las sábanas?

ANA **¡No me hables**! Si es que lo mío es no llegar nunca con tiempo. Unos días por una cosa y otros por otra, lo cierto es que siempre vengo a la carrera. He tenido que poner una conferencia a cobro revertido. Marco el número y no da la señal. Vuelvo a marcar y... "**¡espere el tono!**" Espero, espero, espero... y me dicen: "**Quizá se haya cortado la comunicación**" o "**Tal vez las líneas están sobrecargadas, vuelva a intentarlo**". Vuelvo a intentarlo y está comunicando. ¡Si hubiera tenido a la recepcionista cerca...!

SARA **Vamos**, que ya viene el tren. Por poco te quedas en tierra.

ANA Sí, menos mal que este tren regional no suele llegar puntual. Pero **puede que algún día nos dé una sorpresa y empiece a llegar a su hora**.

MONSE ¡Que lo vean tus nietos!

HABLEMOS DEL DIÁLOGO

- **Correr a todo correr:** → Correr tan deprisa como se puede.
- **Pegársele las sábanas a alguien:** → Levantarse de la cama más tarde de lo debido o acostumbrado.
- **Ir / venir a la carrera:** → Ir o venir corriendo.
- **Conferencia a cobro revertido:** → Llamada telefónica cuyo importe paga la persona que la recibe.

Para la **EXPRESIÓN DE LA PROBABILIDAD EN ESTRUCTURAS INDEPENDIENTES** (en las que aparece un solo verbo) tenemos en español una serie de marcas.

- Con **PUEDE QUE**, siempre delante del verbo, pueden aparecer las cuatro formas del subjuntivo, dependiendo del momento sobre el que se está formulando la hipótesis: *Puede que algún día nos dé una sorpresa y empiece a llegar a su hora.*
- Con **TAL VEZ, ACASO, QUIZÁ(S), POSIBLEMENTE, PROBABLEMENTE, SEGURAMENTE**, el uso de una u otra forma (indicativo o subjuntivo) depende en buena medida de su posición:
  - ✓ Si aparece antes del verbo, el subjuntivo y el indicativo alternan. Generalmente se afirma que con indicativo hay un mayor grado de probabilidad, mientras que si aparece con subjuntivo el grado de probabilidad es menor. Pero, en la práctica, son el contexto, la situación y las intenciones comunicativas de los hablantes las que deciden el uso de una u otra forma.
  - ✓ Si aparece detrás del verbo se usa el indicativo.

✓ **Seguramente Ana se ha dormido otra vez.** →	Sara tiñe con el rasgo /+ probable/ lo que ella cree que es casi seguro, porque sabe que no es la primera vez que le sucede. Por eso, aunque *seguramente* va delante del verbo, utiliza el indicativo. Pero hubiera podido usar el subjuntivo. Si dijera: *Ana se ha dormido otra vez, seguramente,* el indicativo sería el modo elegido.
✓ **Quizá se haya cortado la comunicación.** ✓ **Tal vez las líneas están sobrecargadas.** →	Enunciados que en el diálogo aparecen entrecomillados porque son emitidos por la recepcionista. En un caso el verbo aparece en subjuntivo y en el otro en indicativo. En este caso, posiblemente sea el mayor grado de probabilidad el que haga posible la aparición del indicativo.
✓ **¿Acaso se te han pegado las sábanas?** →	Se trata de una frase interrogativa. En este caso se exige la presencia del indicativo. En el fondo, lo que el hablante desea con esta formulación interrogativa es una confirmación de su sospecha por parte de la persona interesada.
✓ **¿Y si no viene?** →	Expresa una probabilidad implícita (puede que no venga).
✓ **Ojalá llegue a tiempo de coger el tren.** →	**OJALÁ** seguido de alguna de las cuatro formas del subjuntivo es una de las expresiones del **DESEO** más comunes.
✓ **¡Que lo vean tus nietos!** →	Monse manifiesta el **DESEO** de que los trenes regionales lleguen a su hora, pero, como le parece un propósito casi irrealizable por el momento, fía el deseo a largo plazo, para la época en que Ana tenga nietos. De ahí la expresión, que en este caso es irónica.
✓ **Mírala.** ✓ **Espere el tono.** ✓ **No me hables.** ✓ **Vuelva a intentarlo.** ✓ **Vamos.** →	Formas en '**IMPERATIVO**' (2ª persona) o en **PRESENTE DE SUBJUNTIVO** (resto de las personas o imperativo negativo): expresan peticiones, ruegos, consejos, sugerencias y/o mandatos u órdenes. Los matices vienen dados por el tono, la intencionalidad comunicativa del emisor, el tipo de receptor al que va dirigido el mensaje y la situación en la que se produce la comunicación, etc.

1. De acuerdo con el esquema, **TRASLADA** las siguientes oraciones al eje del pasado.

V_1 [indicativo, presente] + V_2 [subjuntivo, presente]
V_1 [indicativo, pasado] + V_2 [subjuntivo, imperfecto]

Modelo: Prefiero que vengas conmigo.
  Preferí (prefería) que vinieras conmigo.

1. Muchos días lamenta que su familia viva en una ciudad tan tranquila y ordenada.

2. Siento que seas tú quien tenga que hacerlo todo.

3. Te pido que no llegues tan tarde como el sábado pasado.

4. Le ordeno que apague el cigarrillo.

5. Me alegro mucho de que todos estéis mejor.

6. Es necesario que trabaje más horas si pretende ganar más dinero.

7. Espero que aceptes mi consejo.

8. Me parece extraño que se vaya solo de vacaciones.

9. Lamento que pasen estas cosas.

10. Prefiero que entregues los papeles cuanto antes.

2. Con las claves que se te ofrecen **CONSTRUYE** oraciones que se ajusten a este esquema. Añade los elementos que consideres necesarios para que sean aceptables sintáctica y semánticamente.

V_1 [indicativo, presente]	+	V_2 [subjuntivo, presente]
V_1 [indicativo, pret. perfecto]	+	V_2 [subjuntivo, presente]
V_1 [indicativo, futuro]	+	V_2 [subjuntivo, presente]

Modelo: V_1 [conseguir], V_2 [aprobar en junio] ➡

Siempre consigue que sus hijos aprueben todo en junio.
Ha conseguido que sus hijos aprueben todo en junio.
Conseguirá que sus hijos aprueben todo en junio.

1. V_1 [agradar], V_2 [ir a la cena]

2. V_1 [fastidiar], V_2 [llegar tarde]

3. V_1 [soportar], V_2 [casarse con otra]

4. V_1 [pedir], V_2 [tomar pastillas]

3. CONSTRUYE oraciones que se ajusten al esquema a partir de los datos que se te ofrecen, teniendo en cuenta que puedes añadir elementos que ayuden a que sean semánticamente aceptables.

V_1 [indicativo, presente]   + V_2 [subjuntivo, pret. perfecto]

1. [los estudiantes, desear] [el profesor, olvidar su mal comportamiento]

2. [ser mejor] [tú, seguir el consejo de su padre]

3. [los alumnos, quejarse] [el servicio de limpieza, no limpiar las aulas por la huelga]

4. [gustar, a Juan] [Marta, tratar por fin a su madre de tú]

5. [el pueblo, dudar] [el gobierno, bajar los precios de la gasolina]

Modelo: [yo, sentir] [tú, retrasarse]
Siento mucho que precisamente hoy te hayas retrasado por mi culpa.

Siento mucho que precisamente hoy te hayas retrasado por mi culpa.

4. CONSTRUYE oraciones que se acomoden a este esquema.

V_1 [indicativo, condicional]   + V_2 [subjuntivo, pret. imperfecto]

1. [ser bueno] [él, presentarse cuanto antes a la policía]

2. [disgustar, a mí] [ponerse a llover ahora mismo]

3. [querer, yo] [usted, conocer a mi esposa]

4. [agradar, a la abuela] [todos los nietos, reunirse el día de su cumpleaños]

5. [gustar, a mí] [todas las playas de la región, tener bandera azul]

Modelo: [gustar, a mí] [usted, mostrar a mí su currículum profesional]
Me gustaría que usted me mostrara su currículum profesional.

A la abuela le agradaría que todos los nietos se reuniesen el día de su cumpleaños.

5. De acuerdo con este esquema, **CONSTRUYE** oraciones que se acomoden a él.

$$V_1 \text{ [indicativo, pasado]} \quad + \quad V_2 \text{ [subjuntivo, pret. imperfecto / pret. pluscuamperfecto]}$$

Modelo: [extrañar, a mí] [tú, ver esa película]
Me extrañó que vieras esa película.
Me extrañó que hubieras visto esa película.

1. [alegrarse, Juan] [tú, dar el primer paso]

2. [conformarse, tu madre] [tu hermano, no meter la pata]

3. [ser una coincidencia] [nosotros, encontrarnos en el avión]

4. [tener miedo, yo] [tú, volver con él]

5. [molestar, a él] [yo, insultarlo]

Fue una coincidencia que nos encontrásemos en ese avión.

6. **CONVIERTE** las siguientes oraciones en negativas haciendo los cambios de modo necesarios y utilizando las formas verbales adecuadas.

$$V_1 \text{ [indicativo, afirmativo]} + V_2 \text{ [indicativo]} \longrightarrow V_1 \text{ [indicativo, negativo]} + V_2 \text{ [subjuntivo]}$$

Modelo: Veo que en esta ciudad el metro funciona de maravilla.
No veo que en esta ciudad el metro funcione de maravilla.

1. Me parece que tu compañero está loco con la idea de ir a Japón.

2. Noto que el sistema de transportes en esta ciudad mejora día a día.

3. Me dijo que se había tomado quince días de vacaciones.

4. Estoy seguro de que este cuadro es auténtico.

5. Precisó que había huido porque lo extorsionaban continuamente.

7. PON el infinitivo que va entre paréntesis en una forma correcta del subjuntivo.

1. Le recomendé que no (decir, usted) _____ nada a nadie.
2. Ruega al jurado que (escuchar) _____ su versión.
3. Saldremos cuando tú (recoger) _____ todos los papeles.
4. Estoy aquí porque me han dicho que (presentarse, yo) _____ hoy.
5. No creí que tu amigo (tener) _____ un yate y (vivir) _____ en una casa tan lujosa.
6. Estoy contento de que (comer, tú) _____ bien.
7. No creo que (granizar) _____ más por hoy.
8. Dudo que José (leer) _____ este libro.

8. TRANSFORMA las oraciones siguientes tomando como modelo este esquema:

Modelo: Creo que Ana estudia medicina.
No creo que Ana estudie medicina.

1. Creo que Ana estudiará medicina.

....

2. Creo que Ana ha estudiado medicina.

....

3. Creo que Ana habrá estudiado para el examen.

....

4. Creo que Ana estudió medicina.

....

5. Creo que Ana estudiaba medicina cuando la conocí.

....

6. Creo que Ana estudiaría para el examen.

....

7. Creo que Ana había estudiado para el examen.

....

8. Creo que Ana habría estudiado para el examen.

....

9. COMPLETA las siguientes frases, teniendo en cuenta que el V$_2$ debe ir en subjuntivo.

1. Le había ordenado que _____
2. Sería conveniente que _____
3. Me suplicará que _____
4. Le dijo que _____
5. Parece mentira que _____
6. Es una lata que _____
7. Me gustaría que _____
8. ¿Te parece bien que _____ ?

9. A tu padre le fastidia que _____
10. Te agradezco mucho que _____
11. ¿Te haría ilusión que _____ ?
12. La lectura de este libro ha hecho que _____
13. Para acceder a este puesto se exige que _____
    _____
14. Fue un error que _____
15. Nunca te pedí que _____

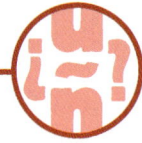

ESQUEMAS GRAMATICALES

VALORES TEMPORALES DE LAS FORMAS DEL SUBJUNTIVO

Las formas del subjuntivo son menos, numéricamente hablando, que las del indicativo. No expresan los valores temporales con la misma nitidez, y por ello tampoco se pueden hacer con ellas las distinciones de tiempo más o menos sutiles que son necesarias en indicativo.

Con mucha frecuencia, y sobre todo en cláusulas subordinadas, estas formas poseen un valor relativo, de anterioridad, simultaneidad o posterioridad con la acción del verbo principal o dominante, o con otras acciones.

● **PRESENTE (cante)**

Indica acción simultánea o posterior al momento de la enunciación, nunca acciones anteriores a ese momento.

No creo que en este momento tengas muchas posibilidades.

Tu padre quiere que acabes la carrera.

● **PRETÉRITO IMPERFECTO (cantara / cantase)**

✓ CANTARA = CANTASE

Indica presente, pasado y futuro en relación al momento de la enunciación. Para evitar la ambigüedad estas formas van con frecuencia acompañadas de marcas o expresiones temporales.

Mi padre me prohibió que saliera de casa.
Me gustaría que ahora mismo dejara de llover.
Le ordenó que terminara el trabajo pronto.

✓ CANTARA ≠ CANTASE

Con determinados verbos (*QUERER, PODER, DEBER*), la forma *cantara*, con valor de presente, alterna con el condicional simple, indicando:

• **Cortesía** (v. *QUERER*)
• **Probabilidad** (v. *PODER*)
• **Respeto, para dar consejos** (v. *DEBER*)

Quisiera pedirle un favor (= querría, quería).
Pudiera ser que no estuviera (= podría).
Debiera conducir más despacio (= debería).

● **PRETÉRITO PERFECTO (haya cantado)**

a) Acción situada en un pasado cercano.
b) Acción futura anterior a otra también futura.

Siento que no te haya gustado la película.
No creo que lo hayas leído antes del jueves.

● **PRETÉRITO PLUSCUAMPERFECTO**
(hubiera o hubiese cantado)

a) Acción pasada anterior a otra también pasada.
b) Acción futura anterior a otra también futura.

c) Hipótesis no realizada en el pasado. Alterna con el futuro hipotético compuesto (*habría cantado*).

No creo que ayer a las dos ya hubiera llegado.
Me gustaría que mañana a las cuatro ya lo hubieras entregado.
Te hubiera llamado, pero no tenía tu número (= te habría llamado).

● **FUTUROS (cantare, hubiere cantado)**

Muy frecuentes en español medieval y clásico, casi puede afirmarse que han desaparecido del sistema verbal actual. Pueden encontrarse todavía en el lenguaje administrativo y jurídico, en textos legales y en fórmulas estereotipadas y refranes.

Adonde fueres, haz lo que vieres.

ESQUEMAS GRAMATICALES

RELACIONES TEMPORALES MÁS COMUNES
ENTRE INDICATIVO Y SUBJUNTIVO

INDICATIVO	SUBJUNTIVO
• Creo que Juan *saldrá* hoy. • Creo que Juan *saldrá* mañana.	• No creo que Juan *salga* hoy. • No creo que Juan *salga* mañana.
• Creo que Juan *ha salido* ya. • Creo que Juan *habrá salido*.	 • No creo que Juan *haya salido* ya. • No creo que Juan *haya salido*.
• Creo que Juan *salía* ayer de viaje. • Creo que Juan *saldría* hoy de viaje. • Creo que Juan *salió* ayer de viaje.	• No creo que Juan *saliera* ayer de viaje. • No creo que Juan *saliera* hoy de viaje. • No creo que Juan *saliera* ayer de viaje.
• Creía que Juan *había salido* ya. • Creía que Juan *habría salido* ya.	• No creía que Juan *hubiera salido* ya. • No creía que Juan *hubiera salido* ya.

FORMAS DEL SUBJUNTIVO
ESQUEMA DE SUS VALORES TEMPORALES

PRESENTE	CANTE	☞ *Me disgusta que ahora te comportes así.*
	CANTARA	☞ *Me disgustaría que ahora te comportaras así.*
FUTURO	CANTE	☞ *Me disgusta que te comportes así mañana.*
	CANTARA	☞ *Me disgustaría que te comportaras así mañana.*
PASADO	CANTARA	☞ *Me disgustó que ayer te comportaras así.*
PASADO CERCANO	HAYA CANTADO	☞ *Me disgusta que te hayas comportado así.*
PASADO ANTERIOR A OTRO PASADO	HUBIERA CANTADO	☞ *Me disgustó que te hubieras comportado así.*
FUTURO ANTERIOR	HAYA CANTADO	☞ *Le disgustará que te hayas comportado así.*
A OTRO FUTURO	HUBIERA CANTADO	☞ *Me disgustaría que a la hora del café ya se hubiera enterado de todo.*

De animales y humanos

Esta mañana –dijo el profesor– haremos un ejercicio de zoomiótica. Ustedes ya conocen que en el lenguaje popular hay muchos dichos, frases hechas, lugares comunes, etc., que incluyen nombres de animales. Verbigracia: **vista de lince**, **talle de avispa** y tantos otros. Bien, yo voy ahora a decirles datos, referencias, conductas humanas, y ustedes deberán encontrar la metáfora zoológica correspondiente. ¿Entendido?

– Sí, profesor.

– Veamos entonces. Señorita Silva. A un político, tan acaudalado como populista, se le quiebra la voz cuando se refiere a los pobres de la tierra.

– **Lágrimas de cocodrilo**.

– Exacto. Señor Rodríguez, ¿qué siente cuando ve en la televisión ciertas matanzas de estudiantes?

– **Se me pone la piel de gallina**.

– Bien. Señor Méndez. El nuevo ministro de Economía examina la situación del país y se alarma ante la faena que le espera.

– Que **no es moco de pavo**.

– Entre otras cosas. A ver, señorita Ortega. Tengo entendido que a su hermanito no hay quien lo despierte por las mañanas.

– Es cierto. **Duerme como un lirón**.

– Esa era fácil, ¿no? Señor Duarte, todos saben que A es un oscuro funcionario, uno del montón, y sin embargo se ha comprado un Mercedes Benz.

– Evidentemente, **hay gato encerrado**.

   [...]

– Digamos que un gánster, tras asaltar dos bancos en la misma jornada, regresa a su casa y se refugia en el amor y las caricias de su joven esposa.

– Este sí que es difícil, profesor. Pero veamos. ¡*El puercoespín mimoso*! ¿Puede ser?

– Le confieso que no lo tenía en mi nómina, pero no está mal, no está nada mal. Es probable que algún día ingrese al lenguaje popular. Mañana mismo lo comunicaré a la Academia. Por las dudas, ¿sabe?

– Habrá querido decir **por si las moscas**, profesor.

(Adaptado de M. Benedetti, *Despistes y franquezas*)

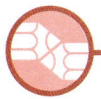

✓ Las expresiones en negrita que aparecen en el texto son el resultado de una combinación de elementos que se han consolidado en el uso de los hablantes a lo largo de la historia de la lengua española.

Sus características son:

- un elevado grado de fijación (lexicalización).

- el significado total de la expresión no se deriva de la suma de sus significados parciales.

En este texto las expresiones estereotipadas que aparecen tienen, todas ellas, una característica común: la aparición de nombres de animales. Si te das cuenta, el profesor da claves y referencias en un contexto específico, que son las que van a hacer que los alumnos encuentren la asociación correspondiente.

Todas estas asociaciones están en la competencia de un hablante de español y pueden encontrarse en algunos diccionarios, tanto de uso como especializados. Sin embargo la última, *El puercoespín mimoso*, no está fijada en la competencia de los hablantes o, lo que es lo mismo en este caso, no está lexicalizada. Según el profesor, a esta ingeniosa asociación le podría ocurrir lo mismo que al resto en un futuro.

Hay asociaciones, expresiones, términos, etc. que aparecen por primera vez en los medios de comunicación (prensa, radio, televisión), tienen un éxito sorprendente y, tras un elevado uso, pasan al acervo léxico del español. Por contra, otros, después de un tiempo de moda, caen en desuso y ya nadie se acuerda de ellos.

A continuación vamos a ver algunos refranes, expresiones y comparaciones estereotipadas donde los animales son el centro[1]. Los animales que aparecen son: domésticos (caballo, perro, gato, gallina, gallo, pavo, mula, cordero, cabra), aves (pájaro, cuervo, mochuelo, cotorra, loro), no domésticos (mona, toro, pato, galápago, tortuga, zorra, lirón, rata), insectos (mosca), acuáticos (sardina, pez, bacalao, ostra, rana), entre otros.

REFRANES

● *A caballo regalado no le mires el diente.*	Las cosas que no cuestan nada se deben aceptar, aunque presenten defectos.
● *El ojo del amo engorda al caballo.*	Nadie cuida mejor las cosas que su propietario.
● *Muerto el perro se acabó la rabia.*	Si se corta la causa de algo, cesan los efectos.
● *Perro ladrador, poco mordedor.*	El que habla mucho hace poco.
● *De noche todos los gatos son pardos.*	En la oscuridad o en la confusión es difícil distinguir las cosas con nitidez.
● *Más vale pájaro en mano que ciento volando.*	No hay que renunciar a las cosas seguras ante la perspectiva de conseguir otras mejores pero inciertas.
● *Cría cuervos y te sacarán los ojos.*	Si haces un favor a alguien ingrato, puede pagártelo con algo malo.
● *Aunque la mona se vista de seda, mona se queda.*	Por más que se intente, resulta difícil disimular los defectos.

---

[1] Tomamos muchos de ellos y algunos significados de Domínguez, Morera y Ortega, *El español idiomático*, Barcelona, Ariel, 1988 y de Ortega y Rochel, *Dificultades del español*, Barcelona, Ariel, 1995.

EXPRESIONES

- *Arrimar el ascua a su sardina.* → Dirigir las cosas en provecho propio sin mirar por el interés de los demás.

- *Buscar tres pies al gato.* → Buscar o ver complicaciones donde no las hay.

- *Cargar con el mochuelo.* → Tener que afrontar algo fastidioso que nadie quiere o de lo que todo el mundo se desentiende.

- *Coger al toro por los cuernos.* → Afrontar un asunto difícil con valor y decisión.

- *Como gallina en corral ajeno.* → Como un extraño, incómodo, desplazado, etc., en cierto ambiente (= *Como un pulpo en un garaje*).

- *Como pez en el agua.* → Muy ambientado y con mucha naturalidad.

- *Cortar el bacalao.* → Tener superioridad o dominio, ser una persona la que sobresale o se impone en un sitio o en una actividad.

- *Estar como una cabra.* → Estar loco.

- *Estar con la mosca detrás de la oreja.* → Experimentar cierto recelo o sospecha, todavía imprecisos, por algo.

- *Haber gato encerrado en algo.* → Haber algo que se mantiene oculto.

- *Llevarse el gato al agua.* → Alzarse con la victoria en una disputa.

- *Matar la gallina de los huevos de oro.* → Forzar la ganancia en una cosa hasta el extremo de destruir la fuente de esa ganancia.

- *Matar dos pájaros de un tiro.* → Aprovechar una misma oportunidad para realizar dos o más cosas.

- *No ser algo moco de pavo.* → No ser de poca importancia o de poco valor.

- *Pagar el pato.* → Padecer un castigo no merecido o sufrir las consecuencias de algo sin tener culpa.

- *Pillar el toro a alguien.* → Verse alguien apurado, en el tiempo de que dispone, para hacer algo.

- *Poner el carro delante de las mulas.* → Anteponer una situación que, razonablemente, debe seguir a otra que todavía no se ha realizado.

- *Poner el cascabel al gato.* → Ser alguien, entre varios interesados, el que se atreve a ejecutar cierta cosa difícil y embarazosa.

- *Ponérsele a uno la carne/piel de gallina.* → Sentir mucho miedo.

- *Por si las moscas.* → Por si acaso.

- *Salir alguien o algo rana.* → Defraudar, dar mal resultado.

- *Ser algo o alguien pájaro de mal agüero.* → Presagiar sucesos desfavorables.

- *Soltar la mosca.* → Pagar dinero por algo (= *Aflojar la mosca*).

- *Tener alguien la cabeza llena de pájaros.* → Tener poco o nada de juicio.

- *Tener más conchas que un galápago.* → Ser muy astuto y disimulado o reservado.

COMPARACIONES ESTEREOTIPADAS

- **Con adjetivos:**
  - *Ser más lento que una tortuga.*
  - *Estar más loco que una cabra.*
  - *Ser más pobre que las ratas.*
  - *Ser más astuto que una zorra.*
  - *Ser más manso que un cordero.*
  - *Ser más terco que una mula.*

- **Con verbos:**
  - *Correr como un galgo.*
  - *Dormir como un lirón.*
  - *Aburrirse como una ostra.*
  - *Hablar más que una cotorra (loro).*

10. De acuerdo con el esquema, **COMBINA** los elementos de la columna de la izquierda con los de la derecha y **FORMA** frases coherentes sintáctica y semánticamente.

> Ojalá + *venga, haya venido, viniera(-se), hubiera (-se) venido*
> Que + *venga, haya venido*
> Así + *venga*
> ¡(Ah) si / Quién + *viniera(-se), hubiera(-se) venido!*

1.	Ojalá	a	no venga con su novia a la fiesta.
2.	Que	b	se nublara de repente y se pusiera a llover.
3.	Así	c	me haya comprado el vestido que me gustaba.
4.	¡Ah, si	d	tuviera dinero para comprarme esa moto.
5.	Ojalá	e	duermas bien.
6.	Que	f	se besen.
7.	¡Quién	g	hubieras reservado los billetes con más antelación.
8.	Ojalá	h	fuera rico.
9.	¡Ah si	i	para las vacaciones ya haya aprendido a nadar.
10.	Ojalá	j	salga el toro.
11.	Si	k	tú hubieras ido con ellos.
12.	¡Quién	l	para entonces ya se lo hubiera dicho todo.
13.	Que	m	pudiera viajar.
14.	Que	n	yo no le hubiera dicho cosas tan terribles.
15.	Ojalá	o	tengas un accidente.

1. *Ojalá se nublara de repente y se pusiera a llover.*

2.

3.

4.

5.

6.

7.

8.

9.

10.

11.

12.

13.

14.

15.

11. A continuación te damos algunos hechos que tendrás que considerar como posibles o probables. **UTILIZA** este esquema-modelo para formularlos. **TEN EN CUENTA** que tienes varias posibilidades.

HECHOS	FORMAS DE ENUNCIARLOS	
La posible llegada de alguien.	*Quizá venga mañana, no sé.*	*Viene mañana, posiblemente.*
	Tal vez venga mañana.	*Vendrá mañana, probablemente.*
	Acaso venga mañana.	*Vendrá mañana, tal vez.*
	A lo mejor ha venido ya.	*Puede que venga mañana.*

1. Una discusión con tu familia por un asunto importante.

2. Elección del lugar de vacaciones.

3. Ir a cenar con unos amigos.

4. Hacer huelga el próximo día 14.

5. Traslado de la estación del tren a las afueras de la ciudad.

6. Nombrarte director de esta empresa.

7. Apertura de un zoo en la ciudad.

8. Casarse el año que viene.

12. EXPRESA probabilidad e hipótesis con TAL VEZ, QUIZÁ(S), PROBABLEMENTE, POSIBLEMENTE y/o PUEDE QUE en las situaciones siguientes.

1. Das la luz y la bombilla no se enciende.

2. Tu compañero de piso no ha dejado de levantarse en toda la noche.

3. Tus amigos te dijeron que irían a buscarte al hotel para ir a cenar. Son las diez y media y aún no han llegado.

4. En tu oficina el libro que necesitas no está donde lo dejaste ayer. Ni tampoco las cosas que están normalmente encima de tu mesa.

5. Vas a coger el coche y no está donde lo habías aparcado.

13. Teniendo en cuenta el tipo de receptor y la situación en la que podría producirse la comunicación, **EXPRESA** peticiones, ruegos, consejos, sugerencias o mandatos con las claves que se te ofrecen. Puedes añadir los elementos que consideres oportunos y que contribuyan a la creación de una situación comunicativa coherente.

1. No sembrar tú las flores antes de febrero.

2. Encajar las piezas como dice el manual.

3. Dar usted su número de teléfono.

4. Leer la última novela de García Márquez.

5. Abrir las ventanas.

Modelo: Traer papel y lápiz.
Para el examen final traigan ustedes papel y lápiz.

Es mejor que no siembres las flores antes de febrero.

14. **HAZ** frases que expresen ruegos, peticiones, consejos, sugerencias y/o mandatos, positivos y/o negativos. **UTILIZA** para ello los verbos siguientes.

1. freír

2. conducir

3. traducir

4. cambiar

5. abrir

15. **SUSTITUYE** las siguientes expresiones de ruego o mandato por otras equivalentes con subjuntivo.

1. Ahora le pides el dinero que te debe.

2. ¡Ya te estás yendo a dormir!

3. No irás de excursión.

4. ¿Me pone una coca-cola, por favor?

5. ¡La cuenta, por favor!

Modelo: ¿Sería tan amable de darme un libro, por favor?
Deme un libro, por favor.

ESQUEMAS GRAMATICALES

EL SUBJUNTIVO
EN ORACIONES INDEPENDIENTES I

Normalmente la utilización del subjuntivo depende de un verbo dominante o 'principal' que lo exige o lo aconseja. Pero hay oraciones que se construyen con un solo verbo que puede o debe ir en subjuntivo.

● **EXPRESIÓN DEL DESEO**

✓ OJALÁ (QUE) + SUBJUNTIVO (LAS **4** FORMAS)

 Ojalá venga pronto.

✓ QUE + PRESENTE DE SUBJUNTIVO

Para la expresión de deseos presentes o futuros.

¡Que aproveche!

✓ QUE + PRETÉRITO PERFECTO DE SUBJUNTIVO

Para deseos en un pasado cercano.

[Acabo de caerme] *¡Que no me haya roto nada!*

✓ ASÍ + SUBJUNTIVO

Se utiliza en enunciados exclamativos para la expresión de maldiciones y malos deseos.

Así tenga que gastarse lo que gana en medicinas.

✓ ¡(AH) SI + PRET. IMPERFECTO O PLUSCUAMPERFECTO!

¡Ah, si yo pudiera nadar!

✓ ¡QUIÉN + PRET. IMPERFECTO O PLUSCUAMPERFECTO!

¡Quién fuera rico!

● **EXPRESIÓN DE LA POSIBILIDAD Y PROBABILIDAD**

- **TAL VEZ**
- **QUIZÁ(S)**
- **POSIBLEMENTE**
- **SEGURAMENTE**
- **ACASO**
- **PROBABLEMENTE**

a) Antes del verbo:

+ INDICATIVO: En general, mayor grado de probabilidad.

 Seguramente lloverá.

+ SUBJUNTIVO: Menos probable. En la práctica, el contexto, la situación y las intenciones comunicativas del emisor son las claves que deciden la utilización de uno u otro modo.

 Seguramente llueva.

b) Después del verbo:

+ INDICATIVO: Es muy utilizado en la lengua hablada para atenuar una afirmación. O como expresión a medio camino entre una afirmación rotunda y la posibilidad más estricta.

 Lloverá, seguramente.

ESQUEMAS GRAMATICALES

EL SUBJUNTIVO
EN ORACIONES INDEPENDIENTES II

● **EXPRESIÓN DE RUEGO, PETICIÓN, CONSEJO, SUGERENCIA, MANDATO, ORDEN**

El tono, la intencionalidad comunicativa del emisor, el tipo de receptor al que va dirigido el mensaje, y la situación en la que se produce la comunicación son algunos de los factores que determinan el matiz más exacto de este tipo de enunciados.

a) En enunciados afirmativos:

＊ 2ª persona (sg. y pl.)

● El hablante trata a su interlocutor de tú (tuteo):
Formas del 'IMPERATIVO' (*canta, cantad*).

 Come más despacio.
Entrad por la puerta de atrás.

● El hablante trata a su interlocutor de usted (ustedeo):
Formas de la 3ª persona (sg. y pl.) del **PRESENTE DE SUBJUNTIVO**.

 Venga usted por aquí.
Salgan ustedes en orden, tranquila-
mente y sin empujar.

＊ Resto de las personas: 1ª (pl.) y 3ª (sg. y pl.):
Formas del **PRESENTE DE SUBJUNTIVO**.

 Camaradas, llevemos un lazo azul
como símbolo de la libertad.
¡Que estudien otros!

b) En enunciados negativos:
NO + PRESENTE DE SUBJUNTIVO.

 No salgas sola por la noche.
No alquilen ustedes un coche en
malas condiciones.

c) QUE + PRESENTE DE SUBJUNTIVO:
Para dar órdenes.

● A la 3ª persona:

 Que nadie me moleste.
Que entre el siguiente.

● A la 2ª persona:
Para repetir la orden en los casos en los que, generalmente, no se ha hecho caso la primera vez. Requiere un tono de insistencia.

 ¡Que te calles! [Ya te había mandado callar antes y no me habías hecho caso].

a-z LÉXICO

TRANSPORTES Y COMUNICACIONES

El transporte público
El tráfico rodado
El tráfico aéreo
El transporte marítimo
La conexión
El puente aéreo
El enlace de trenes
El billete de ida y vuelta
El billete combinado
El tranvía
El metro
El tren — regional
de cercanías
de alta velocidad (AVE)
talgo

RENFE
La tarifa reducida
La flota mercante
El barco de pasajeros
El atasco
La congestión
La falta de aparcamiento
La vía de acceso
El cinturón - la ronda - la circunvalación
La consigna

La conferencia (a cobro revertido)
Los medios de comunicación
La difusión de noticias
La agencia de noticias
La cadena / el canal de TV
El debate público
La entrevista
El mensaje publicitario
El mensaje entre líneas
Los medios de evasión
El prefijo

VERBOS

hacer publicidad
influir en la opinión pública
marcar un número
manipular la información
esperar tono
cortarse la comunicación
cruzarse las líneas
estar las líneas sobrecargadas / bloqueadas
oírse mal / lejos
estar comunicando
no dar la señal

16. Teniendo en cuenta el cuadro siguiente, **DA** algunas razones por las que sería interesante y de gran utilidad una **r**ed de sistemas de transporte público.

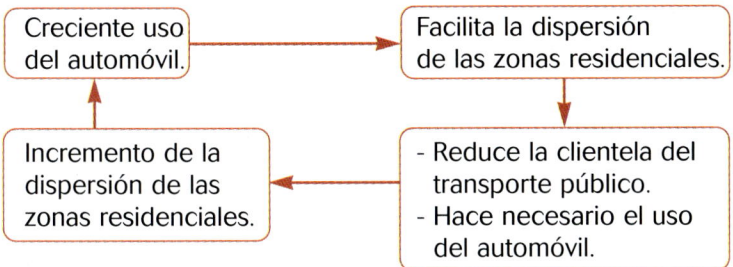

Creciente uso del automóvil. → Facilita la dispersión de las zonas residenciales. → - Reduce la clientela del transporte público. - Hace necesario el uso del automóvil. → Incremento de la dispersión de las zonas residenciales. → (Creciente uso del automóvil.)

17. Si fueras el máximo responsable del transporte público de una gran ciudad y te encomendaran planificar y/o mejorar la red, ¿qué puntos tendrías en cuenta?

Te ofrecemos cinco grandes bloques de los que debes partir. Puedes añadir otros, si lo consideras necesario.

1. Accesibilidad del sistema.

Ej.: Conexión de polos de atracción de viajeros con el transporte público.

2. Capacidad económica de acceso.

Ej.: Tarifas especiales.

3. Seguridad.

Ej.: Normas de seguridad.

4. Ventajas del viaje.

Ej.: Frecuencia, comodidad...

5. Impacto ambiental.

Ej.: Reducido nivel de emisiones.

18. ELABORA una lista de ejemplos de buenas prácticas para la mejora del transporte. **PREGUNTA** a tus compañeros de otros países sobre ellas y discutidlas después.

Ej.: • Aparcamientos vigilados para bicicletas en las estaciones de tren.
    • Billetes combinados.

CIUDADES DE ESPAÑA: TOLEDO, SEVILLA, CÓRDOBA Y GRANADA

En el siglo XIII se producen emigraciones en masa de sabios árabes y judíos desde el sur de España hacia Castilla. Muchos de ellos recalan en Toledo, foco cultural en ese momento. Allí está la Escuela de Traductores de Toledo, lazo de unión entre las tres culturas: hebrea, árabe y cristiana. En ella se compilan y traducen innúmeras obras de matemáticas, filosofía (baste pensar, por ejemplo, que esta escuela es el camino por el que el pensamiento aristotélico desde Oriente entra en Europa), botánica, medicina, derecho... con un alto grado de universalidad.

Estas tres culturas han dejado su huella en un arte que hace de Toledo crisol único.

De la comunidad judía —que fue la más rica de toda la Península— quedan sólo dos edificios: la *Sinagoga de Santa María la Blanca* (siglo XII) y la *Sinagoga de Samuel Levy* o del *Tránsito* (1375), ambas bellísimas y con una profusa decoración interior.

De la cultura árabe guardan memoria, sobre todo, la *Puerta del Sol* y el arte mudéjar de numerosos edificios toledanos.

Y de la cristiana —lógicamente la más abundante— destacan de entre los demás monumentos la *Catedral* (de estilo gótico, en la que sobresalen, además de sus vidrieras, el *Transparente*, situado en el centro del altar, dando luz al Sagrario, el *Retablo Mayor*, el coro y una excelente exposición de pinturas de *El Greco*); el *Alcázar*, *la casa de El Greco*, y *San Juan de los Reyes*, obra del arquitecto Juan Guas.

Estas tres culturas que tuvieron cabida en Toledo han dejado su herencia en la cerámica, la platería, el azulejado y la gastronomía.

LA HERENCIA ÁRABE: SEVILLA, CÓRDOBA Y GRANADA

Los musulmanes establecen las ciudades con magníficos edificios de los que aún se conservan algunos.

Córdoba: *La Mezquita* fue comenzada por Abderramán I en el año 786 y concluida en el 987. Es un edificio con arcos de herradura y arcos polilobulados, con una cúpula de nervios sobre base cuadrada. Las columnas están cubiertas por capiteles corintios. El interior está adornado con placas de piedra o yeso ornadas con motivos geométricos.

El *Palacio de Medina Azahara* fue construido por Abderramán III en las estribaciones de la sierra, y destaca por su decoración interior.

Sevilla: Sobre la que fue mezquita mayor los cristianos edificaron la catedral cristiana, aunque conservaron el patio de los naranjos y el minarete de la antigua mezquita: *la Giralda*, que fue levantada en el siglo XII. Es una torre gemela a la de Hassan, en Rabat, y a la de Kutubia, en Marrakech.

Los Reales Alcázares de Sevilla se alzan en el lugar en que estuvieron los alcázares árabes. No queda prácticamente nada de ellos, aunque el palacio actual (construido en el siglo XIV) guarda un exacerbado arabismo y es un excelente exponente del arte mudéjar.

La Torre del Oro es una de las pocas torres almohades en España. Su función fue la defensa del río Guadalquivir.

Lección 5

Pase lo que pase, siempre estás feliz

Pase lo que pase, siempre estás feliz

 DIÁLOGO

Pase lo que pase, siempre estás feliz

MARÍA   **Es cierto que hay poca gente que quiera que le cobren impuestos, pero cuando estás enfermo reconoces que es necesario.**

TEO   Hombre, **me sorprende que seas precisamente tú quien diga eso.**

MARÍA   **Es que he cambiado de opinión. ¿Te acuerdas de que me dolía la espalda estos días?** Pues tengo que operarme, y como casi todos los españoles tenemos Seguridad Social, **es evidente que no tendré que pagar nada.**

TEO   Si necesitas que te sustituya esos días en el trabajo, dímelo. Además, yo **te sugiero que pidas la baja unos días antes de la operación; es que te mantienen el sueldo.**

MARÍA   Pues tienes razón. **Hay poca gente que quiera operarse**, pero me lo tomaré como unas vacaciones.

TEO   Me encanta tu forma de ser y de ver la vida. **Pase lo que pase y se pongan las cosas lo difíciles que se pongan, siempre estás feliz.**

✓ **Es evidente que no tendré que pagar nada.**

 Expresión impersonal, de certeza, en forma afirmativa. Estas expresiones se construyen con los verbos *ser* y *estar* más un adjetivo, sustantivo o participio que tenga el rasgo /+ *certeza*/: *seguro, claro, evidente, indudable, obvio, verdad, demostrado*, etc., seguido de una cláusula introducida por **QUE**, cuyo verbo va en indicativo.

✓ **...cuando estás enfermo reconoces que es necesario.**
✓ **¿Te acuerdas de que me dolía la espalda estos días?**
✓ **Me sorprende que seas precisamente tú quien diga eso.**
✓ **Te sugiero que pidas la baja unos días antes de la operación.**

 Construcciones en las que el verbo de la oración subordinada va en indicativo o subjuntivo según sea el tipo de verbo 'principal' o dominante.

 Los verbos dominantes RECONOCER y ACORDARSE son verbos de **ENTENDIMIENTO** o **ACTIVIDAD MENTAL** (*comprender, creer, intuir, sospechar*, etc.).

 También cuando el verbo dominante es un **VERBO DE COMUNICACIÓN** (*afirmar, asegurar, decir, manifestar*, etc.) o **DE SENTIDO** o **PERCEPCIÓN FÍSICA** (*comprobar, darse cuenta de, descubrir*, etc.), el verbo de la construcción subordinada va en indicativo: *He comprobado que en España casi todo el mundo tiene Seguridad Social.*

 El verbo dominante SORPRENDER es un **VERBO DE SENTIMIENTO, APRECIACIÓN** o **JUICIO DE VALOR** (*aburrir, apetecer, alegrarse de, tener miedo de,* etc.), y SUGERIR un **VERBO DE INFLUENCIA** (*pedir, aconsejar, decir, prohibir*, etc.). Este tipo de verbos, junto con los que tienen el rasgo /+ *voluntad*/ (*desear, intentar, lograr, apetecer*, etc.) se construyen con subjuntivo: *Espero que pronto la sanidad sea gratuita.*

✓ **Es que he cambiado de opinión.**
✓ **Es que te mantienen el sueldo.**

 ES QUE (NO) aparece siempre seguido de un mensaje en indicativo, y se utiliza para presentar una excusa, o con el fin de justificar algo.

 NO ES QUE (NO), por el contrario, necesita ir seguido de un mensaje con el verbo en subjuntivo. Si las intervenciones de María y Teo fueran negativas, habrían dicho lo siguiente:

—*No es que haya cambiado de opinión.*
—*No es que te mantengan el sueldo.*

✓ **Hay poca gente que quiera que le cobren impuestos.**
✓ **...me sorprende que seas precisamente tú quien diga eso.**
✓ **Hay poca gente que quiera operarse.**

 En los tres casos, el verbo de la cláusula de **RELATIVO** va en subjuntivo, porque el hablante hace referencia a situaciones, hechos, cosas o personas no concretas, ni conocidas. Si los hechos, personas, situaciones y cosas a las que hace alusión el hablante por medio de la cláusula relativa fueran conocidos y/o concretos, el verbo iría en indicativo.

✓ **Pase lo que pase y se pongan las cosas lo difíciles que se pongan, siempre estás feliz.**

Las llamadas **CONSTRUCCIONES REDUPLICATIVAS** se caracterizan por la repetición de la forma verbal. Tienen un claro valor enfático.

VERBOS DEL GRUPO 1

VERBOS DE ENTENDIMIENTO O ACTIVIDAD MENTAL: → *acordarse de, adivinar, comprender, comprobar, considerar, creer, darse cuenta de, deducir, entender, imaginar(se), intuir, observar, olvidar, olvidarse de, pensar, reconocer, recordar, saber, soñar, sospechar, suponer, etc.*

VERBOS DE COMUNICACIÓN: → *afirmar, asegurar, alegar, comentar, comunicar, confesar, contar, contestar, decir, declarar, escribir, exponer, explicar, jurar, manifestar, leer, mencionar, murmurar, precisar, referir, relatar, responder, revelar, señalar, sostener, etc.*

VERBOS DE SENTIDO O PERCEPCIÓN FÍSICA: → *comprobar, darse cuenta de, descubrir, notar, observar, oír, percibir, sentir, ver, etc.*

---

1. De acuerdo con el esquema, **TRANSFORMA** las siguientes oraciones según el modelo.

Modelo: Ha dicho que van a casarse.
No ha dicho que vayan a casarse.

$$V_1 \text{[grupo 1, afirmativo]} + V_2 \text{[indicativo]} \longrightarrow V_1 \text{[grupo 1, negativo]} + V_2 \text{[subjuntivo]}$$

1. Creo que tu madre tiene razón.

2. Os aseguro que en casa hay suficientes camas.

3. Veo que su herida ha mejorado mucho.

4. Pienso que esto tiene una solución fácil.

5. He observado que es más feliz en su nueva casa.

2. **TRANSFORMA** las oraciones siguientes según el modelo. Añade los elementos temporales que consideres necesarios con el fin de que los mensajes sean aceptables. Procura utilizar distintos verbos del grupo 1.

Modelo: En tu casa os levantáis a las ocho.
Dices que en tu casa os levantáis a las ocho los domingos.
Nadie ha dicho que en tu casa os levantéis a las ocho los domingos.

1. Hay un loro en el tejado.

2. El tren llega con retraso.

3. En ese restaurante sirven unos platos deliciosos.

4. Tus hermanos dicen la verdad.

5. El río lleva más agua en primavera.

3. Teniendo en cuenta el esquema, **TRANSFOR-MA** las siguientes oraciones según el modelo:

> Expresión de certeza [afirmativa] + V$_2$ [indicativo]
> Expresión de certeza [negativa] + V$_2$ [subjuntivo]

Modelo: Estudia para diplomático. Es cierto.
Es cierto que estudia para diplomático.
No es cierto que estudie para diplomático.

1. Sale a hacer deporte a las seis de la mañana. Es verdad.

_____

2. La tierra gira alrededor del sol. Está demostrado.

_____

3. Te has cortado el pelo. Es obvio.

_____

4. Los trenes nunca llegan a tiempo. Está comprobado.

_____

5. Tu hijo lee mucho. Está claro.

_____

EXPRESIONES DE CERTEZA

- es cierto [*claro, evidente, indiscutible, indudable, obvio, patente, seguro, verdad*] que
- está claro [*demostrado, comprobado, visto*] que

Ha estudiado para diplomático. Es cierto.
Es cierto que ha estudiado para diplomático.
No es cierto que haya estudiado para diplomático.

---

4. **TRANSFORMA** los enunciados siguientes de acuerdo con el modelo que te presentamos. **TEN EN CUENTA** que, como verbo dominante, puedes utilizar cualquier verbo que pertenezca al grupo 1.

1. Presentarse todos a la vez [el sábado].

_____

2. Publicar mi libro de poemas [para la primavera].

_____

3. Estar de moda las faldas largas [la próxima temporada].

_____

Modelo: Quedar habitaciones disponibles. [mañana]
- Creo que mañana quedarán habitaciones disponibles.
- No le aseguro que mañana queden habitaciones disponibles.

4. Lograr los médicos curar muchas enfermedades [en el siglo próximo].

_____

5. Pedir mucho dinero por tu viejo coche [dentro de veinte años].

_____

VERBOS DEL GRUPO 2

VERBOS DE VOLUNTAD [+ deseo]

aceptar, apetecer, aspirar a, conseguir, desear, hacer 'lograr', intentar, lograr, negarse a, oponerse a, pretender, preferir, querer, etc.

VERBOS DE INFLUENCIA

[+ ruego] — *pedir, rogar, suplicar, solicitar, procurar.*

[+ consejo] — *aconsejar, animar a, desaconsejar, incitar a, invitar a, recomendar.*

[+ mandato] — *decir, decretar, ordenar, mandar, exigir.*

[+ permiso] — *consentir, permitir, tolerar, dejar, acceder a.*

[+ prohibición] — *prohibir, impedir.*

[+ obligación] — *obligar a.*

[+ necesidad] — *necesitar.*

VERBOS DE SENTIMIENTO, APRECIACIÓN, JUICIO DE VALOR, DUDA

- **Verbos sólo en 3ª persona:** *aburrir, apenar, apetecer, alegrar, consolar, doler, encantar, divertir, entristecer, entusiasmar, dar pena, disgustar, fastidiar, gustar, importar, interesar, molestar, sorprender, extrañar.*

- **Verbos con apoyo pronominal y preposición:** *avergonzarse de, admirarse de, alegrarse de, cansarse de, conformarse con, contentarse con, hartarse de, lamentarse de, quejarse de, resignarse a, tener miedo a/de.*

- **Otros verbos:** *esperar, lamentar, preferir, dudar, sentir, temer, soportar, aguantar.*

✳ **CUANDO EL VERBO DOMINANTE PERTENECE AL GRUPO 2, EL VERBO DE LA CLÁUSULA SUBORDINADA VA EN SUBJUNTIVO.**

---

5. Con los elementos que se te ofrecen, **CONSTRUYE** oraciones según el modelo. Puedes añadir los elementos que consideres necesarios para que el resultado sea aceptable desde el punto de vista semántico.

Modelo: [prohibir, el profesor] [los alumnos, fumar en clase]
El profesor prohibe que los alumnos fumen en clase.
El profesor prohibió que los alumnos fumaran en clase.

1. [el organizador, indicar] [los manifestantes, enrollar la pancarta]

2. [tu padre, querer] [tú, trabajar de secretaria en su empresa]

3. [los economistas, recomendar] [el gobierno, poner freno a la inflación]

4. [la ciudad, necesitar] [la policía, regular la actividad del tráfico]

6. TRANSFORMA las siguientes oraciones según el modelo.

Modelo: El niño no podrá salir hoy al patio. Lo siento.
Siento que el niño no pueda salir hoy al patio.

1. Nos tratan como a niños. No lo soporto.

   ....

2. El editor no distingue una novela buena de otra que no lo es. Lo lamento.

   ....

   ....

3. Yo me quedo. Me lo han rogado.

   ....

4. La circulación en esta ciudad ha mejorado mucho. Lo espero.

   ....

5. Has metido los calcetines en mi cajón. No me gusta.

   ....

   ....

Siento que no te hayan subido el sueldo.

EXPRESIONES QUE INDICAN SENTIMIENTO O ESTABLECEN UN JUICIO DE VALOR

ES + ADJETIVO + QUE
ADJETIVOS
bueno, malo, mejor, peor, justo, injusto, improcedente, estupendo, estúpido, maravilloso, vergonzoso, triste, horroroso, fantástico, conveniente, etc.

ESTÁ + ADVERBIO + QUE
ADVERBIOS
bien / mal.

ES + SUSTANTIVO (precedido de un / una) + QUE
SUSTANTIVOS
fastidio, lata, pena, suerte, ventaja, coincidencia, barbaridad, tontería, locura, lástima, vergüenza, etc.

ESTAR + ADJETIVO-PARTICIPIO + PREPOSICIÓN + QUE
ADJETIVOS - PARTICIPIOS
cansado de, acostumbrado a, contento de, encantado de, orgulloso de, satisfecho de, harto de, etc.

7. Teniendo en cuenta el esquema, **TRANSFOR-MA** las oraciones siguientes de acuerdo con el modelo.

¡ATENCIÓN!

Con expresiones que indican **SENTIMIENTO** o **JUICIO DE VALOR**, el verbo subordinado o dependiente va en subjuntivo, respondiendo al esquema:

Expresión [sentimiento/juicio de valor] + V_2 [subjuntivo]

Modelo: *Tienes la oportunidad de ir de vacaciones con tu novio. Es una suerte.*
Es una suerte que tengas la oportunidad de ir de vacaciones con tu novio.

1. Los estudiantes tienen un plazo para terminar sus estudios. Es bueno.

......

......

2. El tren ha salido antes de tiempo y nos hemos quedado en tierra. Es injusto.

......

......

Es injusto que el tren haya salido antes de tiempo.

3. Me han invitado al estreno de la película. Es fantástico.

......

......

Es improcedente la forma en que le han despedido.

4. Cada año suben los impuestos por encima de los límites aconsejados. Es una vergüenza.

......

......

5. Le han despedido sin anunciárselo antes. Es improcedente.

......

......

8. COMPLETA las frases siguientes con las formas verbales apropiadas de indicativo o subjuntivo.

1. ¿Te gustaría que (encontrarse, nosotros) _____ ?

2. Decidió que algún día (comprar) _____ o (alquilar) _____ el viejo teatro.

3. Es una suerte que la playa (ser) _____ mía, y que (poder) _____ recorrerla descalzo, sintiendo el sol en la espalda y la brisa en los ojos.

4. En el partido de ayer lo justo (ser) _____ un empate.

5. Los chicos del colegio suplicaron al portero que les (firmar) _____ el balón.

6. He observado que en este país el español te (ser) _____ de poca utilidad.

7. No me importa que (tú, hablar) _____ español, pero espero que (tú, dirigirse) _____ a mí siempre en mi lengua, que es el inglés, ¿entendido?

8. Les invito a que no (abandonar, ustedes) _____ esta habitación a la espera del inevitable interrogatorio. Les ruego (disculpar, ustedes) _____ las molestias.

9. Lo que ella no imaginaba es que las escaleras (terminar) _____ en un moderno apartamento. Y menos todavía que el apartamento (ofrecer) _____ una prodigiosa visión de la plaza de la Catedral.

10. Un codazo a tiempo impidió que la mujer (decir) _____ lo que pensaba.

11. Temió que la voz (revelar) _____ la mala noche que había pasado.

12. Yo, como médico, haré que (jugar, tú) _____ mañana y todo el campeonato.

13. Se rumorea que un alto cargo (empezar) _____ a caer en desgracia política.

14. Pídele que (tomar) _____ asiento.

15. ¿Me puede usted explicar qué (pasar) _____ y qué (hacer) _____ tanta gente aquí?

16. El responsable ordena a un miembro de su equipo que (tomar) _____ fotografías y (rodar) _____ con una pequeña cámara.

17. No pensaba que esta ciudad (ser) _____ tan grande.

18. Me sorprende que te (insultar, él) _____ .

19. Para determinar el ganador se pidió a una serie de profesionales que (prestarse) _____ a ser miembros del jurado.

20. Roberto está empeñado en que María (ir) _____ con vosotros.

ESQUEMAS GRAMATICALES

EL SUBJUNTIVO
EN ESTRUCTURAS COMPLEMENTARIAS

● **TIPOS DE ESTRUCTURAS**

✓ $V_1 + V_2$ [infinitivo]

Si el sujeto de los dos verbos es el mismo.

 *Quiero comer pescado.*
Necesitas descansar.

✓ $V_1 + QUE + V_2$ [indicativo/subjuntivo]

Si los verbos tienen sujetos distintos.
La utilización de formas verbales de uno u otro
modo depende del grupo al que pertenezca el
verbo 1.

 Quiero que comas pescado.
Me han dicho que has llegado tarde.

● **GRUPOS DE VERBOS**

✓ GRUPO 1

● Verbos de entendimiento o actividad mental.

● Verbos de comunicación.

● Verbos de sentido o percepción física.

● Expresiones de certeza.

✓ GRUPO 2

● Verbos de voluntad [deseo].

● Verbos de influencia [ruego, mandato,
permiso, prohibición, obligación, necesidad].

● Verbos de sentimiento, apreciación, juicio de
valor, duda.

● Expresiones que indican sentimiento o juicio
de valor.

● **REGLAS**

✓ VERBOS O EXPRESIONES DEL GRUPO 1

● V_1 [afirmativo] + QUE + V_2 [indicativo]

Veo que has llegado tarde otra vez.
*Es evidente que la gasolina ha subido
dos pesetas.*

● V_1 [negativo] + QUE + V_2 [subjuntivo]

No dijo que se hubieran divorciado.
No es seguro que venga mañana.

✓ VERBOS O EXPRESIONES DEL GRUPO 2

● V_1 + QUE + V_2 [subjuntivo]

*Espero que los niños aprueben todo con
buena nota.*
Yo no te aconsejé que vieras esa película.

Jubilación sin achaques económicos

La incertidumbre sobre el futuro de las pensiones públicas en España **ha puesto en alerta** a los jubilados del mañana. Pese al pacto alcanzado por los partidos políticos para garantizar las jubilaciones en los próximos años, la alternativa de los planes de pensiones privados cobra fuerza. En 1995, doscientos mil españoles contrataron un plan privado.

Los planes de pensiones son fórmulas de ahorro en las cuales el cliente —denominado partícipe— se compromete a realizar unas aportaciones de forma periódica (mensual, trimestral o anualmente).

Los planes o fondos de pensiones pueden ser de tres modalidades: empleo, que son creados por las empresas para asegurar la jubilación de sus empleados; los asociados, para **sindicatos** o **gremios**; y los individuales.

La prestación que recibirá el cliente en el momento de jubilarse será la suma del dinero **que haya aportado**, más los rendimientos generados. El problema es que el cliente no podrá disponer de su dinero hasta que se produzca alguna de las causas **que dan lugar a la prestación**: jubilación, invalidez o fallecimiento.

Las aportaciones, **que se realizan en un fondo**, tienen ventajas fiscales, **las cuales se traducen en deducciones** a la hora del cara a cara anual que todo contribuyente tiene con la agencia tributaria. Pero estas ventajas fiscales no duran toda la vida. Por eso hay que elegir con cuidado cómo conviene cobrar el plan de pensiones. Si se hace de una sola vez, habrá que declarar a Hacienda como **rendimiento de trabajo.** Menos **gravoso** resulta cobrarlo como una renta, cada mes o trimestre, por ejemplo. Aunque también hay que declararlo, al ser menores cantidades y en un periodo de tiempo más largo, la mano de Hacienda se notará menos.

(Adaptado del periódico *El Norte de Castilla*, 20.02.96)

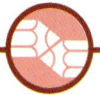

Achaques económicos: Trastornos, penurias económicas.

Poner en alerta: Avisar a alguien de cierto peligro o amenaza (= *poner en guardia*).

Gremios: Asociaciones de personas del mismo oficio o profesión.

Sindicatos: Organismos formados por personas de la misma profesión para la defensa de sus intereses económicos.

Rendimiento de trabajo: Lo que un trabajador percibe por su trabajo.

Gravoso, sa: Que constituye una carga o molestia u origina gasto.

● Si relees con atención el texto, observarás que es frecuente la aparición de **CLÁUSULAS DE RELATIVO**, todas ellas con el antecedente o referente (término al que se refiere) expreso.

✓ Los planes de pensiones son fórmulas de ahorro **en las cuales el cliente... se compromete...**

✓ La prestación que recibirá el cliente en el momento de jubilarse será la suma del dinero **que haya aportado...**

✓ ... el cliente no podrá disponer del dinero hasta que se produzca alguna de las causas **que dan lugar a la prestación.**

 Estas tres cláusulas de relativo son **ESPECIFICATIVAS.** Las cláusulas de este tipo delimitan, restringen, especifican el significado del antecedente.

✓ Los planes... pueden ser de tres modalidades: empleo, **que son creados por las empresas para asegurar la jubilación de sus empleados...**

✓ Las aportaciones, **que se realizan en un fondo,** tienen ventajas fiscales...

✓ ... tienen ventajas fiscales, **las cuales se traducen en deducciones...**

 Estas tres oraciones de relativo son **EXPLICATIVAS.** Desde el punto de vista del significado su misión es explicar, aclarar el contenido del antecedente o referente, añadir una in formación complementaria. Si suprimiéramos la cláusula relativa (en negrita), el mensaje seguiría teniendo sentido y no habría una variación sustancial del significado.

• **QUE** es el relativo mayoritario para introducir cláusulas de relativo. Es el más frecuente. Su antecedente (o término al que se refiere), cuando aparece expreso, puede ser persona, animal o cosa. Y puede ir precedido de artículo y de preposición.

• **CUAL** es un relativo menos frecuente que **QUE**. Coincide con que en que su antecedente también puede ser persona, animal o cosa. Va precedido de artículo y concierta en número con el antecedente.

● Del texto podría deducirse que es algo así como ley de vida prevenir la llegada de los malos tiempos con el esfuerzo continuo y diario, y no esperar a que el Estado resuelva las imprecisiones que acompañan a los cánticos alegres y despreocupados. ¿Recuerdas la fábula de la cigarra y la hormiga? Esta última se pasaba todo el verano guardando el alimento que iba recogiendo para disponer de él en invierno. Mientras, despreocupada y nada previsora, la cigarra se pasaba los días cantando a la sombra.

Pero habrás observado también que no es oro todo lo que reluce en el tema de los planes de pensiones privados. De acuerdo con el punto de vista del texto, enumera los pros y los contras de un contrato de este tipo.

EJERCICIOS DE REFUERZO

9. COMPLETA libremente los segmentos siguientes. La exigencia es que, al menos, haya una cláusula de relativo.

1. Quiero que vengan conmigo los que

   _____

2. Siempre recordaré el día en que

   _____

3. El que _____ que lo compre.

4. Iremos de puente donde _____

5. Ayer vi al que _____

6. Cuéntale ese cuento a quien _____

7. Tómate lo que _____

8. Irán a la excursión sólo los alumnos que

   _____

9. Fueron a la excursión sólo los alumnos que

   _____

10. Busco una pulsera que _____

11. Busco la pulsera que _____

12. No conozco a nadie que _____

10. Siguiendo el modelo **HABLA** de las siguientes situaciones.

Modelo: Quieres comprar un apartamento y no sabes por cuál decidirte. Di qué características debería reunir.

Quiero comprar un apartamento que *sea* barato, que *esté* en el centro, que *tenga* portero día y noche, que no *esté* amueblado y que *ofrezca* garantías.

Quisiera (quería, querría) comprar un apartamento que *fuera* barato, que *estuviera* en el centro, que *tuviera* portero día y noche, que no *estuviera* amueblado y que *ofreciera* garantías.

¡ATENCIÓN!

La **CLÁUSULA DE RELATIVO** se construye con el verbo en **SUBJUNTIVO:**

- cuando el hablante se refiere a personas, cosas, hechos o situaciones no concretas ni conocidas.

- cuando el antecedente no es específico o el hablante no se compromete con la realidad de su existencia.

1. El hombre o mujer con quien te gustaría pasar el resto de tu vida.

2. Eres un escritor joven. Describe la novela que te gustaría escribir.

3. La casa de campo que te gustaría tener.

4. Vas a ir de boda y quieres comprarte un vestido. Describe el modelo que te gustaría llevar.

5. Acaban de ascenderte en el trabajo y te dan la oportunidad de poner la nueva oficina a tu gusto. Describe cómo te gustaría que quedara.

11. Siguiendo el modelo, **HAZ** frases en las que aparezcan cláusulas de relativo que recojan la información dada.

> Usamos el subjuntivo en una cláusula de relativo cuando el antecedente es negativo.

Modelo: Hay muchas librerías en esta ciudad, pero ninguna de ellas vende libros científicos.
Ninguna de las librerías de esta ciudad (que hay en esta ciudad) vende libros científicos.
No hay ninguna librería en esta ciudad que venda libros científicos.

1. Tengo tres casas, pero ninguna de ellas tiene muebles.

2. Estudió muchas asignaturas durante la carrera, pero ninguna de ellas le sirvió para su trabajo.

3. Ponen muchas canciones en esta emisora de radio, pero ninguna de ellas es española.

4. Tengo docenas de camisas, pero ninguna de ellas está planchada.

5. Cobra dos pensiones de jubilación, pero ninguna de ellas es del estado.

12. Cuando el hablante desea poner de relieve o enfatizar algo, la tendencia es a que aparezca en primer lugar. **TRANSFORMA** las siguientes oraciones según el modelo, realizando los cambios necesarios.

Modelo: —Mañana queremos comprar el nuevo disco de Joaquín Sabina.
Lo que queremos es comprar el nuevo disco de Joaquín Sabina mañana [la acción].
Lo que queremos comprar mañana es el nuevo disco de Joaquín Sabina [el objeto de la acción].
Cuando queremos comprar el nuevo disco de Joaquín Sabina es mañana [el momento temporal].

—En esta clase hay un alumno que habla chino.
Donde hay un alumno que habla chino es en esta clase [el lugar].

—Antes me gustaba mucho el pescado a la sidra.
Como me gustaba mucho el pescado era a la sidra [el modo].

1. En Madrid te pedí que te casaras conmigo.

2. Le gusta comer palomitas en el cine.

3. Me apetece beber un whisky después de una buena comida.

4. Creo que es necesario hacer gimnasia todos los días.

5. En el Congreso el gobierno prometió que subirían las pensiones.

13. COMPLETA las oraciones siguientes con la forma verbal adecuada.

1. Los que (viajar) _____ a este país deben vacunarse contra la malaria, como hicieron los que (viajar) _____ el año pasado.

2. Conozco a los poquísimos vallisoletanos que (saber) _____ hablar chino.

3. ¿Sabes de alguien que (entrar) _____ en estas cuevas?

4. No conozco a nadie que (poder) _____ salir de estas cuevas.

5. El régimen alimenticio que tú (llevar) _____ no era nada recomendable.

6. Fue un camión que (ir) _____ delante de nosotros el que provocó el accidente.

7. No es fuerte un régimen político que no (apoyarse) _____ en un ideario.

8. Es un escritor que (convertir) _____ en oro todo lo que toca.

9. Sálvese quien (poder) _____

10. (Gobernar) _____ quien (gobernar) _____, los impuestos no bajarán.

11. Tenemos tiempo, así que le invito al aperitivo en ese café que a usted le (gustar) _____ tanto.

12. No hay nada verdaderamente importante que (poder) _____ emocionarle hasta el punto de hacerle perder la cabeza.

14. FORMULA preguntas y respuestas en las que haya, al menos, una cláusula de relativo.

Modelo: Tener miedo a las alturas.
—¿Conoces a alguien que tenga miedo a las alturas?
—No conozco a nadie que tenga miedo a las alturas.
—Sí, conozco a una persona (un chico, alguien) que tiene miedo a las alturas.

1. Tener un hijo sin estar casado.

5. Haber nacido en domingo.

2. Dársele bien los idiomas.

6. Coleccionar búhos.

3. Haber tenido más de diez novios.

7. Leer al menos un libro a la semana.

4. No haber visto *Lo que el viento se llevó*.

8. Decir trabalenguas rápido y sin equivocarse.

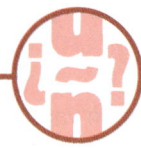

ESQUEMAS GRAMATICALES
LAS CLÁUSULAS DE RELATIVO

● **TIPOS DE CLÁUSULAS DE RELATIVO**

✓ EXPLICATIVAS:

Entre comas en la lengua escrita o entre pausas en la hablada. Su misión es explicar, aclarar el contenido del antecedente, añadir una información complementaria. El sentido de la oración no varía sustancialmente si se suprime.

 Los estudiantes de esta clase, que saben montar a caballo, participarán en el concurso [todos los alumnos de esta clase saben montar a caballo].

✓ ESPECIFICATIVAS:

Entre el antecedente y la cláusula de relativo no hay pausa. Delimitan, precisan, especifican el contenido del antecedente.

 Los estudiantes de esta clase que saben montar a caballo participarán en el concurso [solamente participarán los que saben montar].

● **RELATIVOS QUE INTRODUCEN ESTAS CLÁUSULAS**

● QUE ● QUIEN ● CUAL ● CUYO ● CUANTO ● DONDE ● CUANDO ● COMO

● **ALTERNANCIA DE MODOS**

✓ CLÁUSULAS EXPLICATIVAS:

● Se construyen con indicativo.

 Mi padre, que ya se ha jubilado, vive mejor que nunca.

● Cuando existe un matiz de deseo, duda, probabilidad, etc., van en subjuntivo.

 Mi amiga, que ojalá venga mañana, tuvo un accidente el verano pasado.

✓ CLÁUSULAS ESPECIFICATIVAS:

Con indicativo

● Cuando nos referimos a personas, cosas, hechos o situaciones concretas y específicas, ya conocidas.

 *En esta empresa hay una secretaria que habla cinco lenguas.*

 Quien más sabe de informática está fuera esta semana.

● Cuando hacemos referencia a verdades generales.

 Las vitaminas contienen sustancias que son beneficiosas para la salud.

Con subjuntivo

● Cuando el hablante se refiere a personas o cosas, o hechos o situaciones no concretas ni conocidas, cuando el antecedente no es específico y el hablante no se compromete con la realidad de su existencia. O cuando quiere presentarlo así.

 Busco una secretaria que hable cinco lenguas.

 *Quien más sepa de informática irá a Japón para una demostración.*

● Cuando el antecedente es negativo.

 Iremos a la playa que menos piedras tenga.

No sé de nadie que hable alemán aquí.

● En construcciones 'reduplicativas' en las que siempre aparece repetida la forma verbal.

Te levantes cuando te levantes, siempre llegas tarde al trabajo.

● Con *cualquier(a) que, quienquiera que, comoquiera que.*

 Discutirá con quienquiera que viva. Cualquiera que te oiga se preguntará si estás loco.

LÉXICO

SALUD Y BIENESTAR

SOCIEDAD

Los presupuestos
El gasto público
El gasto social
La protección social
Los gastos de protección social
El gasto sanitario
El tratamiento fiscal
El afiliado
El pensionista
El plan de pensiones
El seguro de vida
El accidente de trabajo
El asalariado
La pensión — de jubilación / de viudedad
La prestación — no contributiva / por desempleo / por maternidad
La economía sumergida
El/la asistente social
El mercado laboral
El paro - el parado
El contrato — de prácticas / de aprendizaje / indefinido / basura

SANIDAD

Los presupuestos sanitarios
La sanidad pública (INSALUD)
El estado de salud
La lista de espera
El estrés
La prevención
El médico — de puerta / de familia / de cabecera / especialista
El ambulatorio
El centro de salud
El diagnóstico
El tratamiento
La prescripción
El medicamento
La dosis
La vacuna
El virus
El pinchazo
La erupción
La alergia
La inyección
El supositorio
El colesterol
La comida basura

VERBOS

doler
sentirse mal
tener náuseas / ardores
estar mareado
sentir picores / picar
escocer
toser
estornudar
dar vueltas la cabeza
diagnosticar
recetar

EXPRESIONES

Tener una salud de hierro.
Estar como un roble.
Estar / Quedarse en los huesos.

15. En la columna de la izquierda hay una serie de consejos que un médico daría a sus pacientes. Lo que el médico ha diagnosticado, la finalidad de estos consejos, se halla en la columna de la derecha. **RELACIONA** ambas columnas.

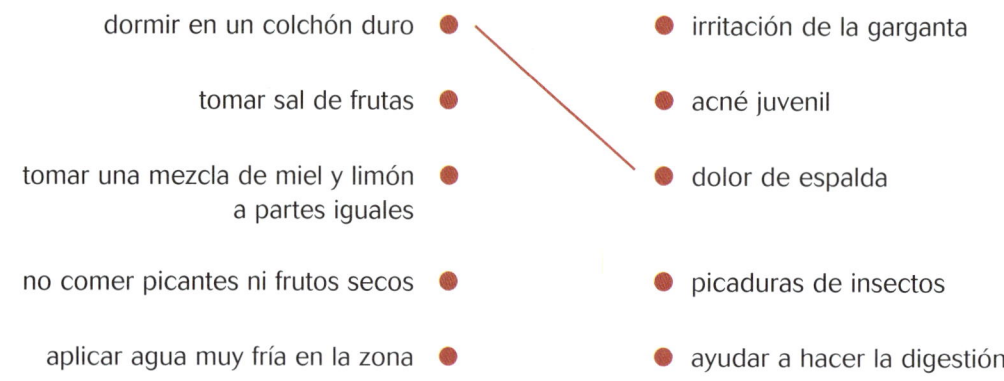

dormir en un colchón duro ●   ● irritación de la garganta

tomar sal de frutas ●   ● acné juvenil

tomar una mezcla de miel y limón a partes iguales ●   ● dolor de espalda

no comer picantes ni frutos secos ●   ● picaduras de insectos

aplicar agua muy fría en la zona ●   ● ayudar a hacer la digestión

16. Sanidad pública / Sanidad privada. **DEBATE** sobre el tema. **DISCUTE** las ventajas y los inconvenientes. Puedes prestar atención a los puntos siguientes:

- cotizaciones sociales
- pensiones / prestaciones
- listas de espera
- gasto social

17. El alcohol y el tabaco, ¿drogas? APUNTA pros y contras. No olvides atender al aspecto social.

18. ESCUCHA el siguiente texto. De acuerdo con el mensaje, **INDICA** si las afirmaciones que van a continuación son verdaderas o falsas.

ALIMENTOS QUE CURAN

Las enfermedades más comunes en cualquier grupo poblacional han llevado a la medicina a prestar importancia al tipo de alimentación que se sigue, ya que esta puede actuar en muchos casos como coadyuvante o agravante de un estado patológico. Se han destacado las siguientes relaciones entre enfermedades más comunes y alimentos:

Diabetes:

El tipo más relacionado con la alimentación es la diabetes tipo II. Según el doctor Gonçal Lloveras, "un mito que hay que corregir es el de que el diabético no puede tomar féculas —pasta de sopa, arroz, legumbres, pan y patatas—, ya que al menos el 50% de su dieta debe basarse en ellas". Según este especialista, la dieta del diabético debe ser como la de cualquier persona no diabética: variada, equilibrada y no restrictiva en hidratos de carbono, siempre bajo control médico.

Osteoporosis:

Aumenta fumando más de diez cigarrillos diarios, con ingestas de alcohol habituales, por la ausencia de ejercicio físico, con regímenes alimentarios atípicos como el vegetariano o la dieta rica en proteínas, con un bajo consumo diario de leche, queso u otros derivados lácteos.

Infarto de miocardio:

El tabaquismo y el exceso de sal en las comidas son considerados agravantes. Hoy, los científicos del mundo entero avalan la dieta mediterránea como un modelo de alimentación que actúa como factor protector frente al infarto y recomiendan pescado, fruta, verduras, aceite de oliva y bajo consumo de grasas animales.

(Adaptado del periódico *El País*)

V F

- ☐ ☐ **1.** Los diabéticos pueden comer de todo.
- ☐ ☐ **2.** Algunas enfermedades pueden deberse al tipo de alimentación.
- ☐ ☐ **3.** El aceite de soja es excelente para prevenir el infarto de miocardio.
- ☐ ☐ **4.** La ingestión de grasas animales es buena para las personas que padecen diabetes.
- ☐ ☐ **5.** Practicar ejercicio físico ayuda a prevenir la osteoporosis.
- ☐ ☐ **6.** Las vitaminas y minerales son las claves para mantener un funcionamiento correcto del organismo.
- ☐ ☐ **7.** Por el tipo de alimentación de una persona se pueden prevenir las enfermedades futuras.

19. PUESTA EN COMÚN. Últimamente los medios de comunicación nos inundan con expresiones como *Estado del bienestar*. ¿Qué requisitos piensas que debe reunir un país para que pueda aplicársele con rigor esta expresión? ¿Crees que hay alguno que los reúne? **PREGUNTA** a compañeros de otras nacionalidades y **DISCUTID** los puntos en los que os centréis.

FIESTAS POPULARES EN ESPAÑA

España es un país de inusitada riqueza en lo que a fiestas y tradiciones se refiere, porque cada pueblo conserva desde hace siglos innúmeras costumbres. Aquí haremos un brevísimo repaso de las más representativas.

La mayoría de las fiestas españolas está vinculada de algún modo a la religión, pues la Iglesia no sólo aporta días propios de fiesta, sino que santificó las anteriores, como la de San Juan o la Nochebuena, o las fiestas de principio de febrero —la Candelaria, Santa Agueda...— que eran la celebración del inicio de la primavera y de las nuevas labores agrícolas.

Las fiestas tienen tres elementos fundamentales:

a) Los toros:

Bien sea en corridas, encierros, etc., se enmarcan en una ancestral cultura mediterránea —aparecen relieves y pinturas de fiestas con toros ya en Micenas— que pervivió sólo en España, debido a que los árabes incorporaron dicho animal a sus festejos. Y así tenemos las corridas de toros y el rejoneo en las fiestas de pueblos y ciudades, los encierros en diversos lugares (entre los que destacan los de San Fermín en Pamplona), o el toro alanceado de Tordesillas (Valladolid), del más puro arraigo árabe, etc.

b) El fuego:

Sobre todo las hogueras de San Juan (el 24 de junio, solsticio de verano), o las Fallas de Valencia, una fiesta de fuego y pólvora.

c) La religión:

Aunque es un elemento presente en casi todo festejo, algunos días son especialmente importantes en cuanto al catolicismo se refiere. En primer lugar, la Navidad, en la que las iglesias, casas, comercios, etc. se adornan con belenes, con nacimientos, y en la que llegan montados en camellos (el 6 de enero) los Reyes Magos de Oriente cargados con regalos para los niños. En segundo, la Semana Santa, momento en el que las calles de España se convierten en un museo ambulante. Las imágenes de la pasión de Cristo salen en procesión a la calle, acompañadas de cofrades penitentes, con la cabeza cubierta con una capucha —los capuchones—. Aunque no faltan pueblos en los que los vecinos representan en vivo la Pasión por las calles. Otras fiestas importantes son Santiago (el 25 de julio), patrón de España; la Virgen del Rocío; la Virgen del Pilar (el 12 de octubre), patrona de España y día que se celebra en toda Iberoamérica la Fiesta de la Hispanidad, pues en esa fecha se descubrió América; la Ascensión de la Virgen (el 15 de agosto) y San Roque (al día siguiente).

Mención aparte merecen festejos como el Carnaval. Especialmente representativos son los carnavales de Cádiz y de Tenerife, con todo un mundo de disfraces, de lujo, de belleza, y con unas chirigotas —grupos de gentes que cantan y tocan instrumentos— que de forma burlesca cuentan lo sucedido en el año, y critican a gobernantes, alcaldes, etc. Son unos días en los que está permitido decirle todo a todos.

Lección 6

Por San Blas, la cigüeña verás

Por San Blas, la cigüeña verás

 DIÁLOGO

Candelaria a dos, San Blas a tres, adivina qué mes es

ALICIA **Al mirar esta catedral pienso en cuánta fe tenía antes la gente, mientras que ahora ya no es lo mismo.** ¡Qué edificio tan magnífico!

ALBERTO ¡Date cuenta de que la cultura occidental, desde hace casi dos mil años, no se puede concebir sin el cristianismo, desde el arte y la literatura hasta las fiestas y tradiciones!

ALICIA Es cierto. Fíjate, **en cuanto pasa la Navidad ya estamos en Reyes, y mientras se nos olvida, comienzan las fiestas de febrero**: la Candelaria, San Blas, Santa Águeda, Carnaval... y, al poco, la Semana Santa.

ALBERTO Tienes razón. Pero como fiestas, las mejores son las del verano. El 13 de junio es San Antonio, en tanto que San Juan marca el solsticio del verano. **A medida que avanza julio se van incrementando los festejos en pueblos y ciudades**, y no bien han terminado las labores del campo entramos en la Virgen de agosto y San Roque. Y antes de que nos hayamos dado cuenta estamos otra vez en Navidad.

ALICIA Así que **nuestra cultura no es difícil de entender, siempre y cuando no se nos olvide que ha estado marcada profundamente por la religión católica.**

ALBERTO Sí, claro. Y **mientras los extranjeros no tengan claro esto, no podrán entender por qué en España tenemos tantas fiestas.**

● **FECHAS DE ALGUNAS FIESTAS POPULARES**

La Candelaria	2 de febrero
San Blas	3 de febrero
Santa Águeda	5 de febrero
San Antonio	13 de junio
San Juan	24 de junio
Asunción de la Virgen	15 de agosto
San Roque	16 de agosto

● **CONSTRUCCIONES CON MATIZ TEMPORAL**

● **Al mirar esta catedral pienso en cuánta fe tenía antes la gente.**

AL se construye siempre con infinitivo. La cláusula en la que aparece se caracteriza por los rasgos [+ *simultaneidad*] [+ *instantáneo*] con respecto a la oración 'principal'. Poseen también esos mismos rasgos las partículas **EN EL MISMO (PRECISO) MOMENTO (INSTANTE) QUE**, o la polivalente **CUANDO**.

● **... mientras que ahora ya no es lo mismo.**
● **... y mientras se nos olvida, comienzan las fiestas de febrero.**

MIENTRAS QUE y **MIENTRAS** aportan a la cláusula temporal los rasgos [+ *simultaneidad*] [+ *contraste*]. El contraste en estos casos se produce entre dos acciones. Otras partículas con los mismos rasgos son **MIENTRAS TANTO**, **EN CAMBIO** o **ENTRE TANTO**.

● **A medida que avanza julio se van incrementando los festejos en pueblos y ciudades.**

A MEDIDA QUE aporta los rasgos [+ *simultaneidad*] [+ *progresión*]. Los mismos valores semánticos tienen **CONFORME** o **SEGÚN**.

● **En cuanto pasa la Navidad ya estamos en Reyes.**
● **No bien han terminado las labores del campo entramos en la Virgen de agosto.**

EN CUANTO y **NO BIEN**, con indicativo o subjuntivo, aportan el rasgo de posterioridad inmediata. **NADA MÁS**, **ASÍ QUE**, **APENAS**, etc. aportan también estos mismos matices de contenido.

● **Antes de que nos hayamos dado cuenta estamos otra vez en Navidad.**

ANTES DE QUE, siempre seguido de subjuntivo, tiene el rasgo de anterioridad.

● **Nuestra cultura no es difícil de entender siempre y cuando no se nos olvide que ha estado marcada profundamente por la religión católica.**

El enlace **SIEMPRE Y CUANDO** resulta de la fusión de otras dos: *siempre que* y *cuando*. En la mayor parte de sus apariciones se puede constatar la pérdida del significado temporal en favor de un matiz condicional.

● **Mientras los extranjeros no tengan claro esto, no podrán entender por qué en España tenemos tantas fiestas.**

En este caso, **MIENTRAS** no tiene valor temporal, sino condicional, equivalente a la expresión **SI + INDICATIVO** (*Si los extranjeros no tienen claro esto, no podrán entender...*).

¡ATENCIÓN!

Los elementos de enlace que introducen cláusulas subordinadas de significado temporal llevan implícitos unos rasgos de contenido que nos sirven para situar en el tiempo la acción de la cláusula en relación con la situación descrita en la oración 'principal'.

[+ simultaneidad]	**CUANDO, MIENTRAS, EN EL MISMO (PRECISO) MOMENTO (INSTANTE) QUE, A MEDIDA QUE, CONFORME, SEGÚN, AL + INFINITIVO**
[+ simultaneidad] [+ contraste]	**MIENTRAS QUE, MIENTRAS TANTO, ENTRE TANTO, EN TANTO QUE, EN CAMBIO**
[+ simultaneidad] [+ causa]	**AHORA QUE**
[+ anterioridad]	**ANTES (DE) QUE**
[+ posterioridad]	**CUANDO, DESPUÉS (DE) QUE, UNA VEZ QUE**
[+ posterioridad] [+ inmediatez]	**EN CUANTO, TAN PRONTO COMO, NADA MÁS, APENAS, ASÍ QUE, NO BIEN**
[+ habitual] [+ repetición]	**CUANDO, CADA VEZ QUE, SIEMPRE QUE**
[+ origen]	**DESDE QUE**
[+ límite]	**HASTA QUE**

1. COMPLETA los enunciados siguientes con las partículas indicadoras de tiempo que se ajusten a los rasgos de contenido que se te piden.

Modelo: *Hasta* que no consiguió sus objetivos no cesó de participar en toda clase de actividades [+ límite].

1. .... alzó la vista, la mujer había desaparecido [+ posterioridad].

2. Prometió explicárselo detalladamente .... regresara de Barcelona [+ posterioridad].

3. Cargó con las responsabilidades de sus colegas .... no aguantó más [+ límite].

4. Repara el tejado de tu casa .... lleguen las lluvias [+ anterioridad].

5. Ana se pasa los fines de semana haciendo las tareas domésticas .... su marido se dedica a sus hobbies [+ simultaneidad] [+ contraste].

6. .... volvían de la playa se tomaban un plato de pescaditos fritos de camino a casa [+ habitual].

7. .... revivía sus experiencias ante el público, recordaba lo duro que había sido todo [+ simultaneidad].

8. Vivo aquí .... tenía cinco años [+ origen].

9. .... termines de escribir la carta, llámame [+ posterioridad] [+ inmediatez].

Ana cocina mientras su marido pone la mesa.

2. **TRANSFORMA** los enunciados siguientes suprimiendo el segmento en cursiva e introduciendo otros conectores temporales que permitan conservar la misma información. Ten en cuenta que puede haber más de una posibilidad.

1. *Todo el tiempo que* estén pintando la fachada principal, saldremos por la puerta de atrás.

2. *En cuanto* hayas terminado de leer el libro, pásamelo.

3. *Cuando* abría la puerta del coche, los vio.

4. *Cuando* nos arrancamos una máscara, siempre aparece otra debajo.

5. Estuvimos viendo la final del campeonato, y *luego* nos fuimos a comer a la casa de mis padres.

6. *Cuando* Agustín sintió un fuerte dolor en el pecho, anunció *de inmediato*: "Esto es un infarto".

7. Se prometió contárselo a su familia *en cuanto* terminara el curso.

8. Cantaba *al mismo tiempo que* caminaba.

9. ¿Por qué no vamos al cine *una vez que* salgas del trabajo?

10. No saldremos de aquí *mientras* el mal tiempo persista.

3. **CONSTRUYE** oraciones según el modelo.

1. Aprovecha mientras puedas.

2. En el mismo momento en que te llame, pregúntaselo.

3. Los ciclistas no subirán el puerto mientras no deje de llover.

4. No dejaré de presionar hasta que escuchen mis razones.

5. Antes de que te cases mira bien lo que haces.

6. Entregad los exámenes a medida que vayáis terminando.

7. Les dirá la verdad en cuanto le den una oportunidad.

8. Una vez que hayas logrado arrancar el coche, llévalo al taller.

4. RESPONDE libremente a las siguientes preguntas, utilizando cláusulas subordinadas con matiz de tiempo. Procura utilizar elementos de enlace diferentes.

1. ¿Cuándo dices que llamó?

2. ¿Cuándo saldréis de vacaciones?

3. ¿A ti cuándo te pagan?

4. ¿Cuándo has llegado a este país?

5. ¿Hasta cuándo te quedas en España?

Modelo: ¿Cuándo terminas la carrera?
No la terminaré mientras no me presente a los exámenes.
Cuando podamos vivir en la luna.

6. ¿Desde cuándo tiene usted esos síntomas?

7. Doctor, ¿ cuándo tendré los resultados?

8. ¿Cuándo te comprometiste a regarle las plantas?

9. ¿Hasta cuándo puedo tener estos documentos?

10. ¿Desde cuándo podré volver a montar en bici?

5. SUSTITUYE los infinitivos por las formas verbales adecuadas.

1. Usted seguirá siendo profesor mientras (vivir) _____ .

2. Aún no se había detenido el coche del todo cuando la policía ya (estar) _____ de pie en la acera.

3. Antes de que (saber) _____ casar las letras, ya le dictaba versos a la señorita que me cuidaba.

4. Cuando me (parecer) _____ oportuno y (pasar) _____ las consecuencias, te contaré la historia.

5. Siempre que (yo, pasar) _____ por la Universidad me acuerdo de cuando (ser) _____ estudiante.

6. Se tranquilizó cuando (ver) _____ que a sus amigos no les había pasado nada grave.

7. Mientras (estar, tú) _____ de viaje te echamos muchísimo de menos.

8. Mientras (alejarse) _____ piensa que por nada del mundo venderá su alma al diablo.

9. Se levantó en cuanto (entrar) _____ su exnovia.

10. Hasta que el viento no (amainar) _____ no podremos partir.

Hasta que el viento no amaine no podremos partir.

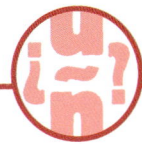

ESQUEMAS GRAMATICALES
RELACIONES TEMPORALES ENTRE ORACIONES

Las cláusulas subordinadas que expresan este tipo de relaciones sitúan temporalmente una acción respecto de otra. Indican anterioridad, simultaneidad o posterioridad de la oración 'principal' con respecto a la subordinada.

● **CONECTORES QUE INTRODUCEN ESTE TIPO DE CLÁUSULAS**

RASGOS DE CONTENIDO

[+simultaneidad]	CUANDO, MIENTRAS, EN EL MISMO (PRECISO) MOMENTO (INSTANTE) QUE, A MEDIDA QUE, CONFORME, SEGÚN, AL + INFINITIVO
[+ simultaneidad] [+ contraste]	MIENTRAS QUE, MIENTRAS TANTO, ENTRE TANTO, EN TANTO QUE, EN CAMBIO
[+ simultaneidad] [+ causa]	AHORA QUE
[+ anterioridad]	ANTES (DE) QUE
[+ posterioridad]	CUANDO, DESPUÉS (DE) QUE, UNA VEZ QUE
[+ posterioridad] [+ inmediatez]	EN CUANTO, TAN PRONTO COMO, NADA MÁS, APENAS, ASÍ QUE, NO BIEN
[+ habitual] [+ repetición]	CUANDO, CADA VEZ QUE, SIEMPRE QUE
[+ origen]	DESDE QUE
[+ límite]	HASTA QUE

● **ALTERNANCIA DE MODOS**

AL ANTES DE DESPUÉS DE NADA MÁS HASTA	+ INFINITIVO	Cuando el sujeto del verbo de la oración 'principal' y el de la cláusula subordinada es el mismo. *Llamen antes de entrar.* *Después de contarle todo, le dio las gracias por la paciencia que había tenido al escucharlo.*
ANTES DE QUE	+ SUBJUNTIVO	*Llegaremos nosotros antes de que salgas.*
MIENTRAS QUE MIENTRAS TANTO ENTRE TANTO EN TANTO QUE	+ INDICATIVO	*Tú pon la mesa y entre tanto yo iré preparando la comida.* *Con una mano sujetaba el paraguas, mientras que con la otra se protegía la cara.*
CUANDO MIENTRAS A MEDIDA QUE UNA VEZ QUE EN CUANTO CADA VEZ QUE HASTA QUE EN EL MISMO MOMENTO EN QUE EN EL MISMO INSTANTE EN QUE	+ INDICATIVO	Cuando se hace referencia al pasado, al presente, o tiene un valor atemporal, fuera del límite del tiempo. *Cuando llegó, nos llamó para darnos la noticia.*
	+ SUBJUNTIVO	Cuando se hace referencia al futuro en relación con el presente del hablante, o cuando la oración 'principal' presenta un matiz de ruego, consejo, mandato, etc. *Cuando llegues, llámame.*

Santo Domingo de la Calzada, donde cantó la gallina después de asada

Cuenta la leyenda que llegaron al **hospicio** de Santo Domingo tres peregrinos: un matrimonio y su hijo adolescente. Una criada que atendía a los huéspedes **se encaprichó** con el muchacho y, cuando él la rechazó, se vengó del **desaire** metiendo en su **morral** una valiosa copa de plata y denunciándolo luego como autor del robo. Siguiendo la ley que regía en aquella época, el muchacho fue condenado a muerte por ladrón y luego ahorcado. Los padres, sin poder hacer nada por él, siguieron tristes su peregrinaje, cumplieron con su visita a la tumba de Compostela y, al regresar a su tierra, pasaron por el **cadalso**, donde vieron a su hijo colgado, pero vivo y alegre de volverlos a encontrar.

Convencidos de que se hallaban ante un milagro de Santo Domingo, los viejos corrieron a la casa del **corregidor** para darle cuenta de lo que habían contemplado y pedirle perdón por su hijo, que tan milagrosamente había sobrevivido.

Pero el corregidor, que estaba sentado a la mesa dispuesto a comerse un gallo y una gallina recién asados, se rió de las pretensiones de los padres, proclamando que la supervivencia del ahorcado era tan imposible como proclamar que estuvieran vivos el gallo y la gallina que iba a comerse. Apenas lo hubo dicho, ambos se cubrieron de plumas y escaparon del **trinchete** que les amenazaba.

En recuerdo de aquellos prodigios, los habitantes de Santo Domingo de la Calzada guardaron desde entonces un gallo y una gallina vivos en uno de los altares de la catedral, convertido en jaula. Cada año son renovados, y es curioso escuchar el **cacareo** de las aves cuando se celebra algún acto litúrgico.

Con el tiempo, se convirtió en costumbre que los peregrinos, al pasar por Santo Domingo de la Calzada, colocasen en la punta de su sombrero una pluma procedente de aquella jaula. La pluma era para muchos tan importante como la **vieira** o la **calabaza**, o el **bordón** o la **esclavina**: un testimonio precioso de su paso por un lugar clave del camino.

(Adaptado de Juan G. Atienza, *Guía de leyendas españolas*)

Hospicio: Casa donde se albergaba de limosna a peregrinos y mendigos.

Encapricharse: Enamorarse de manera poco razonable.

Desaire: Desprecio, humillación.

Morral: Especie de saco que se llevaba colgado al hombro para llevar la comida (= *zurrón*).

Cadalso: Tablado erigido para ajusticiar a los condenados a muerte.

Corregidor: Cargo semejante al del alcalde en los antiguos ayuntamientos. Antiguamente, cierto magistrado de justicia.

Trinchete: Especie de tenedor grande con el que se pincha la carne que se va a cortar.

Cacareo: Sonido que emiten el gallo y la gallina.

Vieira: Concha.

Calabaza: Recipiente que los peregrinos llevaban consigo para mitigar la sed.

Bordón: Bastón más alto que un hombre.

Esclavina: Prenda de vestir en forma de capa corta.

✓ El texto hace alusión al milagro más célebre de Santo Domingo. Según se cuenta en su *Vita*, este santo nació a mediados del siglo XI. Tras una infancia y juventud dedicadas a la agricultura y cinco de vida eremítica, hace de su vida una entrega total a los peregrinos que iban hacia Santiago: roturó terrenos para el camino, cruzó puertos, trazó puentes, y hasta levantó un hospital. Como culminación de su obra, frente al hospital, en lo que hoy es Santo Domingo de la Calzada, inició la construcción de un templo. Pronto el pueblo pasó a ser paso obligado, necesario y casi ritual para los caminantes peregrinos.

✓ Esta leyenda está enmarcada en el Camino de Santiago, que nació como itinerario religioso y cauce de intercambio cultural, y que todavía hoy es el itinerario cultural europeo con más fuerza y rigor.

Los peregrinos que iban hacia Santiago se distinguían del resto de los caminantes por su indumentaria:

- Viejo ropón corto —o *esclavina*—, la capa y el sombrero de ala ancha, que los protegía tanto del sol como de la lluvia.
- El bordón, para defenderse de lobos y maleantes.
- La esportilla —o *morral*—, la concha de vieira y la calabaza.

✓ Habrás podido darte cuenta del peso que aún hoy tienen algunas tradiciones religiosas en España. Seguro que en la tradición cultural y/o religiosa de tu país hay alguna. Bucea un poco en tu memoria y cuéntanos alguna.

✓ De acuerdo con el mensaje del texto, **DI** si las siguientes afirmaciones son verdaderas o falsas:

V F

☐ ☐ **1.** El joven peregrino robó una taza de plata y por eso fue condenado a muerte.

☐ ☐ **2.** Actualmente en el templo de Santo Domingo de la Calzada hay un gallo y una gallina.

☐ ☐ **3.** Santo Domingo de la Calzada es un pueblo apartado de la ruta jacobea.

☐ ☐ **4.** El joven peregrino no murió ahorcado porque el santo obró un milagro.

☐ ☐ **5.** La incredulidad del corregidor hizo que el milagro fuera posible.

6. **COMPLETA** las oraciones siguientes con los elementos que consideres necesarios. **INDICA** el tipo de relación temporal que existe entre ellas a partir de los rasgos de contenido de los conectores que hayas elegido.

1. Con una mano sostenía un candil _____ con la otra lo protegía del aire.
2. La tormenta les obligó a retrasar la partida _____ los daños fueran reparados.
3. _____ entrar en su cuarto la ira me cegó.
4. Él confía en mí, me ha dado pruebas de ello y _____ le diga lo que ha sucedido lo comprenderá.
5. _____ guardaba los documentos, lo miró sin decir palabra.
6. Hay que salir _____ cierren las puertas de las murallas y _____ haya pasado la policía.
7. _____ iba tomando conciencia de lo que había sucedido, su rostro se transformaba más.
8. _____ salir, le dijo que no estaría en casa para la cena.
9. Era tan roñoso que parecía que iba a darle un ataque de apoplejía _____ se acordaba del dinero que iba a costarle el viaje.
10. —¿Por qué no esperamos _____ termine el concierto? —Porque llevamos aquí _____ empezó y no quiero escucharlo entero.

7. **SUSTITUYE** los infinitivos que van entre paréntesis por la forma verbal adecuada.

1. De vez en cuando, cuando no (ir) _____ a visitar a su familia, cogía un tren que lo llevaba a Nueva York.
2. Siempre que García (visitar) _____ a la familia, María se sentía alegre.
3. Habían pasado casi veintitrés años desde que (nacer) _____ la primera hija.
4. Cuando (salir) _____ para reunirse con su familia en el piso de abajo, oyó algo verdaderamente chocante.
5. Vas a tener mucho tiempo para leer cuando yo (irse) _____ .
6. Una vez que Luis (adaptarse) _____ a su nueva vida, Margarita trataba de escaparse para verlo.
7. Cuando (coincidir, yo) _____ con él en la discoteca, llevaba temporada y media en España y hablaba ya un buen español.
8. Marco le habló de su abuela. Se emocionaba siempre que la (nombrar) _____ .
9. Cuando (convertirse, tú) _____ en una muchacha, tus padres te dejaban ir a fiestas y bailes, pero siempre y cuando te (acompañar) _____ tus hermanos.

¡ATENCIÓN!

Las partículas **CUANDO, TAN PRONTO COMO, CADA VEZ QUE, SIEMPRE QUE**, etc. van seguidas de un mensaje en indicativo si se hace referencia al pasado, al presente o a algo atemporal, fuera del límite del tiempo. Y de un mensaje con verbo en subjuntivo si se hace referencia al futuro o a ruegos, consejos, mandatos, etc.

10. Huele a las tardes luminosas de mi niñez, a los largos días de verano antes de que (empezar) _____ las clases.
11. Dignidad era algo. Quería decir que nunca se tuteaba a nadie hasta que no te (dar) _____ permiso, que no abrías la boca hasta que no se te (dirigir) _____ la palabra, que no entrabas ni salías de un sitio hasta que no se te (dar) _____ permiso.
12. Se fue antes de que (salir) _____ el sol.
13. Le prometo que le escribiré a usted tan pronto como (llegar) _____ a casa.

8. **TRANSFORMA** las siguientes frases según el modelo, teniendo en cuenta las correspondencias de los tiempos y modos verbales.

Modelo:
- Cuando *voy* a Madrid *me alojo* en el hotel del Prado.
- Cuando *iba* a Madrid *me alojaba* en el hotel del Prado.

- Cuando *fui* a Madrid *me alojé* en el hotel del Prado.
- Cuando *vaya* a Madrid *me alojaré* en el hotel del Prado.

1. Tan pronto como termina de comer se pone a lavar los platos.

2. Me echo una siesta después de que se van todos al trabajo.

3. Cuando toca el piano desconecto el teléfono.

4. A medida que los invitados llegan van pasando al jardín.

5. Según se le van acabando los cigarrillos va pensando en dejar de fumar.

6. Siempre que veo una película de terror se me pone la carne de gallina.

7. Hasta que no terminan de comer, los niños no pueden levantarse de la mesa.

8. Apenas llega el buen tiempo, se pone la minifalda.

9. Contesto las cartas en el mismo momento en que las recibo.

10. Hablo con usted cuando tengo algo interesante que decirle.

9. De entre las soluciones que se te ofrecen, **SE-LECCIONA** la respuesta (o respuestas) que consideres correctas.

1. _____ íbamos ascendiendo, el camino se estrechaba más y más.

   a) Según c) Mientras que
   b) Conforme d) A medida que

2. Te dejaré estar en mis sueños siempre y cuando tú me _____ estar en los tuyos.

   a) dejaras c) dejes
   b) dejarías d) hayas dejado

3. Tan pronto como _____ todo, te llamé.

   a) terminaba c) haya terminado
   b) termine d) terminó

4. _____ a la Universidad le dio un fuerte bajón de tensión.

   a) Yendo c) Cuando se dirigía
   b) Mientras iba d) Al ir

5. Te devolveré el libro cuando me _____ todo lo que me debes.

   a) pagarás c) hayas pagado
   b) habrás pagado d) pagues

6. Despertadme cuando _____ la película.

   a) ha terminado c) termine
   b) haya terminado d) hubiera terminado

10. CONSTRUYE oraciones utilizando partículas de significado temporal a partir de las claves que se te ofrecen.

Modelo: aprender español / los demás estar de vacaciones / [*mientras*]
Mientras los demás están de vacaciones tú aprendes español.

1. recuperación económica / disminución del analfabetismo / [*a medida que*]

2. tú echar una siesta / yo terminar el trabajo / [*mientras*]

3. beber / dormir la mona / [*después de que*]

4. pasar la noche en vela / no dar ni golpe en el trabajo / [*cuando*]

5. defender más y más su inocencia / haber más pruebas de lo contrario / [*conforme*]

Cuando no duerme no da ni golpe en el trabajo.

ESQUEMAS GRAMATICALES

CONECTORES CON MATIZ TEMPORAL ATENDIENDO A SUS RASGOS DE CONTENIDO

● **[simultaneidad]**

CUANDO
Es el más común, pero también el más neutro.
Indica cualquier tipo de simultaneidad.   *Cuando te nombren, levanta la mano.*

● **[simultaneidad] + [duración]**

MIENTRAS
Las acciones tienen la misma duración.   *Mientras cocina escucha música clásica.*

● **[simultaneidad] + [instantáneo]**

EN EL MISMO/PRECISO MOMENTO EN QUE   *En el mismo momento en que abría la puer-*
EN EL MISMO/PRECISO INSTANTE EN QUE   *ta, la vi.*

AL + INFINITIVO
Sobre todo con expresiones que tienen el
rasgo /+ movimiento/: *al salir, al entrar, al subir,*
al bajar, al levantarse, al acostarse, al abrir, al
cerrar, al tragar, al desenchufar, etc.   *Le duele la mandíbula al tragar.*

● **[simultaneidad] + [progresión]**

A MEDIDA QUE, CONFORME, SEGÚN   *Entregadlo a medida que vayáis terminando.*

● **[simultaneidad] + [contraste]**

MIENTRAS QUE, MIENTRAS TANTO,   *Tú cuida de los niños, mientras tanto yo voy*
ENTRE TANTO, EN CAMBIO, EN TANTO QUE   *a hacer la compra.*

● **[simultaneidad] + [causa]**

AHORA QUE   *Es el momento de solicitar un préstamo,*
ahora que han bajado los tipos de interés.

● **[anterioridad]**

ANTES DE (QUE)   *Cierra la llave del gas antes de ir a dormir.*
Saldré antes de que salga el sol.

● **[posterioridad]**

CUANDO, DESPUÉS (DE) QUE, UNA VEZ QUE   *Cuando termines de leer el libro, préstamelo.*
Una vez que el profesor empiece a repartir
el examen, queda prohibido hablar.

● **[posterioridad] + [inmediatez]**

EN CUANTO, TAN PRONTO COMO,   *Tan pronto como llegue a casa te llamo.*
NADA MÁS, NO BIEN, ASÍ QUE, APENAS   *Apenas hayas llegado, llama a tu madre.*

● **[repetición]**

CUANDO, CADA VEZ QUE, SIEMPRE QUE   *Siempre que llueve se pone de mal humor.*
Tómese dos pastillas cada vez que le duela.

● **[origen]**

DESDE QUE   *Mi vida ha cambiado desde que salí de Cuba.*

● **[límite]**

HASTA (QUE)   *No pagues hasta que no te den la cuenta.*
No parará de preguntar hasta saberlo todo.

 LÉXICO

RELIGIÓN Y TRADICIONES RELIGIOSAS

La identidad europea es incomprensible sin el cristianismo. Es en él donde se encuentran las raíces comunes de su cultura. Esto ha dejado huella en las lenguas. Aquí presentamos una serie de expresiones que tienen en común palabras pertenecientes al campo de la religión (*Dios, Cristo, cielo, rosario, fe, cristiano, comulgar, pascua*, etc.).

EXPRESIONES

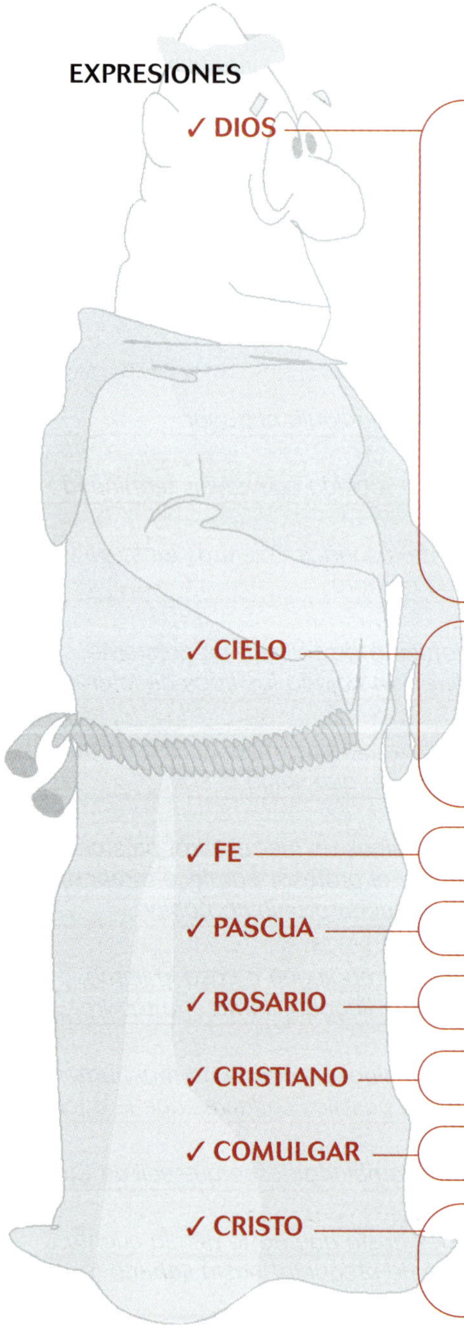

✓ **DIOS**

A la buena de Dios.
Como Dios le da a alguien a entender.
Como Dios manda.
Sin encomendarse a Dios ni al diablo.
No hay ni Dios.
Estar dejado de la mano de Dios.
Poner a Dios por testigo.
A Dios rogando y con el mazo dando.
Si Dios quiere.
Adiós.
Vete con Dios.
Estar algo de Dios.
Dios te lo pague.
Gracias a Dios.
Si Dios no lo remedia.

✓ **CIELO**

Írsele a alguien el santo al cielo.
Clamar al cielo.
Poner el grito en el cielo.
Remover (el) cielo y (la) tierra.
Ver los cielos abiertos.

✓ **FE**

De mala fe / De buena fe.

✓ **PASCUA**

Hacer la pascua a alguien.

✓ **ROSARIO**

Como el rosario de la aurora.

✓ **CRISTIANO**

Hablar en cristiano.

✓ **COMULGAR**

Comulgar con ruedas de molino.

✓ **CRISTO**

Estar / Vivir/ Ir donde Cristo perdió el mechero.
Montar un cristo de mucho cuidado.
Ponerse como un Cristo.

11. **REFLEXIONA** y **EXPLICA** las construcciones siguientes. **IMAGINA** un posible contexto en el que podrían ser utilizadas.

Modelo: En lo más interesante de su charla, al conferenciante se le fue el santo al cielo.
Alude al momento en que al conferenciante se le quedó la mente en blanco.

1. Si *Dios no lo remedia,* este puente nos vamos de camping.

2. Metió toda la ropa en una bolsa y, *sin encomendarse a Dios ni al diablo,* cerró la puerta y se fue.

3. ¡Qué catástrofe! *Estará de Dios* que pasen estas cosas.

4. —¿Cómo has restaurado esta silla? —Pues como no tenía mucha idea lo he hecho un poco *como Dios me ha dado a entender.*

5. Este barrio *está dejado de la mano de Dios.*

6. *¡Gracias a Dios* que has venido!

7. Cuando Elena leyó la oferta de empleo público *vio los cielos abiertos.*

8. El jefe *me hizo la pascua* con esto de no contratarme para los meses de verano.

9. A mí tú no me haces *comulgar con ruedas de molino.*

10. Los alumnos interrumpieron la reunión y *montaron un cristo de mucho cuidado.*

12. De las opciones que se te ofrecen, ELIGE la correcta.

1. La verdad es que no tenía ni idea de ediciones facsímiles, por eso compré esta…

   a) de mala fe.   b) a la buena de Dios.   c) a Dios rogando y con el mazo dando.

2. En la reunión sacaron a colación temas que nada tenían que ver con el tema que se estaba tratando. Los de uno y otro bando empezaron a levantar la voz cada vez más, así que todo terminó…

   a) como Dios manda.   b) sin encomendarse a Dios ni al diablo.   c) como el rosario de la aurora.

3. Nuestra conversación fue interrumpida varias veces por el teléfono, y en una de ésas, cuando iba a contarle las verdaderas razones de mi dimisión…

   a) me fui con Dios.   b) se me fue el santo al cielo.   c) me fui donde Cristo perdió el mechero.

4. Tu amigo siempre ha tenido coches de segunda mano y, aunque los mira y remira mucho antes de decidirse, luego no le dan buen resultado, por eso cuando fue a comprar el último eligió uno…

   a) a la buena de Dios.   b) clamando al cielo.   c) haciendo la pascua a alguien.

5. El director _____ cuando vio que todos le llevaban la contraria.

   a) puso el grito en el cielo   b) puso a Dios por testigo   c) vio los cielos abiertos

13. FORMA enunciados coherentes uniendo los elementos de una y otra columna.

	A		B	
Pongo a Dios por testigo	1 ●	● a	es hablar en cristiano.
La casa donde Ana vive está	2 ●	● b	actúa de mala fe.
Estoy completamente seguro de que	3 ●	● c	con un buen marido.
Removió cielo y tierra	4 ●	● d	donde Cristo perdió el mechero.
La reunión terminó	5 ●	● e	no había ni Dios en la playa.
Dios te lo pague	6 ●	● f	hasta que consiguió la custodia de su hijo.
Lo mejor en estos casos y para que te entiendan	7 ●	● g	a la semana, sin encomendarse a Dios ni al diablo, se casaron.
Conoció a una chica y	8 ●	● h	de que mi familia nunca pasará hambre.
Cuando fuimos a la costa en diciembre	9 ●	● i	se pusieron como un Cristo.
Los niños fueron a recoger moras y	10 ●	● j	como el rosario de la aurora.

EL CAMINO DE SANTIAGO

Verás la maravilla del camino,
camino de soñada Compostela,
peregrino.

(Antonio Machado)

Santiago de Compostela, junto con Jerusalén y Roma, es el centro de peregrinación cristiana más importante. En el siglo IX aparece lo que se cree que es el cuerpo del apóstol en Santiago en Compostela. Desde ese momento, los reyes apoyan el Camino que lleva a Santiago. Además, el Papa concedió jubileo para los peregrinos cada vez que la festividad de Santiago (día 25 de julio) cayera en domingo.

A partir de ese momento y tanto por motivos religiosos como políticos (avance de la reconquista) las relaciones con Europa se incrementan, especialmente en el camino de Santiago.

La masiva llegada de gentes francesas sobre todo y de otros países supone la aparición de nuevos núcleos urbanos y se incrementa la actividad comercial, mercantil y artesanal. Por tanto, el Camino no es sólo ruta de peregrinación, sino también es camino comercial que cruza la Península de este a oeste, atravesando La Rioja, Navarra, Castilla (Burgos, Palencia, León, Astorga, Carrión), Asturias y Galicia.

Pero lo principal del Camino son sus repercusiones culturales:

- En la **lengua**: galicismos (*fraile, homenaje, español, viandas, hostal, doncella, mensaje...*).

- **Influencias literarias**: en la épica, en la lírica, en la representación de textos dramáticos de carácter sacro, en *Las Cantigas* y *Exemplos*, etc.

- En la **arquitectura**, **escultura** y **pintura**: entrada en España del arte románico (que emplea el arco de medio punto, la bóveda de cañón y la planta de cruz latina; de edificios no muy altos con muros muy gruesos, cabeceras o ábsides en las iglesias, claustros en los monasterios y paredes pintadas profusamente, con una clara influencia bizantina) que se despliega por la Península en tres grandes focos:

  - el **pirenaico**: *Monasterio de Ripoll, Catedral de Jaca, Monasterio de San Juan de la Peña, Castillo de Loarre.*

  - la **Meseta Norte**: *San Isidoro de León, Monasterio de Santo Domingo de Silos, Santo Domingo de la Calzada, Covarrubias, Catedral de Salamanca, Catedral de Zamora, San Juan de Ortega, Frómista*, etc.

  - **Galicia**: entre todos los monumentos destaca la bellísima *Catedral de Santiago de Compostela*, fin de la peregrinación jacobea.

- En el **urbanismo**: creación de hospitales y de albergues en los que se acogía, alimentaba y cuidaba altruistamente a los peregrinos; creación de nuevas vías de comunicación.

- En las **Órdenes de Caballería**: muchas de las cuales —por ejemplo la Orden Hospitalaria de San Juan de Jerusalén— se encargaban de la vigilancia y la defensa de los caminos que llevaban a Santiago y de la atención de los peregrinos en los hospitales.

Lección 7

Y vive dios, que como México no hay dos

Lección 7

Y vive dios, que como México no hay dos

 DIÁLOGO

Ni loco me lo perdería

HANS Hombre, ya has vuelto. ¿Qué tal las fiestas?

DAN Genial. **Las fiestas de los pueblos** son distintas. **No es que no sean igual que las de la ciudad, es que no tienen nada que ver.**

HANS ¡No me digas!

DAN Pues sí. Nadie se queda en casa, todos participan, salvo los de los bares y los **tenderetes**, que **no sólo no descansan, sino que trabajan el doble.**

HANS ¿Y tú qué hacías? Imagino que tú tampoco entraste en casa, ¿no?

DAN **Ni para dormir. No pegué ojo** en tres días, pero valió la pena.

HANS Pero eso es **imposible, antinatural.**

DAN ¡Qué va a ser! Mira, la fiesta comenzaba con una misa. Luego sacaban al patrón en procesión. Mientras, la gente bailaba jotas delante de él sin parar un momento. Después fuimos por todas las **peñas** a probar la **limonada**; y a partir de ahí **no tuve problema** alguno, se me soltó la lengua y empecé a hablar español. Por la tarde hubo una corrida de toros. La gente gritaba ¡olé!, ¡olé! Yo pretendí tirarme al ruedo, pero los del pueblo **me aconsejaron que no bajara**; pensaron que no sabría correr al toro. Y por las noches había **verbena.**

HANS **Jamás he oído esa palabra**, ¿qué es una verbena?

DAN Pues hay una orquesta que toca en el medio de la plaza; todos bailan y bailan, y con todo y con eso, **no se cansan.** Fue **increíble**, la mejor fiesta de mi vida. **Ni aunque me dieran todo el oro del mundo me la perdería.**

HANS Oye, el sábado son las fiestas de Ciudad Rodrigo, **¿por qué no vamos?**

DAN Vale, por mí, encantado.

HANS Pues **no hay más que hablar.**

- **Tenderete:** → Puesto de venta ambulante, levantado con una estructura mínima y fácil de desmontar.
- **No pegar ojo:** No dormir.
- **Peña:** → Grupo de amigos que preparan las fiestas juntos y llevan algún distintivo en la indumentaria que los caracteriza. Por extensión, se denomina así también el lugar en que se reúnen durante las fiestas.
- **Limonada:** → Bebida hecha a partir de vino tinto y agua en proporción de 3 a 1 —es decir, tres partes de vino por una de agua—, endulzada con azúcar y aromatizada con trozos de naranjas, limones y melocotones. Se toma, sobre todo en las fiestas, aunque es frecuente prepararla como bebida ligera de verano.
- **Verbena:** → Velada, feria y baile al aire libre.

✓ **Las fiestas de los pueblos no es que no sean igual que las de las ciudades, es que no tienen nada que ver.**

✓ **Algunos no sólo no descansan, sino que trabajan el doble.**

→ En estas oraciones se niega toda la primera parte; al negarla tendremos que contraponer un argumento positivo, por tanto tendremos la correlación **NO ES QUE … ES QUE, NO … SINO:**
- *Juan no come pescado, sino carne.*
- *Juan no es que no coma pescado, sino que sólo come carne.*
- *Juan no es que no coma pescado, es que sólo come carne.*

✓ **No entraba en casa ni para dormir.**

→ Se está marcando el énfasis. Se puede expresar también mediante la forma **NI SIQUIERA**.
- *No entraba ni siquiera para dormir.*

✓ **Ni aunque me dieran todo el oro del mundo me lo perdería.**

→ Este es otro uso de **NI**, el inicial.
- *Ni tú ni yo entenderemos nunca el misterio del amor.*

✓ **No se cansan.**
✓ **No hay más que hablar.**
✓ **Me aconsejaron que no bajara.**
✓ **No tuve problema.**

→ Tenemos el modulador **NO** en diferentes lugares, porque puede aparecer ante cualquier segmento.

✓ **¡No me digas!**
✓ **¿Por qué no vamos?**

→ Se emplea la negación para manifestar sorpresa y para proponer algo. La primera es una forma de exclamación, mientras que en la pregunta se aconseja lo que aparentemente se niega.

✓ **Im-posible, anti-natural, in-creíble.**

→ Todos ellos son sustantivos o adjetivos que llevan un prefijo que significa negación. También podemos decir que una expresión es *a-gramatical*, que un tesoro ha sido *des-enterrado*, etc.

✓ **Jamás he oído esa palabra.**

→ Forma de utilizar la negación en el tiempo. También se podría decir:
- *En la vida volveré a tener una oportunidad así.*
- *Nunca antes había venido a España*, etc.

¡ATENCIÓN!

Existen diferentes formas de expresar la correlación en español:

/NO ... SINO/	*Yo no uso ordenador, sino máquina de escribir.*
/A PERO NO B/	*Compraré un cuadro, pero no naïf.*
/NO A y SÍ B/	*No iré al cine y sí al teatro.*
/A y NO B/	*Me gusta hablar y no quedarme callado.*
/NO A y SIN EMBARGO B/	*Ahora los niños no leen novelas de aventuras y sin embargo Julio Verne sigue estando de moda.*
/NO A NI B/	*No se movía ni (siquiera) una mosca.*
/NO A y NO B/	*Eres un mentiroso. No te creo y no te creeré jamás.*
/NO SÓLO A SINO (TAMBIÉN) B/	*No sólo eres mi madre, sino también mi amiga.*

1. **RELLENA** los huecos con las formas negativas que indiquen correlación o énfasis:

1. Mi perro _____ come _____ pienso compuesto.

2. Es guapa, _____ tanto como ella se piensa.

3. _____ quiero pan de centeno _____ de trigo.

4. _____ no puedes ganarme en un campeonato de esgrima, _____ además eres mucho peor que yo en cualquier deporte.

5. _____ podré conseguir que cambies de actuación, _____ hacerte la vida imposible mientras vivas bajo mi techo.

6. Ana es como el perro del hortelano, _____ come las berzas _____ las deja comer.

7. Fui a un safari fotográfico a África, y _____ vi leones, _____ cebras, _____ monos, tigres. Habría sido mejor quedarme en casa.

2. **¿QUÉ** diferencias de contenido hay entre?:

1. No quiero hablar / Quiero no hablar. ————▶ ....
....

2. No puedo pasar por alto este asunto / ————▶ ....
Puedo no pasar por alto este asunto. ....

3. No quiero salir / Quiero no salir. ————▶ ....
....

a) Con los verbos que expresen *sentido, entendimiento* y con los verbos de *lengua*:

verbo[1] —el principal— indicativo   ➡   verbo[2] —el subordinado— indicativo

verbo[1] negativo   ➡   verbo[2] subjuntivo

b) Con los verbos que expresen *mandato, ruego, prohibición, consejo, sentimiento* y *voluntad* la variación de modo no viene forzada por la afirmación o la negación, sino:

sujeto del verbo[1] = sujeto del verbo[2]   ➡   verbo[2] infinitivo

sujeto del verbo[1] ≠ sujeto del verbo[2]   ➡   verbo[2] subjuntivo

Me fascina que te hayas convertido en novelista.
No me fascina que te hayas convertido en novelista.
Me fascina haberme convertido en novelista.

3. **CREA y EXPLICA** oraciones en las que: a) se niegue el verbo principal; b) se niegue el verbo subordinado, y c) se nieguen los dos, utilizando los verbos del recuadro.

Creer, notar, pensar, comprobar, opinar, saber, protestar, descubrir, sostener, averiguar, decir, hablar, olvidar, deducir, soñar, imaginar, maquinar, oir, escuchar, contar, sospechar, percibir, ver, figurarse, comprender, prometer, sentir, gustar, preferir, encantar, admirarse, querer, intentar, desear, decidir, optar, rogar, suplicar, pedir, prohibir, vetar, vedar, deplorar, aconsejar, avergonzarse, entristecerse, escandalizarse, lamentar, sufrir, amar, odiar, deplorar, alegrarse, regocijarse, holgarse, animarse, consolar, fastidiar, molestar, etc.*

Modelo:

Creo que el agua está fría. ➡ *No creo que el agua esté fría.* ➡ *Creo que el agua no está fría.*

Te suplico que vengas. ➡ *No te suplico que vengas.* ➡ *Te suplico que no vengas.*

Me alegra que hayas triunfado. ➡ *No me alegra que hayas triunfado.* ➡ *Me alegra que no hayas triunfado.*

He visto que hoy llueve. ➡ *No he visto que hoy llueva.* ➡ *He visto que hoy no llueve.*

4. TRANSFORMA en negativos los adyacentes en cursiva, utilizando el modulador **NO:**

1. Tengo una casa *alta*.

2. Tengo problemas con mi vecina, porque es una persona *considerada*.

3. El hijo de Andrea no tiene hermanos, y puedo asegurar que es un niño *consentido*.

4. El de la conservación de los atolones coralinos es un problema *resuelto*.

5. Regálame un collar *de diamantes*.

> No me regales un collar de diamantes.

5. ¿Cómo EXPLICARÍAS tú el significado de estas oraciones?:

1. Qué dura es la vida, nada más nacer ya te dan un azote para que llores.

2. Nada más conquistar España los árabes, empezó una riquísima etapa para nuestra cultura.

3. Hace nada nació tu hijo, y ahí lo tienes, haciendo la mili.

4. Ha suspendido todas las asignaturas y está como si nada.

5. —Me voy a comprar un barco que vale 250 millones de pesetas. —¿Nada menos?

6. Este pastel no tiene nada de bueno.

7. Cuando estoy deprimida pienso que mi vida se mueve entre el absurdo y la nada.

Habrás notado que el pronombre indefinido *nada*, que tiene un significado léxico negativo, en estos ejemplos no niega, porque *nada más* + infinitivo tiene un sentido temporal de inmediatez, con el significado de 'en el momento en que', 'inmediatamente después de'; *hace nada* indica 'un brevísimo espacio de tiempo'; y *como si nada* tiene el sentido de 'sin dar la menor importancia'.

6. ESCUCHA el siguiente texto y luego **MARCA** las palabras que lleven prefijos negativos.

> *Mi abuela siempre dice que los jóvenes son rebeldes, indómitos, intransigentes, desenfrenados y descorteses. Pero, la verdad, es que no tiene ninguna razón. Los jóvenes somos atípicos, según las costumbres de su generación, pero no somos ni indecentes ni amorales. Desde luego, la opinión de mi abuela es injusta y desmesurada.*

7. RELLENA los huecos con el modo verbal que sea conveniente. Ten en cuenta que las oraciones admiten varias respuestas.

Me emociona estar embarazada.

1. Yo (querer) _____ ir al baile los domingos.
2. Yo (querer) _____ que (ir, tú) _____ conmigo a los toros.
3. Ruego a los visitantes que (haber sacado) _____ las entradas que (pasar) _____ ordenadamente al museo.
4. Nosotros (pensar escribir) _____ una obra de teatro y estrenarla en el Teatro Calderón de la Barca en enero.
5. Me emociona (estar yo) _____ embarazada.
6. Me emociona que (estar tú) _____ embarazada.

8. ESCUCHA y luego **LEE** el texto y explica las palabras con significado léxico negativo. ¿Cuáles de ellas tienen sólo referencia personal?

> *Durante las vacaciones de verano, ninguno de mis amigos se quedó en casa; todos fueron de viaje a la costa. Yo, en cambio, no salí y estuve quince días sin hacer nada, sólo leer, dormir y pasear. ¡Qué maravilla! No habrá nadie que me convenza de que mis amigos descansaron más que yo.*

9. ¿**QUÉ** particularidad tiene en esta estrofa el uso del indefinido **ALGUNA**? **PON** tú cinco ejemplos en que ocurra lo mismo con **ALGU-NO / NINGUNO, ALGUIEN / NADIE** y **ALGO / NADA.**

> **Modelo:** *¿Hay algo más triste que un niño en-fermo?*
> *¿Hay nada más triste que un niño en-fermo?*

> *Quejoso de la fortuna*
> *yo en este mundo vivía,*
> *y cuando entre mí decía:*
> *¿habrá otra persona alguna*
> *de suerte más importuna?,*
> *piadoso me has respondido.*
>
> (Calderón de la Barca)

1. ....
2. ....
3. ....
4. ....
5. ....

10. RELLENA los huecos con los pronombres in-definidos correspondientes:

1. No hay persona .... que pueda llenar el vacío que tú me dejaste.
2. —¿Qué quieres de postre?— ....
3. Antes de ...., dúchate. Luego ya veremos qué planes trazamos.
4. No me hace .... gracia que te cases, pero la decisión es tuya, no mía.
5. .... vio ...., ... oyó .... en absoluto, no hay .... pista, ... señal, ni se sospecha móvil .... ¿De verdad creéis que así se puede iniciar una in-vestigación?

11. En español, generalmente dos negaciones niegan; pero, a veces esto no se cumple, y el resultado de dos negaciones es una afirma-ción. En las frases que te presentamos a con-tinuación **SEÑALA** cuáles tienen significado afirmativo y cuáles negativo.

A N
☐ ☐ **1.** Un caballero no confesará nunca el nombre de su querida.
☐ ☐ **2.** Si no lo veo, no lo creo.
☐ ☐ **3.** A mí no me desagradaría que te lavaras con más frecuencia.
☐ ☐ **4.** No quiero no verte.
☐ ☐ **5.** No puedo no pensar en él.
☐ ☐ **6.** No descuides tu aspecto físico, es muy importante.
☐ ☐ **7.** Es mejor no decirles nada a tus padres.

ESQUEMAS GRAMATICALES
FORMAS DE EXPRESIÓN DE LA NEGACIÓN

El modulador **NO** puede preceder en español a cualquier segmento (excepto preposiciones, conjunciones, pronombres personales átonos y artículos).

Hay dos tipos de negación: negación *gramatical* y negación *léxica*.

● NEGACIÓN GRAMATICAL

✓ NEGACIÓN TOTAL

Negación de oración. Se produce cuando el modulador *no* precede al verbo principal.

☞ *No se cansan.*

✓ NEGACIÓN PARCIAL

• Negación de cláusula

☞ *Si no viene, no podremos ir al cine.*
Los que no quepan en este autocar, que monten en el siguiente.

• Negación de sintagma

☞ *No todos viven así.*

• Negación del adyacente de sintagma

☞ *Tengo una casa no pequeña.*

• Negación de palabra (prefijos)

A	Significa negación o 'privación de'. Se añade sobre todo a adjetivos. Ante palabras que comiencen por vocal se usa *an-*.	☞ *normal/anormal* *político/apolítico* *alérgico/analérgico*
ANTI	Se añade a sustantivos y adjetivos. Significa 'opuesto a', 'con propiedades contrarias'.	☞ *nuclear/antinuclear* *ciclón/anticiclón* *constitucional/anticonstitucional*
DES	Precede a sustantivos, adjetivos y verbos.	☞ *oír/desoír* *preocupación/despreocupación* *honra/deshonra*
IN	Se combina sobre todo con adjetivos y verbos. Ante palabras que comiencen por *p, b* y *m* se escribe *im-* y ante las que empiezan por *l* y *r* se escribe *i-*.	☞ *activo/inactivo* *moral/inmoral* *posible/imposible* *regular/irregular* *legal/ilegal*

✓ CORRELACIONES

• /A pero no B/, /no A pero sí B/, /no A, sin embargo B/

☞ *Fui al cine, pero no vi la película que me recomendaste.*

• /no A ni B/, /ni A ni B/, /no A y no B/

☞ *Ni te lo compro, ni te lo compraré.*

• /no sólo A, sino también B/

☞ *No sólo eres guapa, sino también inteligente.*

✽ Con énfasis:

• /no A ni B/

☞ *No tengo ni un duro.*

• *no ser ningún* + sustantivo

☞ *Ese legajo que quieres comprar no es ninguna ganga.*

• *nada menos que*

☞ *Alí tiene nada menos que seis mujeres.*

ESQUEMAS GRAMATICALES

FORMAS DE EXPRESIÓN DE LA NEGACIÓN

● NEGACIÓN LÉXICA

✓ PRONOMBRES

• **NADIE.**	La forma opuesta es **ALGUIEN.**	*¿Hay alguien aquí?*
• **NINGUNO**	La forma opuesta es **ALGUNO.** Pueden funcionar como pronombres o como adjetivos. Se apocopan (**NINGÚN** y **ALGÚN**) ante sustantivo masculino singular, ante sustantivo femenino que comience por *a-* tónica y ante *otro* + sustantivo masculino singular.	*Ninguno vio la puesta de sol. Algunas palabras. Ningún libro.* *Algún águila. Algún otro día.*
• **NADA**	La forma opuesta es **ALGO.**	*Nada me importa lo que hagas.*

✓ ADVERBIOS

• **NUNCA**	*Nunca te lo diré.*
• **JAMÁS**	*Jamás he dicho una mentira.*
• **TAMPOCO**	*Tampoco yo fui al circo.*

✓ PREPOSICIÓN

• **SIN**	*Fue una operación sin dolor.*

✓ LOCUCIONES ADVERBIALES

Son fórmulas que presentan relaciones de oposición o de contraste del segundo elemento respecto al primero. Aunque todas expresan algún tipo de oposición, esta no es de igual grado.

- • **AL CONTRARIO**
- • **POR CONTRA**
- • **AUN ASÍ**
- • **ANTES BIEN**
- • **AHORA BIEN**
- • **CON TODO Y CON ESO**
- • **NO OBSTANTE**
- • **POR OTRA PARTE**
- • **A PESAR DE TODO**
- • **DE OTRO MODO**
- • **EN MODO ALGUNO**
- • **DE NINGUNA MANERA**

 En el sur hay sequía, por contra en el norte hay inundaciones.

 Sé que los animales no atacan pero, a pesar de todo, guarda a tu perro cuando vaya a visitarte.

 Con empecinarte en tu opinión no ganarás nada, antes bien te ganarás la antipatía de los que te rodean.

De ninguna manera consentiré que seas tú quien pague todos los gastos del viaje.

● NEGACIÓN IMPLÍCITA

Se manifiesta mediante la ironía, la entonación, los gestos, la exclamación, la interrogación, etc.

 ¡No me digas! ¿No quieres café?

✱ En ella se marca la cortesía del lenguaje.

 —¿Vienes conmigo a cenar? —Me encantaría, pero no puedo.

ESQUEMAS GRAMATICALES

FORMAS DE EXPRESIÓN DE LA PROHIBICIÓN, EL CONTRASTE Y LA EXCEPCIÓN

● **LA EXPRESIÓN DE LA PROHIBICIÓN**

✓ MANDATO

NO + VERBO EN FORMA PERSONAL — ☞ *No mates, no saldrás hoy.*

✓ BAJO NINGÚN + SUSTANTIVO — ☞ *Bajo ningún concepto debes fumar.*
Bajo ninguna excusa comerás carne.

✓ DE NINGUNA MANERA — ☞ *Has suspendido dos asignaturas, así que no irás en verano al campamento de ninguna manera.*

✓ EN ABSOLUTO

Cuando marca prohibición va siempre antepuesto al verbo. — ☞ *En absoluto te irás de viaje tú solo.*

✓ NO + INFINITIVO

Sólo en epigrafía.
Es gramaticalmente incorrecto. — ☞ *No fumar.*
No arrojar papeles al suelo.

● **LA EXPRESIÓN DEL CONTRASTE**

• EN CAMBIO — ☞ *No lees novelas, en cambio, yo sí.*

• POR EL CONTRARIO — *No miente, por el contrario, siempre dice la verdad.*

• CON TODO Y CON ESO — ☞ *Casi no ve, con todo y con eso, sigue participando en competiciones de atletismo.*

• MIENTRAS QUE — ☞ *Trabajo todo el día, mientras que tú no haces nada.*

• AÚN ASÍ — *Me mentiste, aún así sigo siendo tu amigo.*

• ASÍ Y TODO — ☞ *Lo despedí, así y todo, está dispuesto a ayudarnos.*

• SIN EMBARGO — *Ahora no llueve, sin embargo, llévate el paraguas.*

• ANTES BIEN — ☞ *No lo insultes, antes bien, trátalo con respeto.*

• A PESAR DE TODO — *Está muy enfermo, a pesar de todo no morirá.*

• POR CONTRA — ☞ *Me gusta la carne, por contra, odio el pescado.*

• NO OBSTANTE — *Me han hablado bien de él, no obstante, no me gusta.*

• EN VEZ DE — ☞ *En vez de comprar la chaqueta, la voy a tejer yo.*

• LO CIERTO ES QUE — *Lo cierto es que prefiero ir al cine que al teatro.*

• EL CASO ES QUE — ☞ *Venía hacia aquí, el caso es que me encontré con un amigo y por eso me he retrasado.*

● **LA EXPRESIÓN DE LA EXCEPCIÓN**

• *SALVO* — ☞ *Votaron en contra todos, salvo el presidente.*

• EXCEPTO — *Todos nos divertimos en la excursión excepto tú.*

• NI SIQUIERA — ☞ *No me toca nunca la lotería, ni siquiera el reintegro.*

• TODOS MENOS — *Se rieron del chiste todos menos yo.*

• A NO SER QUE — ☞ *No iré, a no ser que vengas a buscarme en coche.*

Cinco horas con Mario

Si te digo que todavía me duelen las plantas de los pies de **patear** calles no te exagero, y ¡qué frío, santo Dios!, que volvía a casa ateridita [...], que mamá, "¿puede saberse dónde has estado?" [...] Y un buen día, Mario, te daba **rumboso** y al café, hale, como los **paletos**, que el camarero del pelo blanco, no me digas, cada vez que le pedías una **caña**, con **sorna**: "¿una caña para los dos?", que era absurdo, a ver, que me hacías pasar las penas del purgatorio. ¡Qué horror cariño! No quiero ni pensarlo porque **me sublevo**, no lo puedo remediar, es superior a mis fuerzas [...] Porque lo decía con **retintín** el tipo aquel del pelo blanco. [...] Un hombre como debe ser roba o mata antes de tener tres años a una mujer en ese plan, y tú, todavía, con **contemplaciones**, "para la señorita, yo no quiero nada", no vas a querer, ¡deseando!, como que te crees tú que él no lo notaba, ni que fuera tonto, y sobre todo no sé a santo de qué darle tantas explicaciones a un camarero".

(Adaptación de, *Cinco horas con Mario*)
Miguel Delibes

HABLEMOS DEL TEXTO

Patear: Andar mucho y sin rumbo o destino fijo.

Dar: Dar + adjetivo es fórmula coloquial equivalente a 'sobrevenir', 'acontecer', 'sentir', 'encontrarse'... + el adjetivo.

Rumboso: Desprendido, dadivoso, generoso.

Paleto: Persona rústica o con poco trato social. Es forma despectiva con que se refieren los habitantes de las ciudades a los de los pueblos.

Caña: Vaso de cerveza de barril.

Sorna: Ironía o tono burlón con que se dice algo.

Sublevarse: 'Enfurecerse', 'irritarse mucho'.

Retintín: Entonación que acompaña a la expresión irónica.

Contemplaciones: Delicadezas, palabras o gestos suaves que se usan en una situación que exigiría mayor dureza.

✓ En el texto, Carmen, la protagonista de esta novela delibesiana, emplea con frecuencia el **QUE ILATIVO**. Es un recurso de la lengua coloquial, expresivo y de enlace con la expresión anterior: *que volvía a casa ateridita; que mamá...; que era absurdo; que el camarero del pelo blanco...; que me hacías pasar...* Este texto tiene múltiples rasgos de la lengua coloquial, muchos de ellos derivados de la afectividad propia de este registro: modismos (*no sé a santo de qué; a ver*); diminutivos (*ateridita*); negaciones enfáticas (*ni que fuera tonto*); oraciones entrecortadas; frases nominales; oraciones interpoladas (*no me digas*), etc.

RECURSOS EXPRESIVOS

✓ Empleo de oraciones exclamativas: ➡ *¡Qué horror!, ¡Qué frío!, ¡Deseando!*

✓ Empleo de oraciones interrogativas: *¿Una caña para los dos?*

✓ Interjecciones: ➡ *Al café, hale, como los paletos.*

✓ Muletillas o fórmulas fijas: *[...] que era absurdo, a ver...*

✓ Vocativos: *Y un buen día, Mario [...]*

✓ Uso del pronombre personal sujeto: ➡ *Yo no quiero nada [...], que te crees tú que él no lo notaba.*

✓ Cambio del orden habitual de los elementos de la oración. No olvides que en español dicho orden es libre —relativamente—, pero no es indiferente. Es decir, se antepone aquello sobre lo que queremos llamar la atención.   ➡ *Porque lo decía con retintín el tipo aquel [...].*

EJERCICIOS DE REFUERZO

12. BUSCA las frases nominales del texto. ¿Qué valor tienen? **CONVIÉRTELAS** en oraciones con verbo. ¿Semánticamente hay alguna diferencia?

13. En el texto hay varias hipérboles. **SEÑÁLALAS. UTILIZA** otra forma hiperbólica para expresar lo mismo que Carmen.

14. DA otra respuesta afirmativa y enfática en cada uno de estos ejemplos.

Modelo: ¡Cómo no iba a ir, habiéndome invitado!
¡Claro que voy, iré!

1. ¡Cómo no iba a acompañarte al médico, con el miedo que te da!

2. ¡Cómo voy a presentarme a la oposición, si no he estudiado en dos años!

3. ¡Cómo voy a comer carne de cerdo! ¡Soy musulmán!

4. ¡Cómo no vas a venir hoy a mi casa siendo mi cumpleaños!

15. REACCIONA a estas noticias que te da un amigo tuyo, utilizando formas que marquen la expresividad, la afectividad, la emotividad.

Modelo: —Mañana capitaneo mi primer barco.
—¿Sí?, ¡no me digas!
—¡Es fantástico!
—¡Que tengas suerte y que no se te hunda!

1. Juan, vamos a tener mellizos.

2. ¡Nos ha tocado la lotería!

3. Mamá, he suspendido tres asignaturas. Debo repetir curso.

4. A Tino le han robado la cartera con toda la documentación.

5. No encuentro mi contrato de trabajo. Lo he buscado hasta debajo de las piedras.

16. ESCRIBE el pronombre personal átono de 1ª persona, no necesario para la estructura pero expresivo.

Modelo: Han detenido a mi hija por una nadería.
Me han detenido a mi hija por una nadería.

1. Voy a hacerte un retrato. No te muevas.

2. —¿Qué tal tu hijo? —Muy bien, pero no come nada.

3. No te vayas. Te quiero.

4. Puedes decir lo que quieras, que yo no me enfadaré.

5. ¿Puedes esperar cinco minutos? Casi he terminado.

17. ESCUCHA el siguiente texto y **SIGUE** la forma de expresión de Carmen y, utilizando el QUE ilativo (ej.: *que mamá; que era absurdo; que volvía a casa ateridita...*), **DESCRIBE** a Mario esta situación:

> *Mario, a mediodía fui a la piscina. Hacía un calor bochornoso e insoportable. No aguantaba más en casa. Agarré el traje de baño rojo, la toalla y la crema, lo guardé en la bolsa y salí. En la piscina, cuando salí de los vestuarios todo el mundo me miraba. Llevaba puesto el traje de baño de nuestra hija Marta, ¡a quién se le ocurre comprarlo del mismo color!, y, claro, era dos tallas menor. ¡Creí que me moría de vergüenza! Así que, volví a entrar corriendo al vestuario, me cambié de ropa y vine a casa. Después de aquello no podía seguir allí.*

18. En una corrida de toros, el toro coge al torero y le da una cornada que le abre una herida profunda en el vientre.

a) Eres un reportero que está transmitiendo la corrida por radio. **UTILIZA** fórmulas exclamativas para describir la escena, la reacción del público y la opinión de los médicos que están en la enfermería de la plaza. (Puedes apoyarte, si quieres, en el *Llanto por la muerte de Ignacio Sánchez Mejía*, de Federico García Lorca, que describe, magistralmente, la cogida y muerte de un torero).

b) Un mes después del accidente, el torero sale del hospital, y escribe en su diario lo que sucedió aquella tarde. ¿Qué escribirá? **IMAGINA** que eres el torero.

ESQUEMAS GRAMATICALES
RECURSOS EXPRESIVOS

● **VOCATIVOS**

☞ *Ya está bien, ¡señor presidente!, no aguanto más.*

● **PRESENCIA DEL PRONOMBRE PERSONAL SUJETO**

☞ *—Tú has roto el jarrón.*
—¿¡Quién, yo!?, pero si yo ni si-quiera me he acercado a él.

● **EXCLAMACIONES**

☞ *No me digas.*
¡Qué va a ser!
¡Qué dolor siento!
Enhorabuena.
Ojalá llueva mañana.
Vaya lío hay en la calle.
Cuánto siento la enfermedad de tu padre.
Menudo ladrón es el dueño de este bar.

● **INTERJECCIONES**

☞ *¡Maldición!, he vuelto a perder las llaves.*
La gente gritaba: olé, olé.
¡Dios!, qué mala suerte la mía.
¡Bah!, eso no vale nada.

● **INSULTOS Y TACOS**

☞ *Cerdo.*
Idiota.
Me cago en...
¡Mierda!

● **PIROPOS**

☞ *¡Guapa!*
¡Torero!

● **INTERROGACIÓN**
con valor de sorpresa, extrañeza, etc.:

☞ *¿¡Sólo una caña para los dos!?*
¿Pero es verdad lo que me han contado?
¿Será posible?

● **CAMBIO DEL ORDEN DE LAS PALABRAS**

☞ *¡Deseando estabas!*
Volando voy a ir a verte.

● **REPETICIÓN DE PALABRAS**

☞ *Muy, pero que muy guapo.*
No tengo nada, nada de hambre.

● **ORACIONES CORTADAS O SUSPENDIDAS**

☞ *Si pudiera ir a Filipinas... (vería cumplido mi sueño).*
Dime con quien andas... (y te di-ré quien eres).

● **LA ENTONACIÓN Y EL GESTO**

LÉXICO

DIVERSIONES, OCIO, ESPECTÁCULOS

SUSTANTIVOS

La distracción	La función	El desfile	La tragaperras
El solaz	El pasatiempo	La parada	La ruleta
El entretenimiento	La juerga	La procesión	La zarzuela
La broma	La parranda	La cabalgata	
La jarana	La chanza	El espectador	
El regocijo	La representación	El casino	

ADJETIVOS

distraído	risueño
dichoso	bromista
entretenido	marchoso
molesto	hastiado
	ludópata

VERBOS

distraer	burlar
salir	recrearse
danzar	entretener
actuar	solazar
ensayar	aburrir
tomar	hastiar
charlar	cansar

 EJERCICIOS

19. ¿En qué contextos o situaciones usarías estos modismos?

1. Tengo la piel de gallina.

2. Se me han puesto los pelos de punta.

3. Esa cantante está como un tren.

4. Las noches de los viernes salimos de marcha.

5. Fernando está como una cuba.

MÉXICO, CRISOL DE CULTURAS

La raigambre multicultural de México es indígena e hispana. Forma parte de la América hispana, que recorre el continente americano hasta la Patagonia. Es un país multiétnico, de más de 80 millones de habitantes, de los que el 60% son mestizos, el 30% amerindios y el 10% blancos, lo que convierte a México en uno de los países culturalmente más ricos de América. Su dilatada historia arranca hace unos 13 000 años; pero es hacia -1500 cuando aparece la cultura *olmeca*, punto de arranque de la alta cultura mesoamericana. Entre -100 y el s. VIII, progresan las técnicas agrícolas, el regadío y aparecen las grandes ciudades con administración política y religiosa: Teotihuacán y Cholula, en las que se levantaron pirámides. Entre los dioses destacaron Qetlzalcoatl y Tlácoc. Una segunda área cultural que destacó extraordinariamente fue la maya, desaparecida por causas desconocidas. Hasta el s. XV hay un período caracterizado por invasiones de pueblos culturalmente inferiores —predominantemente militaristas— y por la entrada de la metalurgia. La tribu de los aztecas consiguió fundar su capital (México-Tenochtitlán) en 1325 e implanta su dinastía. Las noticias sobre la existencia de un gran imperio llegan al español Hernán Cortés que emprende la conquista de México, con once naves y seiscientos hombres, llega a la capital azteca y toma como rehén a Moctezuma. Pero la matanza de la nobleza azteca, a manos de los españoles, provoca la rebelión de todo el pueblo. Este levantamiento no prospera y ya en 1535 se crea allí el Virreinato de Nueva España. A partir de 1811 se inicia la guerra de independencia contra España, la metrópoli.

Es vastísima y de extraordinaria riqueza la cultura en México: en **arte** posee las manifestaciones de la cultura azteca, la más floreciente (representada por la ciudad de Tenochtitlán; el Templo Mayor, la pirámide de Tepozteco); de la cultura hispana: con iglesias y monasterios de estilo gótico o mudéjar, y catedrales renacentistas, con un exquisito carácter indígena (por ej. la catedral de Puebla); en el s. XVIII la construcción sigue el gusto del barroco americano. En el XIX se crea la Academia de Nobles Artes de Nueva España, por orden del rey Carlos III. En la pintura destacan infinidad de pintores y de obras, entre otros, Simón Pereyns, Juan de Arrué y las pinturas de los monasterios de San Francisco de Huejotzingo y San Agustín de Acolmán.

Hay que destacar el Museo de Arte Prehistórico, como tesoro de todas las culturas indígenas, el mejor del mundo; y la Plaza de las Tres Culturas como símbolo de la unión de pueblos y etnias.

Respecto a la literatura, las primeras manifestaciones escritas son del siglo XVI y giran en torno a la conquista y colonización española por una parte, y a indagaciones y exploraciones acerca de las antiguas civilizaciones indígenas por otra. El cronista Bernal Díaz del Castillo entra en el primer grupo y el cronista Fray Bernardino de Sahagún en el segundo.

Se cultiva profusamente el teatro, como medio de evangelización, sobre todo en las misiones jesuíticas. En el XVII destacan el historiador Fernando de Alva Ixtilxóchitl, el poeta Bernaldo de Balbuena, el autor teatral Juan Ruiz de Alarcón, y la figura principal del barroco es Sor Juana Inés de la Cruz, que cultivó diversos géneros literarios.

El período de la independencia se caracteriza por la fundación de periódicos —como *El Diario de México*— y por el enciclopedismo francés, bajo el dominio del imperio del país galo. Y desde entonces los mexicanos no han dejado de crear prolíficamente en todas las artes y de preocuparse por todas las manifestaciones del espíritu, guiados por figuras tan importantes como Octavio Paz, Celestino Gorostiza, Carlos Solórzano, Juan Rulfo, Carlos Fuentes, Elena Garro, Emmanuel Carballo, Efraín Huerta, etc.

Lección 8

Si tienes dudas, pregunta

Si tienes dudas, pregunta

 DIÁLOGO

Yo tampoco estoy muy seguro

CARLOS **¿Viste ayer en la tele el debate** entre José Luis Rodríguez Zapatero y José María Aznar?

JOSÉ **¿El debate?** No, no pude. **Estuvo interesante, ¿no?**

CARLOS **Parece que a la gente le gustó.** A mí… **¿cómo te lo diría?**, me dejó con las mismas dudas.

JOSÉ En cambio, yo, el otro día, oí en la radio al Ministro de Hacienda frente al responsable de economía del Partido Socialista, y fue muy **ameno**, porque la radio es más viva, más espontánea y los interlocutores no están tan preocupados por la imagen. **¿No te parece?** Además, el **moderador** llevó muy bien la entrevista y les preguntó qué pensaban del **paro**, cómo resolverían la **regulación del empleo**, si permitirían el **despido libre**, etc.

¿Tú quién crees que ganará?

CARLOS **Depende**. Realmente, temo que ninguno alcance **mayoría absoluta**.

JOSÉ Yo tampoco estoy muy seguro. Y además pienso que estos debates electorales no sirven para nada.

- **Ameno:** → Entretenido, divertido.

- **Moderador:** → Persona que guía un debate, que preside una mesa redonda, etc. y que va marcando los tiempos de intervención de cada interlocutor y los temas que han de tratarse.

- **Paro:** → Situación y tiempo en que una persona no tiene trabajo, estando en edad laboral.

- **Regulación del empleo:** → Legislación sobre contratos, horas de trabajo, despidos, salarios, vacaciones, etc. de los trabajadores.

- **Despido libre:** → Posibilidad de despedir a un trabajador sin pagarle nada, o muy poco, en concepto de cese del trabajo.

- **Mayoría absoluta:** → Situación en la que está un gobierno que, tras las elecciones, tiene más del 60% de diputados, de tal manera que sumados todos los demás diputados de los otros grupos políticos, son menos del 40%.

✓ **Parece que a la gente le gustó.** → Estamos marcando la duda. Carlos no tiene plena certeza de lo que está diciendo. El verbo **PARECER** representa una variante atenuada de la duda.

> *No parece que tu hermano sea muy feliz en su trabajo.*
> *Parece que va a llover.*

✓ **Depende.** → Forma de expresar la incertidumbre empleada por Carlos cuando no sabe qué contestar, cuando duda. Existen otras formas, por ejemplo:

> *¿Habrá aprendido Quique a cocinar? Tal vez sí, tal vez no.*
> *Quizá este año el huracán no devaste Puerto Rico.*
> *¿Se ha suspendido la conferencia? Al parecer, no.*

✓ **¿Viste ayer en la tele el debate?**
✓ **¿Tú quién crees que ganará?** → Preguntas que se formulan cuando el hablante desconoce un hecho y pide información. En ambos casos se trata de **INTERROGATIVAS TOTALES**, que preguntan por toda la oración.
En las **INTERROGATIVAS PARCIALES** sólo se pregunta por una parte de la oración, sólo nos interesa saber qué, cómo, dónde, etc.

> *¿Qué película viste ayer?*
> *¿Cuánto cuesta un bolígrafo?*

✓ **¿Cómo te lo diría?**
✓ **¿No te parece?** → Estas interrogaciones realmente no están preguntando nada, sino que son marca de expresividad. Con ellas se busca el asentimiento del interlocutor y el acercamiento al receptor.

> *¿No crees que soy el mejor?*
> *¿No es el niño más listo del mundo?*

✓ **Estuvo interesante, ¿no?** → La interrogación sólo afecta a la última parte y se espera una confirmación, una respuesta positiva.

> *Te acuerdas de mí, ¿verdad?*
> *Me quieres, ¿no?*

✓ **—¿Viste ayer el debate?**
  —¿El debate? → La respuesta no es más que una pregunta duplicada, que aporta, en ocasiones, un matiz de duda.

- El verbo **PARECER** representa una variante atenuada de la duda:

    Parece mentira todo lo que nos está ocurriendo.
    No juegues a la lotería; no parece que tengas mucha suerte.

- Suele ir acompañado de un tipo especial de complemento llamado **ATRIBUTO**, casi siempre obligatorio para algunos verbos (sobre todo, *ser*, *estar* y *parecer*), que concuerda en género y número con el sujeto y puede conmutarse por **LO**.

    La casa es grande (lo es).
    Carlos está enfadado (lo está).
    Ana parece preocupada (lo parece).

- Construcciones afirmativas, negativas e interrogativas con el verbo PARECER:

Afirmación	*Parece que el invierno será largo y frío.*
Negación	*No parece que el invierno vaya a ser largo y frío.*
Interrogación	*¿No te parece que este invierno será largo y frío?*
Afirmación	*Parece que han descubierto vida en Marte.*
Negación	*No parece que hayan descubierto vida en Marte.*
Interrogación	*¿No parece que han descubierto vida en Marte?*
Afirmación	*Cómo pasa el tiempo; me parece mentira que tu hija vaya a casarse mañana.*
Negación	*No me parece mentira que tu hija vaya a casarse mañana.*
Afirmación	*Parece lógico que el rey abdique el próximo año.*
Negación	*No parece lógico que el rey abdique el próximo año.*

1. **TRANSFORMA** en negativas las siguientes oraciones, según el modelo.

Modelo: Parece seguro que Indurain ganará el Tour.
No parece seguro que Indurain gane el Tour.

1. Me parece lógico que pienses así.

2. Parece que eres la reina de la fiesta.

3. Parece cierta su llegada.

4. Parece que es cierta su llegada.

5. ¿Les parece bien a los señores diputados que votemos la moción?

2. Teniendo en cuenta la información que aparece en el cuadro, **CREA** tú un diálogo en el que dos alpinistas muestren sus dudas sobre la posibilidad de escalar el Naranco de Bulnes, en los Picos de Europa (Asturias).

> Cuando una oración expresa incertidumbre o duda, el verbo subordinado va en subjuntivo, tanto si la oración es afirmativa como si es negativa.
>
> *Dudo que puedas hacerlo.*
> *No dudo que puedas hacerlo.*

ALPINISTA 1 ....

ALPINISTA 2 ....

ALPINISTA 1 ....

ALPINISTA 2 ....

ALPINISTA 1 ....

ALPINISTA 2 ....

ALPINISTA 1 ....

ALPINISTA 2 ....

3. Teniendo en consideración las indicaciones que aparecen en el cuadro, **RELLENA** los huecos con el verbo en un tiempo y modo adecuados:

1. Es posible que el mundo (acabarse) .... con el final del milenio.

2. Quizá los dinosaurios (desaparecer) .... para dar paso a otras formas de vida.

3. Este verano acaso (comprarme) .... una hamaca.

4. De este verano no pasa: (comprarme) .... una hamaca.

5. A lo mejor a Tomás no (gustarle) .... el tomate y he preparado gazpacho para comer.

6. Supongo que, por fin, este año (tomarte) .... vacaciones ¿no?

7. Es casi seguro que mañana (darte) .... de alta en el hospital.

8. Quién sabe, quizá la Atlántida (existir) .... en realidad.

9. Al parecer los espartanos (ser) .... expertos en la guerra.

10. No es probable, es seguro que tu vecino (robarme) .... el auto.

> Los tiempos verbales de las oraciones que expresan duda varían según la oración haga referencia al pasado, al presente o al futuro, como puedes comprobar en los siguientes ejemplos:
>
> a) REFERENCIA AL PASADO
> - *Quizá Juan no habría hecho eso de haberlo pensado bien antes.*
> - *Acaso Juan no lo hubiera hecho si lo hubiera pensado bien antes.*
> - *Tal vez Juan no hizo eso y los demás están mintiendo.*
> - *Quizá Juan no haya hecho eso, sino algo parecido.*
>
> b) REFERENCIA AL PRESENTE
> - *Tal vez vaya ahora a misa.*
> - *Casi seguro que ya no habrá entradas para el cine hoy.*
> - *Quizá ya no queden entradas para el cine hoy.*
> - *Acaso Luis se quiere casar contigo por tu fortuna.*
>
> c) REFERENCIA AL FUTURO
> - *Lo más seguro es que mañana asista a los toros.*
> - *A lo mejor mañana llueve.*
> - *Tal vez mañana aprenderé a tocar el piano.*
> - *Quizá la próxima semana venga Javier.*

4. RELLENA los huecos con expresiones que indiquen duda, posiblidad y probabilidad. **USA**, entre otros: A LO MEJOR, QUIZÁ, ES POSIBLE, PROBABLEMENTE, AL PARECER, TAL VEZ, ACASO, APARENTEMENTE, PUEDE SER, SEGÚN SE MIRE, SUPONGO, YO CREO QUE, SEGÚN PARECE, etc.

1. .... los vikingos llegaron a América del Norte.

2. Este curso .... apruebe todas las asignaturas en junio.

3. —¿Quién ganará la carrera? —................ el representante de Noruega.

4. ¿Tienes .... una moneda para llamar por teléfono?

5. .... que el chorizo engorde, pero no puedo dejar de comerlo. Es exquisito.

¿Qué tal día hace hoy?

Aparentemente, bueno.

5. ¿QUÉ diferencias de contenido hay entre:

1. Es posible que a la gente le guste / *Parece que a la gente le gusta*.

2. Quizá mañana vaya al golf / *Parece que mañana iremos al golf, según me han dicho / Parece que mañana vamos al golf.*

3. Tal vez la policía haya detenido ya a los ladrones / *Parece que la policía ha detenido ya a los ladrones*.

4. Acaso esté resolviendo bien este ejercicio / *Parece que estoy resolviendo bien este ejercicio.*

6. FORMA oraciones según el modelo:

Modelo: Viene Juan.   *Parece que viene.*   *No parece que venga.*   *Es posible que venga.*

1. Hace frío.

2. Se va a restaurar el castillo de Peñafiel.

3. Me has leído el pensamiento.

4. Habéis aprendido a nadar este verano.

CORRELACIONES DE TIEMPOS VERBALES

CERTEZA	DUDA		CERTEZA	DUDA
PRESENTE DE INDICATIVO	→ FUTURO HIPOTÉTICO		*Viene hoy.*	→ *Vendría hoy.*
	→ FUTURO SIMPLE		*Viene hoy.*	→ *Vendrá hoy.*
IMPERFECTO DE INDICATIVO	→ FUTURO HIPOTÉTICO	→	*Venía ayer.*	→ *Vendría ayer.*
INDEFINIDO	→ FUTURO COMPUESTO		*Vino ayer.*	→ *Habrá venido ayer.*
	→ FUTURO HIPOTÉTICO		*Vino ayer.*	→ *Vendría ayer.*
PERFECTO COMPUESTO IND.	→ FUTURO COMPUESTO		*Ha venido hoy.*	→ *Habrá venido hoy.*
PLUSCUAMPERFECTO IND.	→ FUTURO HIPOTÉTICO COMPUESTO		*Había venido ayer.* →	*Habría venido ayer.*
	→ FUTURO COMPUESTO		*Había venido ayer.* →	*Habrá venido ayer.*

7. **FORMULA** frases que expresen duda a partir de las situaciones que te proponemos. **TEN EN CUENTA** el cuadro de correlaciones de tiempos verbales y el modelo. Notarás que para cada una de estas situaciones hay diversas respuestas posibles.

Modelo: ¿Por qué no te llama?

Si estás seguro:
- *Ha perdido mi teléfono.*
- *Está disgustado conmigo.*
- *Se cambió de casa.*

Si lo supones:
- *Habrá perdido mi teléfono.*
- *Estará disgustado conmigo.*
- *Se cambiaría de casa.*

1. **¿Por qué se hace Ciro la operación de cirugía estética?**

. Tuvo un accidente y se quemó.

. Quiere ser modelo.

. No piensa comprar más ropa de talla grande.

2. **¿Luis y María van a escribir un libro juntos?**

. Ya lo han escrito.

. Están escribiéndolo.

. Ya lo escribían el año pasado.

3. **¿Ha echado tu hijo migas de pan a los patos del estanque?**

. No, están muy gordos.

. No, lo han prohibido.

. No, ya se las había comido él por el camino.

4. **¿Ha preparado torrijas de postre?**

. No, porque engordan.

. No, porque se tarda mucho en prepararlas.

. Sí, porque mis hermanos son muy golosos.

5. **¿Por qué no viene Jorge a mi casa?**

. Porque ha venido su novia.

. Porque desconoce la dirección.

. Porque se ha roto un pie y no puede andar.

8. CREA diálogos en los que aparezcan la interrogación y la duda a partir de unas situaciones dadas:

1. Dos parejas van a una fiesta de disfraces; pero cuando llegan a la casa, se percatan de que la dirección que tienen es errónea, y no saben en qué lugar se celebra la fiesta.

   _____   _____

   _____   _____

2. Has hecho la reserva en un hotel hace un mes; pero cuando llegas, compruebas que no tienes habitación.

   _____   _____

   _____   _____

3. Has hecho una tarta, la has sacado a enfriar a la ventana, y cuando vas a servirla ha desaparecido.

   _____   _____

   _____   _____

4. ¿Qué dirías al ver la velocidad con la que un pájaro construye su nido?

   _____   _____

   _____   _____

VALORES DE LA INTERROGACIÓN

- Valor enfático con matiz de extrañeza, de censura, de contradicción, de esperar una respuesta negativa, etc.

  ¿Tú no estabas en Zaire?
  Has dejado mucha comida, ¿es que no te ha gustado?

  * La sorpresa, la extrañeza también pueden marcarse mediante la formula **¿ES QUE...?**

  ¿Es que no has leído aún El Quijote?

  * Y mediante las *interrogativas reflejas*, que siempre van introducidas por un elemento enfático:

  ¿Conque eras tú quien me robaba las manzanas?
  ¿Así que fue tu perro el que me mordió en la plaza?

- El segundo valor, la interrogación con significado de afirmación, se usa en oraciones de sentido exclamativo:

  ¡¿Cómo no voy a regresar?! = 'Claro que he regresado'.
  ¿Como no vas a cenar en mi casa? = 'Por supuesto que cenas en mi casa'.

- El tercero es aconsejar lo que aparentemente se niega.

  ¿Por qué no sales más con los amigos? = 'Sal más con ellos'.

9. **EXPLICA** el significado y los valores que tienen las oraciones interrogativas que aparecen a continuación:

Modelo: *¿Por qué no vienes conmigo?*
Ven conmigo, por favor.
Valor de consejo o de ruego, según el contexto.

1. ¿Sabes qué te digo? Que me dejes en paz.

2. ¡¿Tú no te acuerdas de mí?!

3. ¿Qué es esto?

4. ¡¿Quién, yo?!

5. A que funciona, ¿eh?

6. ¿Te costaría mucho cerrar la puerta?

7. Oye, ¿y tú? ¿De verdad te piensas ir?

8. ¿Quién sabe? Quizá te vaya mejor en Uruguay que en España.

9. ¿Habrá alguien capaz de hacer una cosa semejante?

10. ¿Sabes? Hoy empieza la primavera.

11. Estas asustado, ¿verdad?

12. ¡¿Que no sabes nada de lo de Ana?!

13. Te digo que estamos en números rojos, ¿y te quedas tan tranquilo?

14. ¿Conque leer es lo que más te gusta?

15. ¿Te quedas o te vas?

LA INTERROGACIÓN COMO FÓRMULA DE MANDATO CORTÉS

● Hay preguntas que no son sino fórmulas de cortesía que, en realidad, están suavizando un mandato.

¿Te importa pasarme el agua? / ¿No te importa pasarme el agua?   Pásame el agua.

¿Puedes hablar un poco más alto? / ¿No puedes hablar un poco más alto?   Habla más alto.

¿Tiene hora, por favor?   Dígame la hora.

✳ En algunas de estas frases, como comprobamos
en los dos primeros ejemplos, afirmación y negación
se neutralizan, precisamente porque lo que marca
la interrogación, sobre todo, es el énfasis.

¿Sabes arreglar el coche?
¿No sabes arreglar el coche?

¿Quieres que te ayude?
¿No quieres que te ayude?

---

10. **Sobre el modelo que te hemos dado CREA** tú
interrogaciones en las que la forma afirmativa y
la negativa se neutralicen, a partir de:

Modelo: *¿Te apetece pasear?*
¿No te apetece pasear?

1. Tener fuego.

2. Tener hora.

3. Querer chocolate con churros.

4. Leer en silencio.

5. Tener prisa hoy.

¿No habrá pasado ya el autobús?

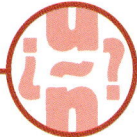

ESQUEMAS GRAMATICALES

FORMAS DE EXPRESIÓN DE LA DUDA

● **INTRODUCTORES**

• DEPENDE	*¿Vas de excursión? Depende del tiempo.*
• QUIZÁ	*Quizá vaya de excursión si hace bueno.*
• TAL VEZ	*Tal vez te lo diga o tal vez no.*
• A LO MEJOR	*A lo mejor viene Ana, pero no es seguro.*
• ACASO	*Acaso lo que me dices no sea verdad.*
• CASI SEGURO	*Casi seguro que mi equipo gana el partido.*
• SUPONGO	*Supongo que tienes razón, pero me cuesta admitirlo.*
• AL PARECER + SÍ/NO	*No está, al parecer se ha ido de viaje.*

● **MODO DEL VERBO SUBORDINADO**

✓ VERBO PRINCIPAL POSITIVO

• más certeza	INDICATIVO	*Temo que ha empezado a llover.*
• menos certeza	SUBJUNTIVO	*Temo que haya empezado a llover.*

✓ VERBO PRINCIPAL NEGATIVO	SUBJUNTIVO	*No temo que haya empezado a llover.*

● **CON LOS VERBOS 'SUPONER', 'SOSPECHAR' Y 'TEMER'**

• SUPONER	*Supongo que conocerás las normas.*
• SOSPECHAR	*Sospecho que estoy poniéndome enfermo.*
• TEMER	*Temo haber suspendido el examen.*
	Temo que mi hermana haya suspendido.

● **CON EL VERBO 'PARECER'**

✓ CUANDO 'PARECER' NO LLEVA ATRIBUTO Y
EL SUJETO ES UNA CLÁUSULA (SUJETO + PREDICADO)

• Si el verbo 1 (PARECE), es afirmativo, el verbo 2 irá en INDICATIVO.	*Parece que Juan se ha curado ya.*
• Si el verbo principal (PARECE) es negativo, el verbo 2 va en SUBJUNTIVO.	*No parece que Juan se haya curado aún.*
• En la interrogación el verbo 2 siempre va en INDICATIVO.	*¿No te parece que Tomás ya se ha curado?*

✓ CUANDO 'PARECER' LLEVA ATRIBUTO

• El verbo 2 siempre irá en SUBJUNTIVO.	*Parece mentira que puedas quejarte tanto con la suerte que has tenido.*
	No parece mentira que puedas quejarte tanto con la suerte que has tenido.

✱ Cuanta más incertidumbre exprese un enunciado, mayor será el uso del SUBJUNTIVO.	*Tal vez ha venido Juan.*
	Tal vez haya venido Juan.

ESQUEMAS GRAMATICALES

FORMAS DE EXPRESIÓN DE LA PROBABILIDAD Y LA POSIBILIDAD

Entre la certeza absoluta y la duda hay gradaciones: la probabilidad y la posibilidad.

● GRADACIÓN DESDE LA PROBABILIDAD A LA CERTEZA

✓ GRADACIÓN DESDE LA PROBABILIDAD —*PROBABLEMENTE*— A LA CERTEZA —*DESDE LUEGO*—.

☞ *Probablemente así no conquiste a ninguna mujer, pero, desde luego, les demostrará que sabe literatura.*

☞ *Probablemente mañana iré a Madrid.*

☞ *Serían las diez cuando llegaron mis invitados.*

☞ *Ya te habrán hablado del Greco que compré cuando estuve en Toledo, ¿no?*

☞ *No creo que Turquía sea tan exótica como dicen.*

● ELEMENTOS QUE MARCAN LA PROBABILIDAD

• PROBABLEMENTE	☞ *Probablemente salgamos mañana, antes de que amanezca.*
• CON TODA PROBABILIDAD	☞ *Con toda probabilidad me aumentarán el sueldo este año.*
• FUTURO HIPOTÉTICO	☞ *Sería Tomás el que llamó anoche.*

● ELEMENTOS QUE MARCAN LA POSIBILIDAD

• AL PARECER	*Al parecer, anoche nevó.*
• POR LO VISTO	☞ *Por lo visto, la ONU ha hecho una buena labor en la antigua Yugoslavia.*
• POSIBLEMENTE	☞ *Posiblemente, el jueves hay reunión.*
• CASI SEGURO (QUE)	*Casi seguro que el tren llega con retraso.*
• SEGURAMENTE	☞ *Con este tráfico, seguramente se retrasará.*
• ES POSIBLE (QUE)	☞ *Es posible que tengas razón.*

✳ Recuerda que el uso del indicativo o del subjuntivo depende de la mayor o menor certeza que tengamos del hecho. A más seguridad, indicativo.

● CONSTRUCCIONES COMPLEJAS CON MÁS DE UN VERBO

• SE SUPONE	☞ *Se supone que mañana nos dan las vacaciones.*
• AL PARECER	☞ *Al parecer, tocó el gordo de la lotería en Huelva.*
• SEGÚN PARECE	☞ *Según parece, la tierra se está calentando.*
• SUPONGO	☞ *Supongo que el hijo de Elena ya habrá nacido cuando lleguemos al hospital.*

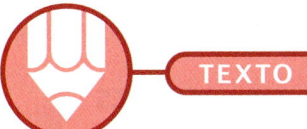

 ## Receta para enamorar

Cuando Cándido me preguntó si él podría gustar a una chica y qué tenía que decir para enamorarla, a mí sólo se me ocurrieron dos poemas:

> *¿No es verdad, ángel de amor,*
> *que en esta apartada orilla*
> *más pura la luna brilla*
> *y se respira mejor?*

de José Zorrilla; y otro de Gustavo Adolfo Bécquer, conocido por todos los enamorados, que escribe:

> *¿Qué es poesía? —dices mientras clavas*
> *en mi pupila tu pupila azul—*
> *¿Qué es poesía? ¿Y tú me lo preguntas?*
> *Poesía... eres tú.*

Probablemente así no conquiste a ninguna mujer, pero, desde luego, les demostrará que sabe literatura.

 ## HABLEMOS DEL TEXTO

¿No es verdad, angel de amor...?
¿Qué es poesía?
¿Y tú me lo preguntas?

 Estas tres preguntas que aparecen en el texto no esperan respuesta. Son interrogativas retóricas, que tienen una función expresiva y un énfasis muy marcado.

Hay otras formas de expresar la interrogación retórica como:
- *¿Será posible que me ocurra esto a mí?*
- *¿Si estaré despistado que busco las gafas y las llevo puestas?*

Me preguntó si él podría gustar a una chica.
... qué tenía que hacer para enamorarla.

 Este tipo de oraciones en las que hay preguntas que no se hacen directamente se llaman interrogativas indirectas, porque manifiestan una pregunta no expresamente formulada:
- *Me gustaría saber dónde hay un vivero de plantas.*
- *Desconozco por qué Alberto ha tomado esa decisión.*

✳ Recuerda la diferencia entre el estilo directo (*El alcalde dijo: "Doy por comenzadas las fiestas"*) y el estilo indirecto (*El alcalde dijo que daba por comenzadas las fiestas*).

Probablemente así no conquiste a ninguna mujer, pero, desde luego, les demostrará que sabe literatura.

 ¿Te has dado cuenta de que hay una gradación desde la probabilidad (*probablemente*) a la certeza (*desde luego*)? Observa que la probabilidad está muy cercana a la duda, pero supone mayor certeza de un hecho. El grado siguiente es la posibilidad.

11. En las oraciones que se te proponen, ¿**CUÁLES** son interrogativas indirectas? ¿Por qué?

1. Ojalá supiera qué puede librarme de envejecer.

2. Todos los filósofos se preguntan cuál es el origen del hombre.

3. Busco dónde dejar el auto, porque todos los aparcamientos están ocupados.

4. ¿Quieres que te localice un buen apartamento en la playa?

5. No sé si sacar o no el paraguas, porque luego lo olvido en cualquier parte.

6. Ya te has curado de la gripe, ¿verdad?

7. Quisiera comprender por qué actúas siempre con tan malos modos.

8. Dime, ¿qué te pasa conmigo?

12. ESCUCHA el siguiente texto y **BUSCA** las interrogaciones retóricas:

¿Cómo saldré de este laberinto en que me he metido? Si llevo tantos años fingiendo una vida que no tengo, ¿quién me creerá a partir de ahora? ¿Dónde encontraré un hombre para llorar? ¿Con quién podré compartir esta angustia?

Nunca he sido marqués. Nací en una familia pobre del más alejado barrio de Cuenca. Recogía papeles para venderlos y, por puro azar, entre un montón de papeles viejos que tiró una anciana señora encontré ese título de marquesado.

¿Quién podría necesitarlo más que yo? Y me apropié de él. A partir de ese momento se me abrieron todas las puertas. Pero ahora... ¿Cómo iba a imaginarme que ese título llevara en sí una maldición?

Quiero tirarlo, quemarlo, deshacerme de él y no puedo. La maldición me afecta ya a mí. ¿Sería ese mi destino?

13. RELLENA los huecos con expresiones que indiquen duda, posibilidad y probabilidad. Usa, entre otros: A LO MEJOR; QUIZÁ, ES POSIBLE, PROBABLEMENTE, AL PARECER, TAL VEZ, ACASO, APARENTEMENTE, PUEDE SER, SEGÚN SE MIRE, SUPONGO, YO CREO QUE, SEGÚN PARECE, etc.

1. —¿Cómo hace hoy? — .... bueno.

2. .... el chicle con azúcar provoca caries.

3. No es bueno .... dar a los niños caramelos antes de los tres años.

4. Han clausurado el chiringuito de la playa, ... por falta de higiene.

5. .... que en el campo asturiano se usan mucho los chanclos, por lo mucho que llueve.

Aparentemente, han subido los precios.

14. Se dice que la cantante Cora Claravoz ha dejado a su novio para irse a vivir con el torero Hen Viste. ¿Qué opina de la noticia la gente de la calle? **HAZ** oraciones con algunas de las fórmulas que te damos.

Modelo: —*Estoy segura de que eso es una infamia. No pegan uno con otro.*
—*Al parecer, hay nuevo idilio del torero; se rumorea que ha entregado el corazón a una cantante de fama.*

• desde luego	• tal vez	• aparentemente	• qué va
• estoy segura	• es posible	• al parecer	• es imposible
• sin ninguna duda	• a lo mejor	• se rumorea	• no me lo puedo creer
• si lo sabré yo	• acaso	• yo diría que	• ¿seguro?
• no cabe duda	• probablemente	• yo creo que	• ¿es cierto eso?
• quizá	• según se mire	• supongo	• ¡venga ya!

Al parecer, Hen Viste tiene un nuevo idilio.

Yo diría que es mentira. No pegan uno con otro.

ESQUEMAS GRAMATICALES
LA INTERROGACIÓN

● **FORMAS DE EXPRESIÓN DE LA INTERROGACIÓN**

✓ **INTERROGACIÓN TOTAL**
Se pregunta por el contenido
de toda la oración.

 ¿Has notado que ya estamos en primavera?
¿Hay clase hoy?
 ¿Te gusta mi nuevo peinado?

✓ **INTERROGACIÓN PARCIAL**
Se pregunta sólo por una parte de la
oración. Utilizamos los interrogativos QUÉ,
QUIÉN, CUÁNDO, CUÁNTO, CÓMO, POR QUÉ...

 ¿Qué película viste ayer?
¿Quién descubrió América?
 ¿Por dónde se va a la Plaza de Armas?
¿Cuánto cuesta una cajetilla de tabaco?

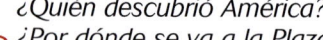

✓ **INTERROGATIVAS INDIRECTAS**
No llevan signos gráficos de interrogación,
ni entonación interrogativa. Son introducidas por los mismo interrogativos de la
interrogación parcial más SI.

 No sé si la estrella conduce a Belén.
Me pregunto quiénes fueron los Reyes Magos.
Ignoro cómo llegar al mar.

✓ **INTERROGATIVAS DUPLICADAS**
La respuesta no es más que una pregunta
duplicada, que aporta, a veces, un matiz
de duda o de énfasis, o incluso es un medio
de ganar tiempo para pensar la respuesta.

 —*¿Viste ayer el debate?*
—*¿El debate?*

✓ **INTERROGACIÓN RETÓRICA**
Aquella que no espera respuesta.
Muchas veces sirve para desahogarse.

 *¿Quién me mandaría a mí meterme en este
lío? ¿No estaba yo bien tranquila antes?*

● **VALORES DE LA INTERROGACIÓN**

✓ **PEDIR INFORMACIÓN SOBRE ALGO
QUE SE DESCONOCE**

 —*¿Viste ayer en la tele el debate?*
—*¿Tú quién crees que ganará?*

✓ **BUSCAR EL ASENTIMIENTO DEL INTERLOCUTOR**

 ¿No te parece?
¿No es mi disfraz el mejor de todos?

✓ **NEGAR SÓLO LA ÚLTIMA PARTE DEL ENUNCIADO,
BUSCANDO UNA RESPUESTA QUE SE ACOMODE
A LO QUE NOS INTERESA**
Se espera una respuesta positiva.

 Estuvo interesante, ¿verdad?
Tú eres de México, ¿no?
 No serás capaz de hacerme eso, ¿a que no?
Me quieres, ¿no es así?

✓ **MARCAR LA EXTRAÑEZA, LA SORPRESA**

 *Pero, ¿todavía estás aquí? ¿Es que no sabes
que estamos de vacaciones?*

✓ **INTERROGACIÓN CON VALOR DE AFIRMACIÓN,**
Introducida generalmente por **¡CÓMO NO!**

 ¡Cómo no voy a estar alegre!

✓ **ACONSEJAR LO QUE APARENTEMENTE SE NIEGA**

 ¿Por qué no hablas en serio con tus padres?

✓ **SUAVIZAR EL MANDATO**

 ¿Puedes traerme un vaso de agua?

- **medios de comunicación**
- **periodismo**
- **periodista**
- **prensa**
- **publicidad**

Radio / Televisión

El locutor	El realizador
La tertulia	El montador
Las ondas	El cámara
La imagen	La cámara
El micrófono	El directo
El receptor	El telediario
El repetidor	El noticiario
El culebrón	La cadena
El concurso	La emisora
La película	El reportaje

Expresiones

salir en los papeles.
ser/estar de foto.
dar prensa a algo.
ser un correveidile.

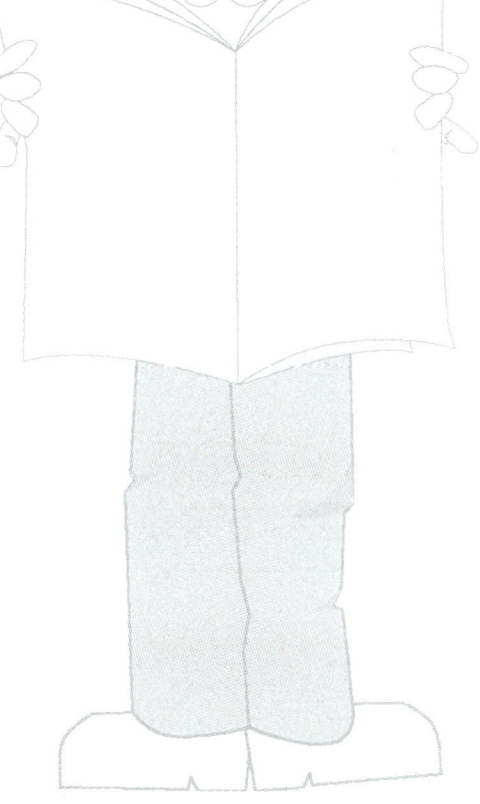

Prensa escrita

El periódico	La plana
La gaceta	La columna
La revista	El artículo
El semanario	El editorial
El diario	El titular
La Imprenta	La prensa del corazón
El rotativo	La prensa rosa
La tirada	La prensa amarilla

verbos

imprimir	redactar
comunicar	presentar
radiar	anunciar
televisar	transmitir
realizar	

15. ELIGE una noticia de un periódico, la radio o la televisión. Basándote en ella **CONTESTA** a estas preguntas, a las que debe contestar todo buen periodista:

- QUIÉN:

- QUÉ:

- DÓNDE:

- CUÁNDO:

- CÓMO:

- POR QUÉ:

16. LEE, **COMENTA** y **BUSCA** el sentido crítico a estas palabras de Blas de Otero:

> *Si tenemos el alma en la mano, si estamos dentro de nosotros mismos, y miramos despacio, y hablamos moviendo apenas el pensamiento, si ocurre todo esto corrientemente, podemos decir me encuentro bien, estamos bien, gracias, tenemos salud.*
>
> De *Historias fingidas y verdaderas.*

17. ESCUCHA el poema de Miguel Hernández "El niño yuntero". Trata un tema que, por desgracia, sigue de actualidad en muchos lugares de la tierra. **REDACTA** un artículo periodístico sobre el trabajo infantil, con el mismo contenido que el poema.

EL NIÑO YUNTERO

Nace como la herramienta
a los golpes destinado,
de una tierra descontenta
y un insatisfecho arado.
(...)

Empieza a vivir y empieza
a morir de punta a punta,
levantando la corteza
de su madre con la yunta.

Empieza a sentir y siente
la vida como una guerra
y a dar fatigosamente
en los huesos de la tierra.

Contar sus años no sabe
y ya sabe que el sudor
es una corona grave
de sal para el labrador.

Trabaja, y mientras trabaja,
masculinamente serio,
se unge de lluvia y se alhaja
de carne de cementerio.

A fuerza de golpes, fuerte,
a fuerza de sol, bruñido,
con una ambición de muerte
despedaza un pan reñido.
(...)

Me duele este niño hambriento
como una grandiosa espina,
y su vivir ceniciento
revuelve mi alma de encina.

Le veo arar los rastrojos
y devorar un mendrugo
y preguntar con los ojos
que por qué es carne de yugo.
(...)

¿Quién salvará a este chiquillo
menor que un grano de arena?
¿De donde saldrá el martillo
verdugo de esta cadena?

Que salga del corazón
de los hombres jornaleros
que antes de ser hombres son,
y han sido, niños yunteros.

LA ORGANIZACIÓN POLÍTICA DE ESPAÑA

La Ley Fundamental española es la Constitución de 1978, que tiene un valor normativo y vinculante directo, y es de aplicación por parte de jueces y tribunales. Es la Norma superior y como tal, tiene un rango absolutamente prevalente sobre las restantes normas. Fue aprobada por los plenos del Congreso y del Senado por abrumadora mayoría.

España se constituye en un estado social y democrático de derecho, que propugna como valores superiores de su ordenamiento jurídico la libertad, la justicia y el pluralismo político. La soberanía nacional reside en el pueblo español, del que emanan los poderes del estado. La forma política del Estado español es la Monarquía Parlamentaria, siendo España un estado descentralizado, donde se reconoce y garantiza "la autonomía de las nacionalidades y regiones que la integran y la solidaridad entre todas ellas". Los partidos políticos expresan el pluralismo político, concurren a la formación y manifestación de la voluntad popular y son instrumento para la participación política.

La Corona de España es hereditaria en los sucesores de S. M. Don Juan Carlos I de Borbón, legítimo heredero de la dinastía histórica. El Rey es Jefe del Estado, símbolo de su unidad y permanencia, arbitra y modera el funcionamiento regular de las instituciones y ejerce las funciones que le atribuyen expresamente la Constitución y las leyes. El Rey asume la más alta representación del estado español en las relaciones internacionales.

Las Cortes Generales, que tienen una estructura bicameral, Congreso de los Diputados y Senado, son las encargadas de manifestar y representar la voluntad del pueblo, que democráticamente las elige.

El Gobierno de España es una institución de un marcado carácter político, pues su composición viene determinada por unas elecciones. El gobierno se compone de un presidente, que dirige la acción del gobierno y coordina las funciones de los demás miembros, un vicepresidente, ministros y demás miembros que establece la ley.

El Estado español se organiza territorialmente en municipios, provincias y Comunidades Autónomas. Todas estas entidades gozan de autonomía para la gestión de sus respectivos intereses. La provincia viene determinada por la agrupación de municipios, cuyo gobierno y administración están encomendados a las Diputaciones. El municipio lo constituyen las personas inscritas en el padrón municipal, que es el registro administrativo donde constan los vecinos de un municipio. El municipio está organizado por el alcalde, los tenientes de alcalde y el pleno, presentes en todos los Ayuntamientos. Cada término municipal constituye una circunscripción electoral en la que se elige un número de concejales que resulta de una escala según el número de habitantes; los tenientes de alcalde son nombrados y destituidos libremente por el alcalde entre los miembros de la Comisión de Gobierno.

España, como ya se ha dicho, está constituida por Comunidades Autónomas. Para solucionar el problema de la convivencia entre las distintas comunidades nacionales, la Constitución republicana de 1931 optó por una fórmula intermedia entre el estado unitario y el estado federal: el denominado estado integral, que trataba de hacer compatible la existencia de regímenes de autonomía con los distintos municipios y regiones. De este modo se pretendió instaurar varios estatutos de autonomía, como los de Cataluña (1932), País Vasco (1936) y Galicia (1939), que sin embargo no tuvieron aplicación práctica debido a la Guerra Civil (1936-39). El régimen de Franco impuso posteriormente la llamada "unidad nacional", desapareciendo así las autonomías. Pero al restablecimiento de la Monarquía en 1975, comienzan a constituirse por Decreto-Ley diferentes regímenes de autonomía (1977, 1978) con vigencia provisional hasta la publicación de la Constitución , que no sólo ampara, sino que prevé el auténtico "estado de las autonomías". Actualmente existen 19 Comunidades Autónomas, que constituyen junto a las provincias y los municipios, las entidades en que el Estado español se organiza territorialmente, gozando de autonomía para la gestión de sus respectivos intereses.

Lección 9

¡Viaje con nosotros!

¡Viaje con nosotros!

 **DIÁLOGO**

¡A viajar en invierno, que es un chollo!

SARA ¿Qué vas a hacer estas vacaciones? ¿Tienes ya algún plan?

CARLOS Todavía no lo sé. Estoy muy indeciso. ¡**Ojalá pudiera ir a alguna parte**!, pero está todo tan caro que creo que este año me quedaré sin vacaciones.

SARA Mira, Carlos, yo te aconsejo que aproveches el invierno para viajar. Viajar en invierno es mucho más barato. Con poco dinero puedes hacer grandes viajes y disfrutar más de todo.

CARLOS Claro, **tú lo ves** muy fácil. **Cógete tú ahora las vacaciones ya verás lo que te dice tu jefe**. Además, tengo muchísimo trabajo este mes.

SARA Bueno, Carlos, no te pongas así, por favor, yo sólo te sugiero que lo pienses. Mira, esta es la temporada baja. **Lo único que debes hacer es intentar hacer un hueco en tu agenda y hacer borrón y cuenta nueva**, y ya está. **Fíjate**, tengo unas guías turísticas aquí, **compruébalo tú mismo**, ya verás como por menos de 50 000 pesetas puedes elegir entre Londres, París, Túnez, Roma, Atenas, o mejor aún, Tenerife y Las Palmas.

CARLOS A ver..., ¡Tenerife y Las Palmas! Pero, **¡si ir allí sería la ilusión de mi vida! ¡Quién fuera rico! Anda, dame un folleto turístico de esos.**

SARA **Tranquilo, no te emociones tan pronto. Ten en cuenta que durante las fiestas de Carnaval estos precios pueden sufrir un ligero aumento.**

CARLOS **¡Vamos, anda, no seas aguafiestas!**

SARA Yo sólo te lo advierto para que no te coja por sorpresa. **Lo único que tienes que hacer es convencer a tu jefe** para que te permita cogerte las vacaciones en una fecha poco habitual.

CARLOS Pues tienes razón. Nada, **¡a viajar en invierno, que es un chollo**!

HABLEMOS DEL DIÁLOGO

- ● **Hacer un hueco en tu agenda:** → Buscar tiempo para hacer otra actividad.
- ● **Hacer borrón y cuenta nueva:** → Olvidar algún asunto y empezar de nuevo.
- ● **Ser aguafiestas:** → Estropear un proyecto que se tenía planeado.
- ● **Ser un chollo:** → Es algo que es muy ventajoso en relación calidad/precio.

✓ **¡Ojalá pudiera ir a alguna parte!**
✓ **¡Quién fuera rico!**

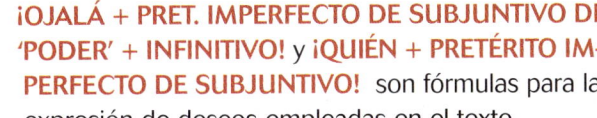

¡OJALÁ + PRET. IMPERFECTO DE SUBJUNTIVO DE 'PODER' + INFINITIVO! y **¡QUIÉN + PRETÉRITO IMPERFECTO DE SUBJUNTIVO!** son fórmulas para la expresión de deseos empleadas en el texto.

✓ **¡Si ir allí sería la ilusión de mi vida!**

→ Otra estructura para **EXPRESAR EL DESEO**. Observa que el futuro hipotético aporta un contenido desiderativo. Pero date cuenta de que siempre se pone un especial énfasis en los deseos. No olvides, pues, dar una entonación muy marcada cuando tengas que manifestar tus deseos o preferencias.

✓ **Cógete tú ahora las vacaciones, ya verás lo que te dice tu jefe.**
✓ **Lo único que debes hacer es intentar hacer un hueco en tu agenda.**
✓ **Fíjate.**
✓ **Compruébalo tú mismo.**
✓ **Anda, dame un folleto turístico de esos.**
✓ **Tranquilo, no te emociones tan pronto.**
✓ **Ten en cuenta que durante las fiestas de Carnaval estos precios pueden aumentar.**
✓ **Vamos, anda, no seas aguafiestas.**
✓ **Lo único que tienes que hacer es convencer a tu jefe.**
✓ **¡A viajar en invierno, que es un chollo!**

→ Estructuras de las que hacemos un frecuente uso en español para **EXPRESAR EL MANDATO, EL CONSEJO** y **EL RUEGO**.

Algunas de estas estructuras contienen formas verbales de **IMPERATIVO**: *coge, fíjate, compruébalo, dame, ten en cuenta, vamos...* El imperativo es una de las formas más utilizadas para pedir algo a alguien. Se usa sólo en las relaciones de mucha confianza o en las relaciones jerarquizadas de jefe a empleado, médico a paciente, etc.

Otras formas de expresar el mandato son:

PERÍFRASIS → **DEBER + INFINITIVO**
Lo que debes hacer es intentar hacer un hueco en tu agenda.

→ **A + INFINITIVO**
¡A viajar!

FUTURO → *Vendrás a casa.*

✳ Algunos de estos verbos han perdido total o parcialmente su carga semántica, se han lexicalizado. Ya no poseen los rasgos significativos propios. Los utilizamos para comenzar un turno de conversación o para llamar la atención del interlocutor: *Anda, vamos; anda, fíjate.*

EJERCICIOS

1. UTILIZA las fórmulas del cuadro para expresar lo que te gustaría hacer en vacaciones. No te olvides de indicar si los deseos se refieren a acciones pasadas o futuras.

LA EXPRESIÓN DEL DESEO

¡OJALÁ + IMPERFECTO DE SUBJUNTIVO!
¡Ojalá pudiera ir a alguna parte!

¡QUE + PRESENTE DE SUBJUNTIVO!
¡Que pueda salir de vacaciones!

¡QUIÉN + IMPERFECTO DE SUBJUNTIVO!
¡Quién fuera rico!

2. ELABORA un diálogo pidiendo consejo a un amigo acerca de cuál es la mejor forma de viajar.

CONSEJOS Y RUEGOS

Los tres ejemplos siguientes, extraídos del diálogo, nos muestran consejos y ruegos. Observa que todos llevan subjuntivo. Los verbos **ACONSEJAR**, **SUGERIR**, **PEDIR**, **SUPLICAR**, **ROGAR** y la fórmula **POR FAVOR** nos sirven para expresar ruegos y consejos.

- *Te aconsejo que aproveches el invierno para viajar.*
- *No te pongas así, por favor.*
- *Sólo te sugiero que lo pienses.*

3. ¿Recuerdas las formas del imperativo? **UTILIZA** los siguientes infinitivos como pretexto para formar oraciones que expresen el mandato en imperativo.

Modelo:
- Haz los deberes ahora mismo (tú).
- Haga los deberes ahora mismo (usted).
- Haced los deberes ahora mismo (vosotros).
- Hagan los deberes ahora mismo (ustedes).

Hacer	Ir	Poner	Estar	Oír	Morir
Venir	Traducir	Volver	Mirar	Ser	Andar

----

4. **PON** en forma de mandato negativo las siguientes formas verbales:

Modelo: Sube ⟶ *No subas*

Subid .... Ven ....

Callaos .... Tomaos ....

Id .... Cogedlos ....

Sigue .... Díselo ....

No me vuelva a presentar una carta con faltas de ortografía.

5. **PON** los verbos que aparecen en cursiva en la forma correspondiente del imperativo:

Modelo: *Traer* .... (tú) todos los utensilios de cocina.
Trae todos los utensilios de cocina.

1. *No teñirse* .... (usted) el pelo de caoba.
2. *No mentir* .... (tú) al profesor.
3. *Darme* .... (ellos) sus direcciones.
4. *Vestirse* .... (vosotros) rápidamente.
5. *Escuchar* .... (vosotros) estos consejos.
6. *Salir* .... (tú) despacio y no *meter* .... (tú) ruido.
7. *Jugar* .... (usted) a las cartas con ellos.
8. *No limpiar* .... (tú) el polvo de las escaleras.
9. *Empezar* .... (vosotros) a trabajar de una vez.

Ocúpense de esto ahora mismo.

6. **ESCUCHA** estas frases dichas por distintas personas y **SUSTITUYE** el imperativo por fórmulas de ruego o mandato que sean equivalentes a estas estructuras:

Modelo: Entregad los exámenes ya al profesor.
—Por favor, ¿vais entregando ya los exámenes al profesor?
—Por favor, ¿entregáis ya los exámenes al profesor?

Por favor, id entregándome ya los exámenes.

1. ....

2. ....

3. ....

4. ....

5. ....

6. ....

7. ....

8. ....

9. ....

10. ....

7. SUSTITUYE las fórmulas de ruego o mandato utilizando las formas de imperativo equivalentes:

Modelo: *¡A la cama! ¡Vete a la cama!*

1. Ahora mismo entras y le pides perdón.

2. Te vendrás con nosotros.

3. ¡Usted hará lo que yo diga!

4. ¡A la porra!

5. ¿Podría usted pasarme el vino, por favor?

6. ¡Andando, niños!

7. ¿Me pones un vaso de leche?

8. ¡Chico, ya te estás abrochando el cinturón!

9. A callar, y no se hable más.

10. ¿Sería tan amable de rellenar este formulario?

8. TRANSFORMA estas frases que expresan mandato sustituyendo el complemento directo por el pronombre personal átono:

Modelo: *¿Me das un vaso de agua? / Dámelo.*

1. ¿Podrías hacerme un favor?

2. Hay que tocar más el piano.

3. ¿Le importaría no hablarme de eso?

4. Bajas al sótano y me traes el mortero.

5. ¡A estudiar todos el tema cinco!

6. ¿Me haces el favor de cogerme el cuaderno?

7. ¡No cogerás el pastel de la mesa!

8. ¡A correr todos cinco kilómetros!

9. ¿Le dices a tu padre que venga a mi casa?

10. Debes salir menos y estudiar más.

9. PON en imperativo negativo estas frases:

Modelo: Sube las escaleras más despacio.
No subas las escaleras más despacio.

1. Siéntate en esa silla.

2. Comed despacio.

3. Tened cuidado.

4. Presta atención a lo que te dicen.

5. Vuelve pronto a casa.

6. Haz bien el trabajo.

10. PON en imperativo afirmativo estas frases:

1. Jamás vengas tarde a esta casa.

2. No comas cosas frías.

3. No estudies todo el último día.

4. No salgas por las noches.

Modelo: No seas tan inocente / *Sé tan inocente.*

5. En absoluto me compres tantas joyas.

6. No sufras por los errores de los demás.

7. Ni se te ocurra seguir con lo que estabas haciendo.

8. No molestes tanto al profesor.

11. Tu amiga Elena va a hacer un viaje a Bolivia. Es la primera vez que viaja allí y tú ya conoces este país. **DALE CONSEJOS** sobre lo que puede hacer, llevar, visitar, etc. y sobre lo que no debe hacer.

Modelo: *No lleves objetos de valor.*
Antes de ir allí hazte un chequeo médico.

12. EXPRESA deseos positivos y negativos con las estructuras del cuadro referidas al pasado y al futuro.

Modelo: *¡Ojalá pudiera irme de vacaciones a una isla desierta con palmeras y arena blanca!*

¡OJALÁ + SUBJUNTIVO!	¡ASÍ QUE + SUBJUNTIVO!
¡OJALÁ QUE + SUBJUNTIVO!	¡QUE + SUBJUNTIVO!

13. IMAGINA que eres el director de una película. Debes dar órdenes a tus actores y técnicos con las estructuras de mandato que ya conoces.

QUE + SUBJUNTIVO	GERUNDIOS
A + INFINITIVO	INFINITIVO
VOCATIVOS	SUSTANTIVOS

Modelo: *Atención todos, vamos a rodar. Preparados...*

Luces, cámara, acción.

....
....
....
....
....
....

14. OBSERVA el cuadro de precios de viajes. **ESCOGE** un viaje y **ENTABLA** un diálogo con el empleado de la agencia de viajes, solicitando información detallada sobre las tarifas y descuentos especiales.

TÚ: ....

AGENCIA: ....

TÚ: ....

AGENCIA: ....

TÚ: ....

AGENCIA: ....

TÚ: ....

AGENCIA: ....

TÚ: ....

¿CUÁNTO PUEDE AHORRARSE SI VIAJA AHORA?

DESTINO	TEMP. ALTA. (pts)	TEMP. BAJA (pts)	AHORRO
Mallorca	52 200	21 200	59.4%
Cancún	126 400	59 900	52,6%
Bangkok	145 700	69 900	52.0%
Nueva York	120 000	59 100	50,7%
Cuba	129 000	69 900	45,8%
Brasil	110 400	59 900	45,7%
Tenerife	64 600	35 300	45,3%
Lisboa	51 300	28 400	44,6%
París	60 000	34 900	41,8%
Túnez	64 800	38 900	40,0%
Las Palmas	71 500	43 100	39,7%
Londres	52 000	31 600	39,2%
Egipto	120 000	82 800	31,0%
Madeira	60 000	43 500	24,4%
Roma	57 000	43 100	24,4%
Atenas	60 000	46 900	22,0%

15. ESCRIBE una carta solicitando información sobre alguno de los viajes que ves en el anuncio. En la carta deberá incluirse:

a. Encabezamiento y despedida.
b. Alusión al folleto en el que has visto el anuncio.
c. Fecha y duración del posible viaje.
d. Pide que te informen sobre los servicios que van incluidos en este precio.
e. Pregunta por la fórmula de pago.
f. Pregunta por la forma de transporte (autobús, tren...) y clase.

Viajes Mundotour

GALICIA
Camino de Santiago.
10 días. Media pensión.
50 900 pesetas.

MÉXICO
Conozca la cultura azteca.
7 días.
98 900 pesetas.

SEVILLA
Puente del 1 de mayo.
4 días. Viaje en autocar.
30 900 pesetas.

Información e inscripciones:
Viajes Mundotour, Plaza Circular, s/n.
24002 León. Tfno. 987 22 44 88.
www.mundotour.es

16. En las recetas de cocina se utilizan muy a menudo las formas de imperativo. **LEE** esta receta del arroz con leche y **TRANSFORMA** los verbos en formas de mandato.

Modelo: *Se lava el arroz…*
Lave el arroz…

Ingredientes: *Una tacita de arroz, la misma cantidad de azúcar, cuatro tacitas de leche entera, dos huevos, un palo de canela, una tira de piel de limón, sal, masa quebrada o de hojaldre.*

Preparación: *Se lava el arroz al chorro de agua en un colador. En un cazo alto se pone la leche, con la canela y la piel de limón; en cuanto rompa el hervor se añade el arroz y se cuece media hora, removiendo de vez en cuando. Se añade el azúcar y se deja cocer diez minutos, sin dejar de remover. Se retiran la canela y la piel de limón y se tritura lo demás en la batidora. Se incorporan las yemas y finalmente las claras, ligeramente montadas.*

Se forra un molde desmoldable con la masa quebrada o de hojaldre. Se cuece diez minutos. Se rellena con la crema y se mete al horno suave media hora. Para servir, se espolvorea con canela en polvo.

17. LEE y **ESCUCHA** los siguientes consejos para ser un buen excursionista y respetar la naturaleza:

El número de personas que salen al campo, que visitan parques nacionales o que simplemente pasean por entornos naturales ha crecido enormemente en los últimos años. La pasión por la naturaleza tiene también su lado negativo cuando es compartida por miles de personas. Para evitar desastres ecológicos sólo hay que seguir unas simples recomendaciones:

- Transporte: el automóvil **hay que dejarlo** lejos de los espacios naturales.
- El ruido: altera la vida de los animales, sobre todo de las aves. **Por favor, evite hacer** ruidos excesivos y molestos, pues puede llegar a alterar el comportamiento de algunas especies sobre todo en la época de apareamiento y cría.
- El suelo: las tiendas de campaña pueden convertirse en elementos contrarios, pueden acabar con la vegetación que crece bajo su casa portátil. Y no **deben olvidar** que pueden destruir el suelo. Es muy importante no transformar el medio.
- La vida: **le aconsejamos** que cuando vaya al campo, **no arranque** plantas o flores, **no mate** animales, **ni mueva** rocas o piedras. **Le recomendamos que no use** productos químicos, como jabones o detergentes. Por supuesto **está terminantemente prohibido** hacer fuego.

TRANSFORMA los ruegos y consejos en imperativos negativos:

Modelo: Hay que dejarlo.
No lo deje.

ESQUEMAS GRAMATICALES

FORMAS DE EXPRESIÓN DEL MANDATO

En español para expresar mandato, ruego y consejo tenemos que fijarnos bien en la situación en que nos encontramos, ya que se trata de una comunicación directa entre emisor y receptor.

¡NO OLVIDES DAR UNA ENTONACIÓN ADECUADA!

● **FORMAS VERBALES**

✓ FLEXIVAS

• INDICATIVO	✓ PRESENTE	*Tú te callas.*
	✓ FUTURO El uso del futuro para expresar mandato no es muy frecuente, ya que es una orden muy firme, muy dura y taxativa.	*No matarás.* *Harás lo que diga.*
• SUBJUNTIVO	✓ IMPERATIVO	*¡Callen!*
	✓ FORMAS ENFÁTICAS	*¡Que cantes!*

✓ NO FLEXIVAS

• INFINITIVO Fórmula neutra que engloba al otro	✓ SOLO	*Callar* (epigráfico y coloquial).
	✓ CON PREPOSICIÓN	*¡A callar!*
	✓ EN PERÍFRASIS	*Vas a venir ya.*
• GERUNDIO	✓ SOLO Cada día se utiliza menos.	*Andandito.*
	✓ EN PERÍFRASIS	*¡Empezando a andar!*
• PARTICIPIO		*¡Sentados todos!*

✳ Algunas perífrasis que expresan mandato están desapareciendo del lenguaje hablado. Por lo tanto no abuses de su uso en el lenguaje coloquial: *¡Has de comer menos!*. En Argentina, Uruguay, Paraguay, se utiliza constantemente en lugar de los futuros.

● **FORMAS NOMINALES**

• VOCATIVO	Son elementos de carácter genérico para iniciar el diálogo.	*Señor, profesor, doctor, hijo, hombre, mujer...*
	También podemos encontrar un nombre propio solo o con don(ña), señor(a) + apellido.	*¡Pedro!* *¡Don Pedro!* *¡Señora González!*
• SUSTANTIVOS IMPRESIONISTAS		*¡Luces, cámara, acción!*
• ADVERBIO O INTERJECCIÓN		*¡Aquí!*
• INTERJECCIONES LEXICALIZADAS		*¡Hala!*

✳ Estos sustantivos, vocativos, adverbios e interjecciones expresan mandato sólo en un contexto determinado y en una situación especial; si no se dan estas condiciones no expresan mandato sino otros contenidos.

✳ El orden de aparición de estos elementos es indiferente: delante, detrás o intercalado en medio de la frase.

ESQUEMAS GRAMATICALES

OTRAS FORMAS INDIRECTAS Y SECUNDARIAS DE EXPRESAR EL MANDATO

● **FORMAS INDIRECTAS PARA LA EXPRESIÓN DEL MANDATO**

- • RUIDOS, GESTOS, ONOMATOPEYAS…
- • ORACIONES INTERROGATIVAS   *¿Quiere abrir la ventana de una vez?*
- • ORACIONES CONDICIONALES   *Si te marcharas de una vez…*
- • SUSPENSIÓN DEL TONO   *¿Cierras la puerta…?*
- • CON RETICENCIA. LITOTE   *Podrías callarte, ¿verdad?*

● **USO DEL SUBJUNTIVO Y EL IMPERATIVO**

- • Siempre que haya un matiz de deseo, de volición en la oración dominante, aparece el subjuntivo en la complementaria.   *Quiero que vayas de vacaciones.*

- • Las órdenes en tercera persona se expresan con QUE + SUBJUNTIVO *¡Que entre el siguiente!* *¡Que no venga nadie!*

- • El imperativo no suele usarse con *usted* y *ustedes*; se sustituye por otras fórmulas, normalmente interrogativas:

  ✓ **¿QUIERE USTED… + INFINITIVO?**   *¿Quiere usted aparcar en otro sitio? Aquí no caben los dos coches.*

  ✓ **¿LE IMPORTARÍA… + INFINITIVO?**   *¿Le importaría contestar unas preguntas para una encuesta?*

  ✓ **¿PODRÍA… + INFINITIVO?**   *¿Podría decirme su nombre y dirección?*

  ✓ **¿ME HARÍA USTED EL FAVOR DE… + INFINITIVO?**   *¿Me haría usted el favor de bajar la ventanilla? Hay mucha corriente.*

● **FÓRMULAS COLOQUIALES**

- • MANDATOS NEGATIVOS

  ✓ **NADA DE + INFINITIVO** *¡Nada de jugar en clase!*

  ✓ **NI HABLAR DE + INFINITIVO**  *¡Ni hablar de jugar en clase!*

- • MANDATOS

  ✓ **INFINITIVO CON PREPOSICIÓN** *¡A estudiar!*

  ✓ **INFINITIVO SIN PREPOSICIÓN**   *¡Callar todos de una vez!*

- • ORDEN NEGATIVA, PERSUADIENDO AL OYENTE

   ✓ **NO + PRESENTE DE SUBJ. DE IR + A + INFINITIVO** *No vayas a salir ahora, con el frío que hace.*

✱ Según el contexto y la situación, una estructura puede perder su contenido original y adquirir otros valores (apelación, consejo, mandato, etc.).

ESQUEMAS GRAMATICALES

FORMAS DE EXPRESIÓN DEL RUEGO Y DEL CONSEJO

● **LA EXPRESIÓN DEL RUEGO**

El ruego es una variante atenuada del mandato, una especie de deseo suplicatorio.

✓ FORMAS VERBALES MÁS UTILIZADAS

• VERBOS MÁS EMPLEADOS

• ROGAR	*Le rogó que no le despidiera.*
• PEDIR	*Pídele a tu madre que te deje venir.*
• SUPLICAR	*Te suplico que no te vayas ahora.*

• TIEMPOS VERBALES

• PRESENTE DE INDICATIVO	*Te pido que vengas, por favor.*
• FUTURO HIPOTÉTICO SIMPLE	*Querría que vinieras pronto.*
• IMPERFECTO DE INDICATIVO	*Quería pedirle un favor.*
• IMPERFECTO DE SUBJUNTIVO	*Quisiera que vinieras pronto.*

✓ ESTRUCTURAS DE RUEGO

• PUEDE(N)/PODÉIS/PUEDES + INFINITIVO	*¿Puede decirme dónde estoy?*
• PODRÍA(N)/PODRÍAS/PODRÍAIS + INFINITIVO	*¿Podría darme uno de esos folletos?*
• TE/LE(S)/OS IMPORTARÍA/IMPORTA + INFINITIVO	*¿Le importaría decirme cuánto cuesta?*
• ¿PUEDO PEDIR (TE/LE/OS/LES…) UN FAVOR?	*—¿Puedo pedirte un favor? —Sí, claro.*
• ¿TIENES/ME DAS/ME DEJAS/ME PRESTAS + OBJETO?	*¿Me prestas tu bolígrafo, por favor?*

● **LA EXPRESIÓN DEL CONSEJO**

Aconsejar o recomendar son actividades muy relacionadas con el deseo, el ruego y el mandato.

✓ VERBOS MÁS UTILIZADOS

• ACONSEJAR	*Os aconsejo que viajéis en invierno, que es un chollo.*
• SUGERIR	*Yo sólo te sugiero que lo pienses.*

✓ FÓRMULAS PARA ACONSEJAR

• YO QUE TÚ + FUTURO HIPOTÉTICO	*Yo que tú hablaría con el jefe y le pediría unas vacaciones.*
• YO QUE USTED + FUTURO HIPOTÉTICO	*Yo que usted viajaría a Malta, hace mejor clima que en Inglaterra.*
• ¿POR QUÉ NO + PRESENTE DE INDICATIVO?	*¿Por qué no vas en tren a Barcelona? Es más barato.*
• YO EN SU LUGAR + FUTURO HIPOTÉTICO	*Yo en su lugar no viajaría tan lejos.*
• YO EN TU LUGAR + FUTURO HIPOTÉTICO	*Yo en tu lugar andaría con más cuidado.*
• ES MEJOR QUE + SUBJUNTIVO	*Es mejor que ahorres dinero para las vacaciones.*

ESQUEMAS GRAMATICALES
FORMAS DE EXPRESIÓN DEL DESEO

● **EXPRESIÓN DE UN DESEO PRESENTE O FUTURO**

✓ QUE	+	PRESENTE DE SUBJUNTIVO	☞	*Que te vaya todo bien.*
✓ ASÍ	+	PRESENTE DE SUBJUNTIVO	☞	*¡Así te partiera un rayo!*
OJALÁ (QUE)		IMPERFECTO DE SUBJUNTIVO		*¡Ojalá llueva!*
✓ QUE NO	+	PRESENTE DE SUBJUNTIVO	☞	*¡Que no te pase lo que a mí!*
NUNCA				*¡Nunca te pase lo que a mí!*
JAMÁS				*¡Jamás te veas en otra igual!*
✓ QUIEN	+	IMPERFECTO DE SUBJUNTIVO	☞	*¡Quién fuera rico!*
SI				*¡Si pudiera viajar ahora…!*

● **EXPRESIÓN DE UN DESEO PASADO**

✓ QUE	+	PERFECTO DE SUBJUNTIVO	☞	*¡Que no le haya pasado nada malo!*
✓ ASÍ	+	PERFECTO DE SUBJUNTIVO	☞	*¡Así te hubiera partido un rayo!*
OJALÁ (QUE)		PLUSCUAMPERFECTO DE SUBJUNTIVO		*¡Ojalá hubiera podido comprar un billete a tiempo!*
✓ NUNCA	+	IMPERFECTO DE SUBJUNTIVO	☞	*¡Eso nunca me hubiera pasado!*
JAMÁS		PLUSCUAMPERFECTO DE SUBJUNTIVO		*¡Jamás me hubiera dejado ir!*
✓ QUIEN	+	PLUSCUAMPERFECTO DE SUBJUNTIVO	☞	*¡Quién hubiera viajado allí!*
SI				*¡Si hubiese podido hacerlo…!*

● **NOTAS**

✱ QUE no admite pluscuamperfecto ni futuro de subjuntivo.

✱ QUIEN y SI no admiten presente, ni perfecto de subjuntivo.

✱ El uso de ASÍ se restringe al estilo literario y las fórmulas.

✱ ASÍ, OJALÁ, NO, NUNCA y JAMÁS pueden ir acompañados por QUE para dar énfasis. ☞ *¡Que nunca te pase a ti!* / *¡Ojalá que te cures pronto!*

✱ Fórmulas estereotipadas en presente de subjuntivo. ☞ *¡Que cumplas muchos más!* / *¡Que te diviertas!* / *¡Vaya usted con Dios!*

    ✓ QUE se puede eliminar en estas fórmulas. *¡Que viva España! ¡Viva España!*

✱ OJALÁ viene del árabe 'Quiera Alá' y va con subjuntivo. ☞ *¡Ojalá vengas mañana!* / *¡Ojalá hubieses venido antes!*

✱ SI, QUIEN sirven para construir exclamaciones que expresan deseo de algo que afecta a quien habla y cuya realización es imposible o poco probable. ☞ *¡Si yo fuera rico!* / *¡Quien pudiera hacer un viaje al Caribe!*

✱ Entre los verbos que rigen subjuntivo tanto en forma afirmativa como negativa se encuentran **DESEAR, QUERER, ANHELAR**…, que indican también deseo. ☞ *Deseo que vengas.* / *No deseo que vengas.* / *Deseo que no vengas.*

Viaje por los alrededores de Madrid

Tierra fronteriza durante la belicosa Edad Media, vio surgir muchos castillos y murallas, la mayoría de las veces con fines defensivos y otras como morada de la nobleza. Hoy estas fortalezas se yerguen todavía para deleite del viajero.

Para defender pasos, proteger rutas y rechazar incursiones hostiles, cristianos y musulmanes dedicaron parte de sus esfuerzos, en las tierras que ocupa hoy la Comunidad de Madrid, a levantar **almenas**, murallas y torres. Los siglos han pasado, pero aún hoy cuarenta y cuatro de estos edificios históricos de arquitectura militar, entre castillos, murallas, torres, **atalayas** y casas fuertes, levantan sus **sillares**, o al menos parte de ellos, para dejar constancia de una historia plagada de batallas y conjuras, reyes y plebeyos.

Nuestra intuición nos lleva a orillas del Lozoya, a un **meandro** del río que con sus aguas abraza los perfiles medievales de las bellas murallas de Buitrago. Hacia el norte se ve el castillo de Manzanares El Real. Es el más bello y el mejor conservado. El siguiente alto del viajero se encuentra al oeste de la comunidad. Un alto al

que unos llaman Castillo de la Ceraceda, y otros simplemente le dan el nombre de la localidad donde se encuentra, San Martín de Valdeiglesias. Lo construyó en el siglo XV Álvaro de Luna, **condestable** de Castilla, antes de caer en desgracia y con él su cabeza.

Y de oeste a este, esbelta y aislada, la torre del homenaje a Villarejo de Salvanés engaña con su apariencia. Estas piedras del siglo XIV tienen mucha más historia de la que su apariencia humilde parece mostrar (dicen que aquí se escondió el célebre guerrillero *El Empecinado*). Pero el tiempo dejó lo que debió ser una impresionante construcción en una simple pero hermosa torre.

También el tiempo y la historia jugaron una mala pasada al castillo de Chinchón. Situado a las afueras, sobre un **altozano**, es una de las fortalezas más originales de Madrid, construida en el siglo XIV, que tuvo como señor a Fernán Pérez de Guzmán, dedicado al noble arte de la escritura; la **alcazaba** pasó después a manos de Garcilaso de la Vega y aquí estuvieron Góngora, Lope de Vega y Hurtado de Mendoza. Incluso en 1957, escritores de la Generación del 27 se reunieron en este castillo. Y es que no todos han debido sufrir los avatares de la guerra para pasar a la Historia.

(Adaptado del periódico *El Mundo,* "Viajes", 13-5-2000)

HABLEMOS DEL TEXTO

Almenas: Cada uno de los prismas que coronan los muros de las antiguas fortalezas.

Atalayas: Torre en lugar alto para poder divisar todo el espacio.

Sillares: Piedras labradas que forman parte de una construcción de sillería.

Meandro: Cada una de las curvas que describe el curso de un río.

Condestable: Persona que ejercía la primera dignidad de la milicia.

Altozano: Monte de poca altura en terreno bajo.

Alcazaba: Recinto fortificado dentro de una población murada.

EJERCICIOS DE REFUERZO

18. HAZ un resumen del texto que acabas de leer exponiendo las ideas principales.

19. ¿Conoces estos lugares? **BUSCA** fotografías de castillos que conozcas de España y **DESCRIBE** cómo son y dónde están situados.

20. CAMBIA las estructuras que se dan por otras que expresen también deseo. **FÍJATE** para ello en los esquemas gramaticales:

Modelo: *¡Quién pudiera ser rico!*

1. Ojalá vinieran pronto.

5. Quién pudiera ser tú.

2. ¡Que le den lo que pide!

6. Jamás te veas en estas circunstancias.

3. Así te partas la cabeza.

7. No quiera Dios que te vuelva a ocurrir esto.

4. Si te callaras de una santa vez.

8. Si pudiera ser artista algún día.

21. PON en forma afirmativa los verbos de estas frases, reemplazando por un pronombre las palabras en cursiva:

Modelo: No escribas la carta. ⟶ *Escríbela.*

1. No me digas esas cosas.

2. No estropeéis el libro.

3. No ensucies el mantel.

4. No olvidéis el paraguas.

5. No ensucies el suelo.

22. PON en imperativo o presente de subjuntivo los verbos entre paréntesis. Modifica el pronombre complemento si es necesario:

Modelo: (Poner) los calcetines (tú). ⟶ *Póntelos.*

1. (Ponerse) las botas (ustedes).

4. (Hacer, vosotros) el indio.

2. (Coger) (tú) la porcelana con cuidado.

5. No (quedarse, tú) conmigo.

3. (Vestir, usted) con más estilo.

6. (Coger, ellos) los billetes del tren.

LÉXICO

VACACIONES Y VIAJES

SUSTANTIVOS

La ciudad
El pueblo
El campo
La playa
La montaña
La oferta
La temporada alta
La temporada baja
La temporada media
El itinerario
La ruta
El trayecto
El destino
El circuito

El transbordo
El grupo
La guía
La salida
La llegada
La agencia de viajes
El folleto turístico
La agencia mayorista
El chollo
La navidad
La semana Santa
Los carnavales
El viaje organizado
Las excursiones

ADJETIVOS

caro
barato
ruidoso

poblado
privado
oficial

VERBOS

costar
valer
llegar
salir
viajar
disfrutar
circular

reservar
embarcar
atravesar
pagar en divisa
pagar en metálico
pagar con tarjeta de crédito
abonar en cheques

EXPRESIONES

Ponerse moreno.
Para este viaje no se necesitan alforjas*.
Ser un chollo.
Llegar a buen puerto.
Contra viento y marea.

Ligar bronce**.
Hacer escala.
Ir viento en popa.
Tener muchas horas de vuelo.

*Para este viaje no se necesitan alforjas: *lo que se ha hecho no era tan importante como se pensaba.*
**Ligar bronce: *ponerse moreno, tomar el sol para broncearse.*

23. ELIGE el adjetivo o adverbio que más convenga a los enunciados siguientes:

El acompañante sólo pagará el 50% del vuelo ●   ● Ruidoso

Hotel en pleno centro de la ciudad, en la zona de copas ●   ● Gratis

Folletos turísticos de una Oficina Nacional de Turismo ●   ● Oferta

Hotel de cinco estrellas en París ●   ● Barato

Alojamiento en casas de turismo rural ●   ● Caro

24. EXPLICA las ventajas de salir de vacaciones:

- Conocer otra gente.
- Hacer amistades nuevas.
- Aprender y respetar costumbres.
-
-

●

●

●

●

●

25. De las palabras que se te ofrecen, **ELIGE** la que más convenga al sentido de la frase, para rellenar los huecos:

1. En la agencia de viajes que hay al lado de la Universidad hay muchas _____ .

   a) ofrecimientos   *b) ofertas*   *c) chollos*   *d) opciones*

2. El segundo acompañante pagará sólo el 50% del total del viaje, el tercero el 25% y el cuarto ya no tendrá que pagar nada, viajará _____ .

   a) gratuito   *b) de balde*   *c) gratis*   *d) menor*

3. Los pasajeros con destino a Tenerife _____ por la puerta 4.

   a) embarcarán   *b) subirán*   *c) entrarán*   *d) irán*

4. El lugar de _____ del viaje que ha contratado con nosotros es Roma.

   a) llegada   *b) salida*   *c) destino*   *d) origen*

5. La catedral de Burgos es una de las más _____ de España.

   a) ancianas   *b) antiguas*   *c) anticuadas*   *d) añejas*

6. Yo prefiero ir de vacaciones a la playa porque así _____ .

   a) llego a buen puerto   *b) me pongo moreno*   *c) ligo bronce*   *d) voy viento en popa*

EL IMPERIO INCA

Entre las muchas civilizaciones que había en América a la llegada de los españoles, destacan tres: la inca, la maya y la azteca. El imperio inca era inmenso: el que establecieron durante los siglos XV y XVI fue el mayor de todos los de la América prehispánica —y paradójicamente el más breve, pues la mayor expansión de su dominio se produjo en la primera mitad del XV y su destrucción cien años después—.

Los incas dividían el curso del tiempo —igual que los mayas y los aztecas— en períodos de mil años, y hacían corresponder un nuevo sol y una raza de hombres distinta a cada ciclo. A fines del XV se encontraban en la fase del quinto sol. En esa época consiguieron un soberano (Pachacuti Inca Yupanqui) que los reunió a todos bajo su autoridad, y que expandió el imperio desde el actual Ecuador hasta Chile central y las selvas tropicales al este de los Andes.

Poseían una organización social muy compacta. En su territorio todo pertenecía al emperador, excepto la vivienda, los animales domésticos y los objetos personales. Las tierras pasaban de padres a hijos, pero no podían venderse; los que se dedicaban a trabajos colectivos y los militares obtenían los alimentos de depósitos estatales; una parte de la artesanía debía entregarse al estado que, en contrapartida, proporcionaba las materias primas.

Alcanzaron un desarrollo notable la irrigación de terrenos y la red de comunicaciones, pues todo el territorio estaba surcado de caminos provistos de puestos de descanso y restauración.

En la cúspide de la pirámide social estaba el Inca, descendiente del sol, venerado y sacralizado, y que sólo contraía matrimonio con sus hermanas. El cuerpo de sacerdotes era de extracción noble y estaba presidido por un gran sacerdote. La población se concentraba en clanes familiares autónomos, regidos por sacerdotes —*curacas*— que presidían los cultos, el reclutamiento militar y los trabajos colectivos.

Adoraban a un dios supremo, creador y transformador que destruía cíclicamente el mundo para restaurarlo después.

El mecanismo para la ampliación territorial fue la integración de los pueblos vencidos como parte del imperio y no como provincias sometidas, lo que implicaba cambiar el anterior régimen de tributos por el régimen inca de producción y distribución.

Túpac Inca Yupanqui elaboró un censo general de todo su imperio y creó un cuerpo especializado de funcionarios. Esta máquina estatal se basaba en las creencias religiosas. Pero la burocracia no podía administrar tan vasto imperio (más de 4 000 km).

Probablemente su destrucción fue tan rápida por la falta de cohesión entre los diferentes territorios y etnias que lo componían y la dificultad de gobernarlo con una administración elemental.

Elocuente testimonio de su grandeza es el arte y el uso del *quipu*.

LOS IMPERIOS AZTECA Y MAYA

La civilización azteca, contemporánea de la inca, fue muy rica y poderosa. Su máximo esplendor va de mediados del siglo XV a mediados del siglo XVI. El fundamento de su dinamismo guerrero y conquistador fue la fuerte articulación entre religión y política.

La sociedad estaba dirigida por el emperador, asesorado por cuatro dignatarios militares. Se le consideraba un semidiós y era elegido entre los miembros de la familia real por un consejo de nobles, sacerdotes y guerreros. En el escalón siguiente estaban los nobles, en número limitado; por debajo los señores que accedían a la nobleza por méritos en las armas, el comercio o la religión; después los *pipiltin*, o burócratas; luego los hombres libres —la mayor parte de la población— y por último los esclavos. La sociedad se organizaba en torno a la guerra, actividad sagrada que proveía de prisioneros, con cuya sangre se alimentaba a los dioses —la consagración del templo de Tenochtitlán, por ejemplo, se acompañó del holocausto de veinte mil prisioneros—. Todo varón recibía instrucción militar a partir de los quince años, y a los veinte iba al combate. Sólo los nobles eran guerreros de por vida.

Los aztecas desarrollaron una verdadera política cultural: quemaban los libros de los pueblos conquistados, porque no celebraban sus hazañas, y encargaban la redacción de otros.

En su época de mayor esplendor (1486-1503) el imperio tenía diez millones de habitantes.

La sociedad mostraba un estado muy evolucionado: la medicina estaba muy avanzaba; la escritura, en fase ideográfica; la literatura (sobre todo poesía y teatro) fue prolífica y las artes monumentales y decorativas tenían gran nivel.

Con la ayuda de los tlaxcaltecas (enemigos de los aztecas desde mediados del XV), Hernán Cortés inició el proceso de desintegración de esa civilización.

*****

La civilización culturalmente más importante fue la maya que, desde el Golfo de México, se extendió por Mesoamérica, parte de Honduras y Guatemala. Los mayas tenían una organización social y política teocrática. En el siglo X, sin que se sepa bien la causa, comenzó una paulatina decadencia de su civilización, y muchos de los grandes centros de población comenzaron a abandonarse. A mediados del siglo XV hubo una serie de rebeliones internas que terminó con la cultura maya. A la llegada de los españoles ya no existía dicha civilización como tal. Conocían el calendario (desde el siglo III), la escritura, dominaban el arte y la arquitectura, y desarrollaron extraordinariamente la astronomía y las matemáticas.

La lengua maya, actualmente, comprende los dialectos huastecos y una compacta agrupación de lenguas en el estado de Yucatán. En total la hablan unas 350 000 personas.

Lección 10
La ciudad

Lección 10

La ciudad

 DIÁLOGO

La ciudad en que nacimos

(Un matrimonio vuelve a la ciudad en la que ha vivido durante su juventud y la encuentra muy cambiada).

MARÍA ¿Has visto cómo está todo? **No parece la ciudad de donde salimos hace treinta años.**

ÁLVARO Es verdad. **Cuando vivíamos aquí las calles eran estrechas** y apenas había coches. Todo estaba muy cerca de nuestra vivienda y **desde mi casa hasta la escuela tardábamos tres minutos.**

MARÍA Mira ese edificio. **Ahí estaba la fábrica donde trabajaba mi abuelo.** Recuerdo que **al lado había una chocolatería** y **allí** nos llevaban los domingos mis padres **a desayunar chocolate con churros.**

ÁLVARO **Junto a ese banco estaba el cine. Me acuerdo de que los sábados íbamos mis amigos y yo a la taquilla** y sacábamos diez entradas para todos. **Cuando salíamos del cine, nos dirigíamos todos juntos a la taberna** que estaba enfrente y **echábamos una partida de mus.**

MARÍA Mis amigas y yo, **por el camino hacia la escuela, nos entreteníamos comprando y cambiando cromos** en los **soportales.**

ÁLVARO Fíjate ahora cómo está todo. Sólo hay ruido, coches, humo y suciedad en las calles. **Ya no se ve a los niños corriendo por las aceras y jugando por los jardines** de la ciudad.

MARÍA ¡Y a esto lo llaman desarrollo!, **allá por donde pisas hay obras.** Pero..., esta es **la ciudad en que nacimos** y siempre volveremos aquí.

● **Chocolate con churros:** ➡ Típico desayuno; los churros se hacen con harina, sal y agua.

● **Echar una partida de mus:** ➡ Expresión que indica vamos a jugar a un tipo de juego de naipes.

● **Soportales:** ➡ Espacio cubierto a lo largo de una fachada, una calle o una plaza, formado por columnas que sostienen la parte delantera de los edificios.

Observa que en el diálogo se expresa la **LOCALIZACIÓN ESPACIAL** de varias formas.

✓ **La ciudad en que nacimos.**
✓ **No parece la ciudad de donde salimos hace treinta años.**

➡ Las preposiciones de señalización ayudan a expresar los matices de contenido que queramos transmitir.
Estas frases contienen complementos con preposición (*en que nacimos, de donde salimos)* que funcionan como adyacentes de un sustantivo (*la ciudad*).

✓ **Cuando vivíamos aquí las calles eran estrechas…**
✓ **Ahí estaba la fábrica donde trabajaba mi abuelo.**
✓ **Allí íbamos a desayunar chocolate con churros.**

➡ Los adverbios de lugar: **AQUÍ, ALLÍ, AHÍ, ACÁ, ALLÁ…** con o sin preposición, sirven para expresar el espacio. Hacen referencia a uno de los ejes de la comunicación: yo-emisor; tú- receptor; ni tú ni yo.
● **AQUÍ (ACÁ)** ➡ lugar próximo al hablante.
● **ALLÍ (ALLÁ)** ➡ lugar distinto al de la persona que habla, fuera del área en que está.
● **AHÍ** ➡ expresa mayor cercanía que **ALLÍ**.

✓ **Allá por donde pisas hay obras.**

➡ **ALLÁ** y **ACÁ** expresan alejamiento del hablante unido a un valor de movimiento o dinamismo, pero cada vez más frecuentemente se emplean para expresar dirección y sustituyen a **AQUÍ** y a **ALLÍ** en Hispanoamérica.

✓ **Junto a ese banco estaba el cine.**

✓ **Ahí estaba la fábrica donde trabajaba mi abuelo. […] al lado había una chocolatería.**

➡ Los deícticos sitúan un elemento en el espacio con respecto a otros puntos de referencia.
Si el punto de referencia está muy claro, o ha aparecido en el contexto anterior, no es necesario añadirlo.

✓ **Me acuerdo de que los sábados íbamos a la taquilla…**
✓ **Por el camino hacia la escuela nos entreteníamos comprando cromos.**

➡ La dirección se expresa mediante preposiciones.

✓ **Ya no se ve a los niños corriendo por las aceras y jugando por los jardines.**
✓ **Allá por donde pisas hay obras.**

➡ La preposición **POR** no marca dirección, ni límite, sino paso a través de un lugar determinado.
Si **POR** aparece con los verbos **IR, VENIR, VOLVER, PASAR**, etc., puede expresar también un movimiento que va hasta su término, dando a entender a la vez la idea de paso por ese lugar.

✓ **Desde mi casa hasta la escuela tardábamos tres minutos.**
✓ **Cuando salíamos del cine nos dirigíamos todos juntos a la taberna.**

➡ Estas frases expresan procedencia. El punto de partida se indica con **DE** y **DESDE**. Ambos indican un alejamiento progresivo a partir de un punto de origen, pero **DESDE** da más importancia al punto de origen que **DE**. Ambos pueden ir en correlación con **A, HASTA**.

HABLEMOS DEL DIÁLOGO

✓ Me acuerdo de que los domingos íbamos al cine.
✓ Recuerdo que al lado había una chocolatería.

 Los verbos **ACORDARSE (DE ALGO) / RECORDAR (ALGO)** expresan la presencia o disponibilidad inmediata en la mente de información adquirida con anterioridad.

- **ACORDARSE DE** ➜ Se refiere a la disponibilidad inmediata en la mente de datos concretos. Puede usarse para referirse tanto a la disponibilidad en el presente o en el pasado, como a la disponibilidad en el futuro de datos adquiridos en el presente o en el pasado. Recuerda que siempre se refiere a un proceso espontáneo. Significa tener presente un dato en la mente.
- **RECORDAR** ➜ Se puede referir tanto al proceso espontáneo como al hecho de provocar dicho proceso en otro. Significa evocar mentalmente.

EJERCICIOS

1. COMPLETA las frases con una preposición o adverbio que indique localización espacial:

1. Aparcó el coche _____ la derecha del mío.
2. No sé dónde habré puesto las gafas; creo que las dejé _____ el cajón de la mesa de la televisión.
3. Paseando _____ el campo vimos una estrella fugaz.
4. Le encanta meter las manos _____ la comida.
5. Valladolid está _____ de Palencia.
6. Ha nevado mucho _____ el norte de España.
7. He visto a mis amigos _____ la plaza del pueblo.
8. _____ la taquilla había un señor muy simpático.
9. No pudo ver nada de lo que pasaba porque _____ de él había un señor muy alto.
10. Se tumbaron _____ el césped a descansar.

2. COMPLETA las frases con una preposición que indique dirección:

1. Se fueron una semana de vacaciones _____ París.
2. Se llevó las manos _____ la cabeza cuando oyó lo que decían.
3. Bajaron _____ un sótano que había _____ la casa.
4. Todos nos dirigimos _____ la felicidad.
5. Subieron todos _____ la cumbre de la montaña.
6. Después de la guerra algunos exiliados llegaron _____ Rusia en busca de refugio.
7. Todos los días caminamos _____ la escuela.
8. _____ mi ciudad _____ Madrid hay trenes a todas horas.
9. Anduvieron rápidamente _____ la barrera.

Todos los días vamos a la escuela.

3. COMPLETA las frases siguientes con una preposición que indique origen o procedencia:

1. No he visto a Luis _____ el curso pasado.

2. El profesor ordenó que leyéramos _____ el capítulo primero _____ el quinto.

3. _____ el jefe _____ el último obrero, todos somos iguales.

4. Los soldados disparaban _____ la torre del castillo.

5. Nos mandaron estudiar _____ la página cincuenta.

6. _____ aquí en adelante todos haréis lo que yo diga.

7. Nos fuimos _____ mi casa _____ bar para daros la noticia.

8. Vinieron _____ Sevilla _____ Madrid andando sin descansar.

9. Discutieron y se fue _____ la reunión muy enfadado.

10. Ayer te vimos _____ el balcón.

Se fue de la reunión muy enfadado.

4. ¿Cómo localizar distintos sitios? MIRA el plano de León. Observarás que se han señalado distintos lugares. **TRATA DE DAR** indicaciones de cómo ir a los siguientes lugares:

● ¿Cómo se va de San Isidoro al gobierno civil?

● ¿Cómo se va a la catedral desde la Diputación?

● ¿Cómo se va al Sanatorio de Nuestra Señora de Regla desde el parque del Cid?

● ¿Dónde está la Casa de Botines?

5. INVENTA una conversación entre Jaime y Ana similar a la de Julia y Pedro, utilizando adverbios de lugar y preposiciones.

JAIME: _____

ANA: _____

_____

JAIME: _____

ANA: _____

_____

JAIME: _____

ANA: _____

_____

ESCUCHA y **OBSERVA** la siguiente conversación:

JULIA: ¿Por dónde se va a la catedral?

PEDRO: ¿A la catedral? Pues.... es mejor que cojas el autobús número once.

JULIA: ¿Dónde está la parada del autobús?

PEDRO: Vete todo recto. Está a la izquierda. Enfrente del parque.

JULIA: ¿Hay por allí cerca una farmacia?

PEDRO: Pues sí, cerca de la parada verás una calle estrecha donde hay un banco; detrás del banco está la farmacia.

6. LOCALIZA en el siguiente dibujo dónde se encuentra cada habitación o mueble de la casa con respecto al resto.

● ¿Dónde están los dormitorios?

_____

● ¿Dónde está el cuarto de baño?

_____

● ¿Dónde está el salón?

_____

● ¿Dónde está la cocina?

_____

● ¿Dónde se encuentra el ordenador?

_____

● ¿Dónde están las escaleras?

_____

7. En los siguientes titulares de prensa faltan algunas preposiciones. **COLOCA** la preposición adecuada o el adverbio de lugar.

350 kilómetros de las carreteras autonómicas permanecen _____ obras

30 jóvenes construirán mobiliario urbano _____ la casa de oficios del Pinar

El centro llega _____ las Delicias

La Guardia Civil intensifica la busqueda del desaparecido _____ el río Tormes

8. Aquí tienes unas notas que, utilizadas en el orden que creas conveniente, te servirán de guía para llegar a un lugar. **ORDÉNALAS** y **ELABORA** una ruta con los adverbios y preposiciones adecuadas.

Madrid • carretera N 602 • Pozuelo • Las Rozas • • la Puerta de Alcalá • calle Princesa • aparcamiento subterráneo de la calle Velázquez •

Vivo en *Pozuelo*. Para ir a *Madrid* por las mañanas tengo que conducir por la *carretera N 602*

A) **HAZ** lo mismo con otra ruta que sigas tú a diario para ir a clase y cuéntaselo a tus compañeros para que te indiquen un camino más corto.

9. **RESPONDE** a las preguntas ¿A DÓNDE VAS? ¿QUÉ VAS A HACER TÚ ALLÍ?, según el modelo.

Modelo: La estación ➜ *Voy a la estación.*
Voy a coger el tren a Madrid.

	¿A DÓNDE VAS?	¿QUÉ VAS A HACER TÚ ALLÍ?
1. Correos		
2. La parada del autobús		
3. El campo		
4. El restaurante		
5. El cine		

10. ELABORA frases con estos verbos, adverbios, preposiciones y nombres. Hay varias posibilidades.

Modelo: ¿A dónde vas?
Voy al lado de tu casa.

¿A DÓNDE VAS?

Voy
- cerca
- junto
- al lado de
- a

de la calle.
la taberna.
la policía.
el médico.
el balcón.

¿EN DÓNDE ESTÁS?

Estoy
- en
- a la izquierda de
- en medio de

un atasco.
una clase.
una reunión.

¿DE DÓNDE SALES?

Salgo
- de
- para / hacia

Los Ángeles.
una pelicula.
una visita.

¿A DÓNDE VUELVES?

Vuelvo
- de
- desde
- hasta

mi casa.
la cocina.
un viaje.
Sevilla.

----

11. CONTESTA a estas preguntas utilizando los adverbios deícticos: AQUÍ, ALLÍ, AHÍ, teniendo en
cuenta el modelo.

Modelo: —¿Había ya agua en aquella ciudad?
—*No, no había agua allí.*
—¿Estaban estas calles asfaltadas?
—*No, aquí no habían echado el asfalto.*

1. ¿Había en esa heladería un chico muy amable?

2. ¿Estaba este bar en esta esquina?

3. ¿Había aquellas casas tan viejas?

4. ¿Había luz en aquella ciudad?

5. ¿Había gas en esa casa?

6. ¿Había tanta suciedad en esas calles?

7. ¿Había llegado el teléfono a aquel pueblo?

8. ¿Tenían alcantarillado aquellas casas molineras?

9. ¿Había autobuses en esta parte de la ciudad?

10. ¿Había metro en esa ciudad?

12. A la siguiente ruta le faltan los adverbios y preposiciones de lugar. **AÑÁDESELAS** tú.

Iniciamos el recorrido _____ Alar del Rey, donde _____ un lado podemos ver la dársena con sus almacenes y, _____ otro, visitar algunos monumentos románicos _____ la catedral del Canal. Para continuar _____ el Canal seguimos la carretera de Palencia-Santander _____ la segunda retención después de Herrera de Pisuerga. De _____, _____ un camino vecinal, pasando _____ la esclusa, _____ el puente de la carretera Burgos-Herrera, _____ el que nos dirigiremos _____ Herrera para alcanzar después la segunda retención.

13. ELIGE un lugar próximo a donde vives e **INDICA** cómo llegar hasta tu casa a partir del lugar que hayas elegido.

14. OBSERVA este plano del centro de Valladolid.
INDICA dónde está situada la Plaza Mayor con respecto a los demás puntos de referencia.

Modelo: *El ayuntamiento está en la Plaza Mayor.*

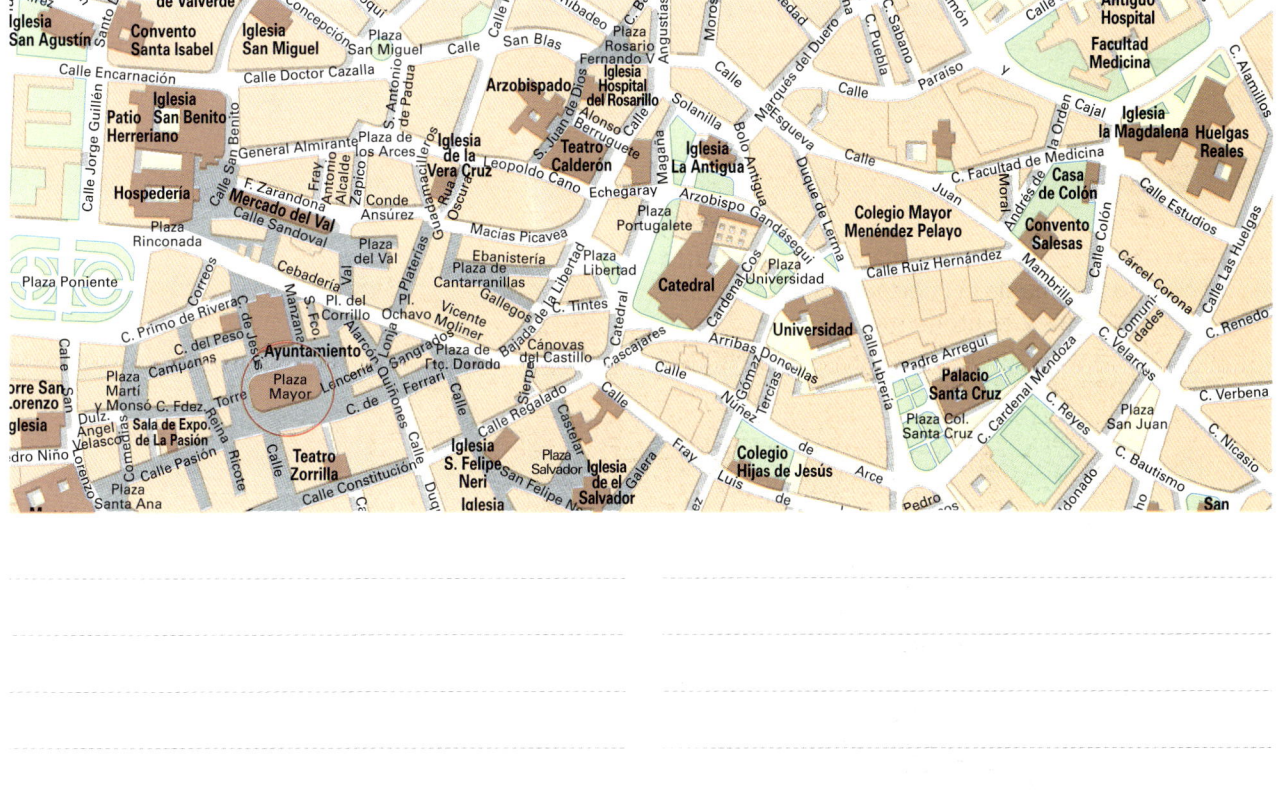

15. ENLAZA por parejas las cláusulas de la columna **A** con las de **B**, teniendo en cuenta que se trata de expresiones de lugar y dirección.

OBSERVA que también puedes utilizar una cláusula de la columna de la izquierda y ver todas las posibilidades de combinación con **B** que sean correctas.

A

Celebraremos la boda **1.** ◉
Comeremos **2.** ◉
Vete **3.** ◉
La casa de mi hermano está **4.** ◉
Aquel semáforo se encuentra **5.** ◉
Le mandaron ir **6.** ◉
Embarcaron rumbo **7.** ◉
Hemos quedado **8.** ◉
Me gusta correr **9.** ◉
Sal **10.** ◉

B

◉ **a.** por los montes.
◉ **b.** de la escuela a las ocho.
◉ **c.** en vernos a las seis.
◉ **d.** a las Islas Vírgenes.
◉ **e.** de aquí.
◉ **f.** hacia la zona azul.
◉ **g.** cerca de la iglesia.
◉ **h.** junto a la farmacia.
◉ **i.** en el restaurante.
◉ **j.** en el Casino.

16. UTILIZA los siguientes adverbios y sintagmas de relación y **CUENTA** una historia. No te olvides de ninguna de estas cinco estructuras:

- Cerca de la estación.
- Allá, al otro lado del pueblo.
- Por los parques de la ciudad.
- Enfrente de la gasolinera.
- Junto a la residencia de ancianos.

17. IMAGINA que eres una azafata y trabajas en la oficina de turismo de la Puerta del Sol de Madrid. Un turista entra y te pregunta cómo ir al Palacio Real. Sobre un plano de la ciudad indícale dónde estás y cómo ir hasta allí.

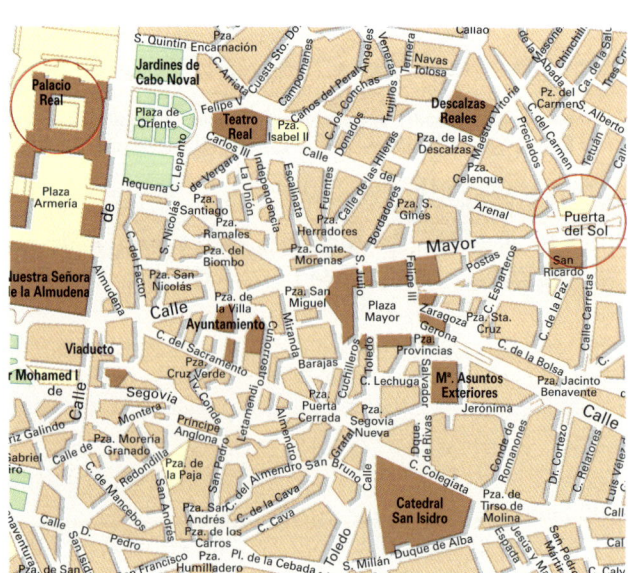

18. En esta postal faltan las preposiciones y adverbios de lugar y dirección. **COLÓCALOS** tú:

Valencia, ... 5 de mayo de 1996

Querida Julia:
Hace dos días que llegamos .... Valencia y no nos cansamos de pasear .... las calles y playas de la ciudad. Todo es muy hermoso y las gentes muy amables y simpáticas. .... nuestro hotel se ve el puerto y .... hay un embarcadero. ....de nuestra habitación hay unos turistas japoneses que hablan español. Por las noches salimos .... hotel todos juntos y vamos .... las salas de fiestas. Espero que .... estéis todos bien.
    Un saludo,
                    Ana

40

Julia Martínez.
Plaza de la Torre, 2.
Oviedo-33002.
ESPAÑA

19. Algunas de estas frases no son correctas porque las preposiciones utilizadas no son las adecuadas. ¿Podrías detectar cuáles? **CORRÍGELAS.**

C - Correcto.
I - Incorrecto.

C   I

☐ ☐ **1.** Junto la plaza del pueblo hay muchos bares.

☐ ☐ **2.** Vino tarde y en los cinco minutos se fue.

☐ ☐ **3.** Desde mi casa a aquí hay tres metros.

☐ ☐ **4.** De mi escuela hay pocos alumnos.

☐ ☐ **5.** Allí cerca está la catedral.

☐ ☐ **6.** A lado de la fuente se encuentra la pérgola.

☐ ☐ **7.** Nadaremos hasta se ponga el sol.

☐ ☐ **8.** Salieron desde su casa y no se las volvió a ver.

☐ ☐ **9.** Iremos de la playa a conocer el mar.

☐ ☐ **10.** Hoy es domingo, así que no nos quedaremos a la casa.

20. En el siguiente artículo faltan algunas preposiciones: **COLÓCALAS** y luego **ESCUCHA** el texto completo.

España, que concentra ya el 73% de población .... el 7% de municipios, ha empezado a aprender la lección de la habitabilidad urbana, ... el punto de hacer posible un catálogo de 'Ciudades para un futuro más sostenible'. .... este informe destacan las experiencias de Andalucía, Baleares, Cataluña, Madrid, Navarra y País Vasco.

.... España se habla oficialmente .... una nueva política emergente de mejora de la habitabilidad y la sostenibilidad de nuestras ciudades, como remedio a la desaforada urbanización que hizo del sufrido ciudadano mucho más que una expresión .... uso. El diagnóstico está claro: la concentración de población aumentó un 20% .... apenas treinta años, desapareciendo 1 100 pequeños municipios rurales, el tráfico se adueñó de la cuarta parte del espacio urbano y este sufrió una gran degradación .... culpa de la polución, el ruido y la especulación inmobiliaria.

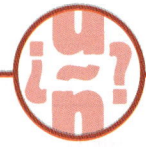

ESQUEMAS GRAMATICALES
LA EXPRESIÓN DEL LUGAR

● **FORMAS DE EXPRESIÓN DEL LUGAR**

- UN SINTAGMA NOMINAL PRECEDIDO O NO DE PREPOSICIÓN

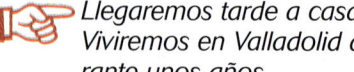
Llegaremos tarde a casa.
Viviremos en Valladolid durante unos años.

✳ Observa que la presencia de la preposición depende de la variante semántica del lugar: *dónde, de dónde, por dónde, a dónde…*

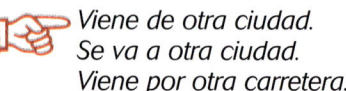
Viene de otra ciudad.
Se va a otra ciudad.
Viene por otra carretera.

✳ Este contenido se da en todas las lenguas, es un universal, y guarda relación con algo o alguien.

✳ Puede responder a un lugar real o imaginado, concreto o abstracto.

- UN ADVERBIO PRECEDIDO O NO DE PREPOSICIÓN, SEGÚN LA VARIANTE DE CONTENIDO QUE EXPRESE

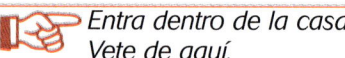
Entra dentro de la casa.
Vete de aquí.

- CLÁUSULA CON VERBO EN FORMA FLEXIVA

Me voy a Cuba (dirección).
Donde las dan las toman. (situacional).

- CLÁUSULA QUE FUNCIONA COMO ADYACENTE DE UN SUSTANTIVO O ADVERBIO DE LUGAR

Nos iremos al sitio en el que nos recibieron amablemente.

● **EXPRESIÓN DE LOS MOVIMIENTOS ESPACIALES MEDIANTE VERBOS**

✓ IR / VENIR

- VENIR 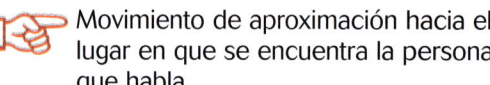 Movimiento de aproximación hacia el lugar en que se encuentra la persona que habla.

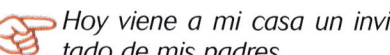
Hoy viene a mi casa un invitado de mis padres.

- IR Movimiento de alejamiento del lugar en que se encuentra la persona que habla.

Voy a tu casa en cuanto pueda.

✓ LLEVAR / TRAER

- LLEVAR Ir con una cosa o persona a algún sitio (IR + transporte).

En esa tienda te llevan la compra a casa.

- TRAER Venir con una cosa o persona a algún sitio (VENIR + transporte).

Cuando vengas a clase, trae los ejercicios hechos.

✓ ANDAR / CAMINAR

Los dos significan lo mismo pero:

- ANDAR También puede expresar un desplazamiento en un vehículo (en coche, metro, moto, bici…), sobre todo en América.

Anduvimos un kilómetro con el coche y se nos estropeó.

- CAMINAR Desplazarse sólo a pie. Se utiliza más en el español de América.

Caminaron por el monte y se cansaron mucho.

✓ IR / VENIR + ADVERBIO DE LUGAR SE TRANSFORMAN EN OTROS VERBOS:

IR / VENIR +

ABAJO → BAJAR	AFUERA → SALIR	ARRIBA → SUBIR
CERCA → ACERCARSE	ADENTRO → ENTRAR	LEJOS → ALEJARSE

ESQUEMAS GRAMATICALES

ORDENACIÓN DEÍCTICA DE LOS ADVERBIOS DE LUGAR

● **SITUACIONALES, SUBJETIVOS, ESTATIVOS**

Hacen referencia a uno de los ejes de la comunicación (yo, emisor; tú, receptor; ni tú-ni yo)

- **AQUÍ**   Se usa para referirse al lugar en el que se encuentra el enunciador.

  ☀ Se utiliza cuando el hablante considera el lugar muy próximo a sí mismo, de forma real o subjetiva.

  ☞ *El encuentro de tunas universitarias es aquí mismo.*

- **ALLÍ**   Se usa para referirse a un lugar distinto al de la persona que habla o que considera fuera del área en la que se encuentra.

  ☞ *Déjalo allí, lejos de nosotros.*

- **AHÍ**   Se usa, como **ALLÍ**, para referirse a un lugar distinto al del hablante, pero **AHÍ** tiene un contenido de mayor cercanía.

  ☞ *Lo encontré ahí, donde está esa silla.*

☀ El **AQUÍ** de dos personas es siempre diferente del **AQUÍ** de una sola. Además, factores subjetivos de afectividad, desprecio… pueden provocar un desajuste y hacernos reemplazar **ALLÍ** por **AQUÍ**.

● **DINÁMICOS, SUBJETIVOS, MULTIDIRECCIONALES**

Añaden un contenido de dirección al grupo anterior (**AQUÍ, AHÍ, ALLÍ**).

- **ALLÁ**   ALEJAMIENTO DEL HABLANTE   ☞ *Vete allá, lejos de mí.*
- **ACÁ**   APROXIMACIÓN DEL HABLANTE   ☞ *Ven acá, que no hemos acabado todavía.*

☀ En la lengua actual, este sistema se ha cruzado con el primero y se ha anulado el contenido de dirección, haciéndose **ACÁ** equivalente a **AQUÍ**, especialmente en Hispanoamérica, o situándolo en la zona entre el **AHÍ** y el **AQUÍ**; **ALLÁ** expresa también una lejanía indefinida sin movimiento.

● **OBJETIVOS, POSICIONALES, ORIENTADORES RESPECTO A UN EJE CUALQUIERA**

Están marcados por los rasgos: **/+ proximidad/ /+ dirección / /+ inmediatez/**. Estos deícticos se distribuyen la dirección o posición respecto al eje de referencia de esta forma:

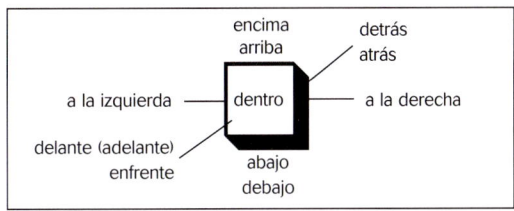

- **ADENTRO** y **AFUERA** están marcados por un rasgo de dirección; los demás por la dirección en el contexto.
- **FUERA** (o **AFUERA**) tienen rasgos de 'exterioridad' que se oponen a **DENTRO** (**ADENTRO**) y **ALREDEDOR**.
- Todos estos adverbios tienen también el rasgo opositivo **'proximidad'/ 'no proximidad'** que se refleja en **CERCA / LEJOS**.

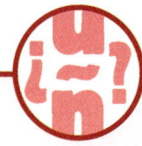

ESQUEMAS GRAMATICALES

LA SITUACIÓN DE UN ELEMENTO EN EL ESPACIO

● **SITUACIÓN DE UN ELEMENTO EN EL ESPACIO**

✓ CON RESPECTO A OTROS PUNTOS DE REFERENCIA

- ENCIMA DE (ARRIBA DE)
- DENTRO DE (ADENTRO DE)
- DELANTE DE (ADELANTE DE)
- A LA IZQUIERDA DE
- ENTRE... Y ...

- FUERA DE (AFUERA DE)
- ENFRENTE DE (FRENTE A)
- CERCA DE
- A LA DERECHA DE
- JUNTO A

- DEBAJO DE (BAJO)
- DETRÁS DE (TRAS DE)
- LEJOS DE
- AL LADO DE

✓ TODOS ELLOS PUEDEN IR SEGUIDOS DE UN DETERMINANTE Y UN SUSTANTIVO O PRONOMBRE.

 El coche está aparcado enfrente del banco.

 *El coche está aparcado delante de ti.*

✓ EN OCASIONES, CUANDO YA ESTÁ CLARO EL PUNTO DE REFERENCIA, NO ES NECESARIO AÑADIR.
- DE + DETERMINANTE + SUSTANTIVO
- DE + PRONOMBRE

 El coche está aparcado enfrente (si los hablantes están situados enfrente del coche).

● **CORRELACIONES ENTRE ADVERBIOS SITUACIONALES**

✓ ANTE - DELANTE DE / TRAS - DETRÁS DE

 El profesor está delante del cuadro. El cuadro está detrás de la mesa del profesor.

✳ DELANTE DE , DETRÁS DE y DEBAJO DE se utilizan más que ANTE, TRAS y BAJO, que son más cultos.

✳ ANTE, TRAS y BAJO tienen significados figurados:

 Bajo mi punto de vista no es bueno continuar así. Ante la ley lo que haces es un delito.

✓ ENFRENTE DE / DELANTE DE

 Enfrente del colegio hay un parque. Delante de la gasolinera hay una señal de stop.

✳ Con FRENTE A / ENFRENTE DE se presentan los dos elementos como si tuvieran la misma entidad.

✳ Con DELANTE DE, el elemento situado es menos importante, de distinto tamaño o entidad.

✓ JUNTO A / CERCA (DE) / AL LADO (DE)

 La farmacia está al lado de Correos. Los servicios están al fondo, junto a la ventana. Cerca de tu casa está la comisaría de policía.

✳ Con JUNTO A y CERCA (DE) se expresa proximidad, sin especificar posición.

✳ Con AL LADO (DE) indicamos contigüidad entre dos elementos.

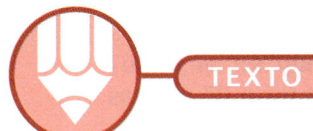

El turismo rural, una moda para escapar de las ciudades

Las vacaciones no escapan a los dictados de la moda. La constante búsqueda de **fórmulas de escape** a la **monotonía** y **saturación** de las grandes y medianas ciudades ha dado lugar a un nuevo modo de viajar por allá y por acá.

El turismo rural o agroturismo ha comenzado a **crecer como la espuma** en los últimos años. Destaca por la posibilidad que ofrece a sus viajeros de disfrutar del mundo rural y del medio ambiente. A través de él se puede participar en la vida tradicional y en las costumbres típicas del campo en las diferentes provincias de cualquier Comunidad Autónoma.

Dinamizar el mundo rural, evitar la despoblación de estos núcleos, obtener ingresos complementarios para la población rural, fomentar el empleo, e impulsar la rehabilitación del patrimonio cultural y artístico de la región, son los objetivos principales de toda Comunidad Autónoma.

Existen en la actualidad más de 1 300 alojamientos rurales repartidos por todo el territorio nacional. Dentro del turismo rural existen tres clases de alojamientos. Están las casas rurales, que son alojamientos en casas tradicionales del medio rural que aún conservan su encanto y atractivo. Las posadas son alojamientos establecidos en edificios con valor arquitectónico tradicional, histórico, cultural o etnográfico; están situadas normalmente sobre castillos o conventos. Y por último, los centros de turismo rural que ofrecen servicios complementarios como la organización de viajes, visitas y rutas, además del alojamiento.

(Adaptado del periódico *El Mundo*)

HABLEMOS DEL TEXTO

Fórmulas de escape: Medidas para evadirse de alguna situación o lugar.
Monotonía: Aburrimiento, hastío.
Saturación: Estar lleno, recargado. Figuradamente, 'sentirse agobiado por algo'.
Crecer como la espuma: Aumentar o crecer enormemente.

21. ¿Aparece esta información en el texto? **SEÑALA** verdadero [V] o falso [F] a estas afirmaciones:

☐ 1. Hay dos tipos de alojamientos: las casas rurales y las posadas.

☐ 2. En España hay más de 1 300 pueblos que organizan excursiones de agroturismo.

☐ 3. Uno de los objetivos del agroturismo es evitar la despoblación de estos núcleos.

☐ 4. Los castillos sirven de alojamiento rural y tienen un valor histórico y cultural muy grande.

☐ 5. Ha nacido un nuevo modo de viajar y de escapar de la monotonía: el turismo rural.

EJERCICIOS DE REFUERZO

22. HAZ una lista con las ventajas e inconvenientes de vivir en una gran ciudad.

....

....

....

23. A la vista de los siguientes titulares de prensa, **ELABORA** preguntas que resuman su contenido:

Modelo: Anoche los presos concluyeron el motín en Sierra Chica y liberan a los 17 rehenes.

→ QUIÉN: *los presos.*
→ QUÉ: *concluyeron el motín y liberan a los rehenes.*
→ DÓNDE: *en Sierra Chica.*
→ CUÁNDO: *anoche.*

TITULARES

1. El Real Madrid volvió a fracasar en el Bernabéu.

→ QUIÉN: ....
→ QUÉ: ....
→ DÓNDE: ....

2. El pianista Baremboim vuelve a sus orígenes.

→ QUIÉN: ....
→ QUÉ: ....

3. Curro Romero se acerca a lo que fue y corta una oreja en Sevilla.

→ QUIÉN: ....
→ QUÉ: ....
→ DÓNDE: ....

4. Heridos cuatro soldados españoles al volcar su vehículo en la ex-Yugoslavia.

→ QUIÉN: ....
→ QUÉ: ....
→ DÓNDE: ....

5. 101 muertos en los 83 accidentes de tráfico ocurridos durante la Semana Santa.

→ QUIÉN: ....
→ QUÉ: ....
→ CUÁNDO: ....

ESQUEMAS GRAMATICALES

LA EXPRESIÓN DE LA SITUACIÓN MEDIANTE PREPOSICIONES

● EXPRESIÓN DE LA SITUACIÓN MEDIANTE PREPOSICIONES

✓ Las preposiciones A, EN, SOBRE, ENTRE, HACIA, POR, expresan localización en el tiempo o en el espacio.

☞ *Te espero a las cinco a la puerta de tu casa.*
☞ *Mi madre nació en Granada en 1950.*

✓ Las preposiciones BAJO y ANTE expresan localización en el espacio; generalmente se prefiere DEBAJO DE, DELANTE DE.

☞ *Los soldados están ante el cuartel* (= delante de).
☞ *Le gusta tomar el sol bajo la sombrilla* (= debajo de).
☞ *Disfruta nadando bajo el agua* (= debajo de).

● PREPOSICIONES QUE EXPRESAN SITUACIÓN

• EN	✓ (= DENTRO DE...) Localización en el interior de un lugar.	☞ *Encontré los sellos en el cajón.*
	✓ (= SOBRE...) Localización en la superficie de un lugar.	☞ *Encontré los sellos en la mesa* (= sobre la mesa).
• A	Con verbos que no sean de movimiento: ✓ la cercanía o proximidad	☞ *Deja los libros a la derecha de tu mesa.*
	✓ la distancia	☞ *Encontró los sellos a un metro de los sobres.*
• EN • SOBRE • ENCIMA DE	EN y SOBRE expresan una localización que en la mente del hablante es precisa, segura y exacta. SOBRE y ENCIMA DE sólo se usan cuando el hablante quiere indicar claramente la superposición de un elemento respecto a otro. Si no, es mejor utilizar EN.	☞ —*Los sellos están en la mesa.* —*No los veo. He mirado en los los cajones y no están.* —*Te he dicho encima de la me- mesa, no dentro de la mesa.*
• POR	Expresa localización, que en la mente del hablante es imprecisa, vaga, aproximada y más insegura.	☞ *He dejado los papeles por ese lado.*
• HACIA	Con verbos que no significan movimiento, expresa inseguridad e imprecisión mayor que POR. Se acentúa el sentido de aproximación y los límites del lugar quedan más diluidos.	☞ *Dejé los libros más o menos hacia el tercer estante.*
• ENTRE	Expresa localización entre dos puntos espaciales precisos.	☞ *Suele poner las gafas entre la televisión y la radio.*

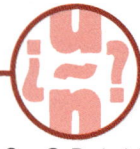

ESQUEMAS GRAMATICALES

LA EXPRESIÓN DE LA DIRECCIÓN Y LA PROCEDENCIA MEDIANTE PREPOSICIONES

● **EXPRESIÓN DE LA DIRECCIÓN MEDIANTE PREPOSICIONES**

Con verbos y sustantivos que expresan movimiento, las preposiciones A, HACIA, PARA, HASTA, indican todas dirección, lugar al que nos dirigimos.

• A	Marca el destino, el movimiento hacia un término preciso que se espera alcanzar.	☞ *Voy a Madrid.*
• HACIA	Con ella lo que interesa es el camino, la idea de dirección hacia un punto. Al hablante no le interesa propiamente el término y se desentiende de si este llega a alcanzarse o no.	☞ *Partieron hacia América en barco, pero no sé si llegarían.* ('camino de…', 'en la dirección de…').
• HASTA	Hace hincapié en el término o límite; al hablante le interesa específicamente el punto terminal de la dirección.	☞ *Llegaron hasta Granada a pie.*
• PARA	En el lenguaje coloquial, puede emplearse en lugar de HACIA y de A.	☞ *Iban andando para casa, cuando se encontraron conmigo.*

● **EXPRESIÓN DE LA PROCEDENCIA MEDIANTE PREPOSICIONES**

Las preposiciones que expresan procedencia, punto de partida, origen en el espacio, son DE y DESDE. Con ambas se indica un alejamiento progresivo a partir de un punto de origen.

☞ *Vengo de Madrid.*

✓ CON UN NOMBRE O VERBO QUE INDIQUEN MOVIMIENTO

• Son posibles las dos, DE y DESDE, pero con DESDE se presta más importancia y se subraya más fuertemente el punto de origen que con DE.

☞ *Vengo de París.*
☞ *Vendieron toda la mercancía y se vinieron desde Roma.*

✓ SIN UN NOMBRE O VERBO QUE INDIQUEN MOVIMIENTO

• Se utiliza DESDE si no hay una correlación que exprese el punto terminal.

☞ *Desde este mirador se ve toda la ciudad.*

• Se puede utilizar DE, DESDE, si existe una correlación con: … A; … HASTA; … EN ADELANTE; … A ESTA PARTE.

☞ *Leí desde la página tres hasta la diez.*
☞ *Leí de la página tres a la diez.*

● **CORRELACIONES ENTRE *A, HASTA, DE, DESDE***

• DESDE … HASTA	Si interesa destacar el punto de origen y el punto terminal.	☞ *Fui corriendo desde tu casa hasta la mía.*
• DESDE … A	Si interesa destacar el punto de origen, pero no el terminal.	☞ *Fui corriendo desde tu casa a la mía.*
• DE … HASTA	Si interesa destacar el punto terminal, pero no el de origen.	☞ *Fui corriendo de tu casa hasta la mía.*
• DE … A	Si no interesa destacar ni el punto de origen ni el terminal.	☞ *Fui corriendo de tu casa a la mía.*

LA CIUDAD

SUSTANTIVOS

Lugares

La ciudad
El poblado
El territorio
El distrito
La urbe
El pueblo
El casco urbano
La judería
La morería
El burgo
La capital
El municipio

El cuartel
La metrópoli
La localidad
La aldea
El suburbio
La villa
El emporio
El barrio
La población
El centro
La barriada

Personas

El ciudadano
El habitante
El vecino
El residente
El elector
El burgués
El paisano

Vías de comunicación

La calle
El camino
La ruta
La senda
El sendero
La vereda
La carretera
La calzada
La rúa
El carril
La ronda
El pasaje

El atajo
El paseo
La avenida
La travesía
La vía
La arteria
El bulevar
La rambla
El callejón
El pasadizo
La calleja

ADJETIVOS

poblado
ancho
alejado
despoblado

estrecho
cercano
natural (de)
domiciliado

VERBOS

rodear
cercar
circundar
circunvalar
acordonar

amurallar
transitar
circular
atravesar
cruzar

EXPRESIONES

hacer calle: abrir paso.
echar a la calle: despedir.
echarse a la calle: sublevarse.
rondar la calle: cortejar.

24. BUSCA un sinónimo de estas palabras:

1. Cívico: ....
2. Ciudadano: ....
3. Población: ....
4. Atravesar: ....

25. ¿QUÉ sufijos podrías añadir a la palabra CALLE para formar otras palabras?

....

....

....

....

26. COMPLETA estas frases con AQUÍ (ACÁ) o ALLÍ (ALLÁ) según convenga:

1. En estas oficinas me tienen de .... para ....
2. Me marcharé a Brasil y me quedaré .... para no regresar jamás.
3. Vaya usted a la acera de enfrente y .... le explicarán lo sucedido.
4. —El carnet, por favor. —.................... lo tiene.
5. Siga todo recto y al llegar a las afueras .... le seguirán indicando.

27. ELIGE la respuesta adecuada:

1. ¡Baja a por el libro, está (arriba, abajo, detrás) .... en el salón!
2. El coronel nos mandó dar un paso (debajo, delante, atrás) ....
3. Hoy comemos (afuera, al frente, adelante) ....
4. El coche de policía se pasó toda la tarde rondando (debajo, enfrente, alrededor de) .... la plaza.
5. Ni me toques. Sal (dentro, fuera, enfrente) .... de mi vida.
6. Pon los pantalones (dentro, fuera, enfrente) .... del armario.
7. Los manifestantes se concentraron (frente a, debajo, sobre) .... la Delegación de Hacienda.
8. Yo vivo en el segundo y mi hermana en el tercero. Todos los días voy (arriba, abajo, al lado) .... a visitarla.
9. Poned las zapatillas (junto, detrás, debajo) .... de la chimenea.
10. No te escondas (bajo, delante, detrás) .... de tu madre.

28. BUSCA el intruso:

a) Sendero – callejuela – población – calzada   ➡   ....
b) Urbe – centro – barrio – paisano   ➡   ....
c) Habitante – rambla – vecino – residente   ➡   ....
d) Circular – cercar – elector – amurallar   ➡   ....

OTRAS CULTURAS PREHISPÁNICAS

Aunque de menor fuerza que las tres culturas citadas, hay numerosas culturas en el mundo prehispánico, sobre todo las de Venezuela, Colombia y Ecuador.

El territorio venezolano recibió influencias culturales muy variadas, pues su situación es una encrucijada donde se encuentran y mezclan corrientes culturales de América central, Colombia, Ecuador, las Antillas y la cuenca orinoco-amazónica. Por ello su cultura está compuesta de múltiples rasgos yuxtapuestos en las sucesivas corrientes de población, mucho más desarrollada en la Venezuela occidental que en la oriental.

El territorio colombiano tenía gran pluralidad de grupos culturales, por su diversidad geográfica y su amplitud. La población indígena habitaba áreas muy concretas y aisladas unas de otras. En el plano social hay diferencias patentes entre individuos. Hay especialización artesanal en cerámica y orfebrería. Y tienen jefes o sacerdotes principales; sobre todo en la costa caribeña. Destacan las culturas San Agustín, Sinú, Quymbaya, Tairona, Muisca o Chibcha.

En la frontera de Ecuador y Colombia surgen varias culturas, entre las que destaca la Tumaco-Tolita. Sus habitantes vivían en un ámbito de tierra y mar muy fértiles. Su economía es de base agraria. Tienen una artesanía muy variada y rica en alfarería, orfebrería, textiles, conchas, cuero, plumas, etc. Su área de población fue un foco cultural importantísimo e incluso centro de peregrinación, pues tenían el centro ceremonial "La Tolita".

El territorio ecuatoriano fue foco de novedades culturales y zona de contactos con grupos humanos de Mesoamérica, transpacíficos y andinos. La base de su economía era agraria. Los núcleos de población eran aldeas con estructuras urbanas y arquitectónicas simples. En el plano político, estaban organizados en señoríos o cacicazgos. Sus principales culturas fueron las Tiaone, Jama-Coaque, Bahía, Guangala, Jambelí, Tejar-Daule, Guayaquil y Tuncahuán.

Los Andes centrales —el espacio del Perú— fueron la zona de mayor nivel de desarrollo social y político en la época prehispánica, con un proceso de desarrollo que culmina con los incas.

Políticamente era el área más avanzada, con un estadio de jefaturas consolidadas, señoríos y estados. Tenían una economía basada en la agricultura de alto rendimiento —con obras complejas de ingeniería (canales, diques, pantanos, terrazas)—, en el pastoreo (de llamas y alpacas); y en la riquísima pesca costera. Tenían una sociedad estamental, una buena organización administrativa y una especialización artesanal. Además de la inca, destacan las culturas Mochica, Vicús, Nazca, Recuay y Tiahuanaco.

Lección 11

Me quedo con ella

Me quedo con ella

 DIÁLOGO

¿Me acompañas a comprar un regalo?

TERESA Oye, Julia, **¿me acompañas a comprar un regalo para Fernando?** Es que el viernes es su cumpleaños y **no sé qué regalarle.**

JULIA **Vale.** Además a mí me encanta ir de compras.

TERESA En cambio, yo odio las compras. Me rompo la cabeza pensando posibles regalos, pero las cosas que me gustan suelen ser bastante caras y no tengo mucho dinero para esos gastos.

JULIA No te preocupes, **algo encontraremos.** Vamos a ver la sección de Oportunidades de estos Almacenes.

EMPLEADO ¡Hola! ¡Buenas tardes! ¿Puedo servirles en algo o ya las atienden?

TERESA Pues aún no. Estábamos mirando porque queríamos comprar algo para regalar a un chico de nuestra edad, pero...

EMPLEADO Tienen muchísimas cosas. Desde una colonia, un monedero de piel, un portarretratos, hasta prendas de vestir o de deporte.

JULIA Fíjate, esas chaquetas de punto parecen muy bonitas. ¿Nos las puede enseñar?

EMPLEADO **¡No faltaba más!** Miren, esta de rombos vale 10 000 pts.; esta en un color liso es de 8 000. Son de lana cien por cien.

TERESA ¿No tiene alguna más barata?

EMPLEADO Tenemos algunas tallas sueltas de una chaqueta de excelente calidad, de lana **con un poquito de fibra** que le da más resistencia, y de muy buen precio: 5 000. Estas son las que nos quedan. Son una **ganga.**

JULIA ¡Qué suerte! Esta es la talla de Fernando, creo que le estará bien, ¿a ti qué te parece?

TERESA Sí, es su talla, le quedará perfectamente. Me gusta el color granate, la **hechura** y... también el precio. No lo pienso más, me quedo con ella. ¿Puede envolvérmela para regalo?

EMPLEADO Por supuesto, pero tienen que ir a la caja central con el ticket de compra y allí se lo empaquetan.

- **Vale:** ➡ De acuerdo. Está bien. (Fórmula coloquial).

- **¡No faltaba más!:** ➡ Aquí significa: *¡Por supuesto! ¿Cómo no?* En otros contextos expresa rechazo de una proposición que no parece adecuada o conveniente.

- **Con un poquito de fibra:** ➡ Fibra sintética en pequeña proporción.

- **Ganga:** ➡ Aquí prenda de cierto valor que cuesta poco dinero.

- **Hechura:** ➡ Confección de una prenda de vestir.

Fíjate en el diálogo, parece como si se hubiera ido tachando el pronombre sujeto:

✓ **¿Me acompañas (tú) a comprar [...]?**
✓ **(Yo) no sé qué regalarle.**
✓ **Algo encontraremos (nosotras).**

➡ En español no se suele utilizar el pronombre sujeto porque las terminaciones de los verbos indican la persona.

➡ CASOS EN QUE APARECE EL PRONOMBRE PERSONAL SUJETO:

- Para dar énfasis o poner de relieve a dicho sujeto. ➡ *Yo opino que...*

- Para marcar el contraste entre dos personas. ➡ *Yo leo y tú coses.*

- Para distinguir el género en el caso de 3ª persona. ➡ *Él / ella salió pronto.*

- Cuando se suprime el verbo. ➡ *Juan compró un periódico y yo, dos revistas.*

EJERCICIOS

1. BUSCA las formas verbales del diálogo y **SEÑALA** la persona sujeto y el pronombre correspondiente.

Modelo: Oye: *segunda persona del singular* ➡ **TÚ.**

2. **LEE** atentamente las siguientes frases e **INTENTA** analizar qué significado aporta a cada una el pronombre sujeto.

1. Tu arreglas la casa y yo hago la compra.

2. Yo sé muy bien lo que pasa en ese negocio.

3. Tengo que estudiar este tema. Tú ya te lo sabes, pero yo no.

4. Por la mañana vino él y por la tarde se acercó ella.

5. El conferenciante repetía: yo pienso, yo creo, yo opino...

6. A mi amiga le gustan las compras, pero yo las odio.

7. Juan y Luisa son novios. Él trabaja en una oficina y ella estudia mecanografía.

8. —¿Has cogido el disco? —No, yo no.

Juan y Luisa son novios. Él trabaja en una oficina y ella estudia mecanografía.

3. **SUSTITUYE** la parte en cursiva de las siguientes frases por el pronombre correspondiente.

Modelo: La cajera envolvió *el paquete* con papel de regalo.
La cajera LO envolvió con papel de regalo.

1. ¿Tienes *un coche nuevo*?

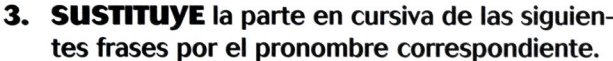

2. Después del viaje, los niños parecen *cansados*.

3. Hemos comprado *una corbata de seda*.

4. Casi todos los jugadores de este equipo miden *dos metros*.

5. Te mandé *que prepararas el segundo tema*.

6. Toda la fruta que hemos comprado ha costado *dos mil pesetas*.

7. La dueña de la tienda es *muy simpática*.

> **FÍJATE** en la posición que ocupa el pronombre en estas transformaciones: va antepuesto al verbo.
>
> *He comprado la revista.* ➔ **LA** he comprado.
> *El profesor corrigió el dictado.* ➔ **LO** corrigió.
> *El enfermo tomó las medicinas.* ➔ **LAS** tomó.
> *El poeta leyó los versos.* ➔ **LOS** leyó.
> *Te exijo que lo devuelvas.* ➔ Te **LO** exijo.
> *Mi novia es bastante alta.* ➔ **LO** es.

Toda la fruta que he comprado ha costado dos mil pesetas.

4. **REPASA** el diálogo y **DÍ** qué formas verbales utilizan Julia y Teresa para hablar entre ellas. ¿Y cuando se dirigen al dependiente? ¿Qué formas verbales emplea este?

TRANSFORMA ahora los verbos usados con tuteo en las formas correspondientes al tratamiento de cortesía y viceversa.

5. **SUSTITUYE** la parte en cursiva de las siguientes frases por el pronombre correspondiente. **TEN EN CUENTA** que se trata del destinatario o receptor.

Modelo: Puso un telegrama *a su madre.*
LE puso un telegrama.

1. Compraron un regalo *a Fernando*.

2. Ofreció un cigarrillo *a sus amigos*.

3. Dieron un homenaje *a la Directora*.

4. Repartieron el correo *a las alumnas internas*.

5. Habéis prometido una postal *a María*.

6. Ordenó *al jardinero* que recortara el seto.

7. La directora de la empresa explicó el negocio *a sus socios*.

8. Dedicó el libro *a su hijo*.

Compraron un regalo a Fernando.

La directora de la empresa les explicó el negocio.

FÍJATE bien cómo están construidas estas frases:

✓ Me **gusta** que mis amigos se acuerden de mí.

✓ Me **gustan** las películas del oeste americano.

✓ Te **sobra** mucho tiempo.

✓ Ya ha terminado el collar y le **han sobrado** quince cuentas.

La concordancia que se aprecia entre la parte en cursiva y el verbo, pone de manifiesto que la función de sujeto es realizada por / que mis amigos se acuerden de mí / las películas del oeste americano / mucho tiempo /quince cuentas. Los pronombres **ME**, **TE**, **LE** representan al destinatario o complemento indirecto.

Advertencias: ✱ La presencia de la formas tónicas **A MÍ**, **A TI**, etc. exige la forma pronominal átona y en este orden: **A MÍ ME**, **A TI TE**, etc. En cambio, la forma átona no exige la tónica.

✱ Cuando hay otros pronombres átonos con **SE**, el primero en la secuencia siempre es **SE**: Se te torció el tobillo.

6. **CONSTRUYE** frases con estas palabras. Tienes que elegir una de cada columna.

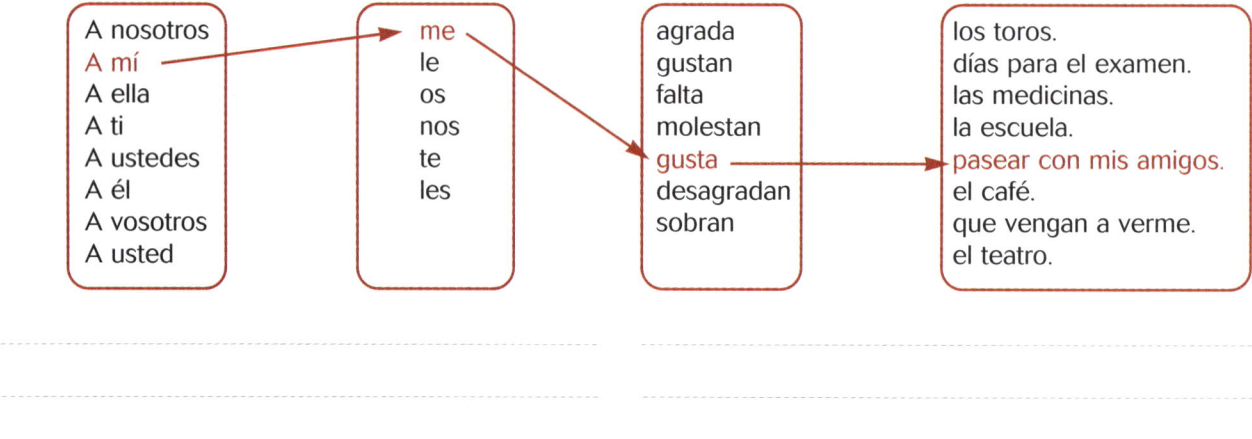

A nosotros	me	agrada	los toros.
A mí	le	gustan	días para el examen.
A ella	os	falta	las medicinas.
A ti	nos	molestan	la escuela.
A ustedes	te	gusta	pasear con mis amigos.
A él	les	desagradan	el café.
A vosotros		sobran	que vengan a verme.
A usted			el teatro.

7. **CONSTRUYE** frases con las palabras siguientes y **SUSTITUYE** la cursiva por el pronombre átono correspondiente.

Modelo: A mí - romper - la máquina de fotos.
(A mí) ME han roto la máquina de fotos.

1. La maquilladora - a mí - los ojos - pintar.

2. Este niño - no - comer - a mí - nada.

3. Un chico - acercarse - a mí - y - a mí - pedir - dinero.

4. La gente - a él - aproximarse - para - saludar - a él.

5. A ti - doler - la cabeza.

REFLEXIONA sobre el ejercicio 7:

✓ *La maquilladora ME pinta los ojos.*
✓ *TE duele la cabeza.*

➡ En estas frases el pronombre pone de relieve el valor posesivo. Hay quien considera que es el artículo el que expresa este sentido posesivo, porque decimos: *La maquilladora me pinta los ojos*, y no *La maquilladora me pinta mis ojos*. Pero es el pronombre *me* el que indica la persona "poseedora de esos ojos".

✓ *Este niño no ME come nada.*

➡ El pronombre indica la persona que tiene gran interés en lo expresado por el verbo. El pronombre *me* marca la persona que tiene interés, y en este caso preocupación de que el niño no coma.

✓ *Un chico se ME acercó y me pidió dinero.*
✓ *La gente se LE aproxima para saludarle.*

➡ El pronombre señala la persona como meta o dirección de un movimiento.

---

8. **IDENTIFICA** el valor (posesivo, interés, dirección) que expresan los pronombres en cursiva:

1. *Me* han llevado a mi novio a la "mili" (servicio militar).

2. ¡Qué gracioso! Se *le* rompió el pantalón.

3. Se *me* vino encima una nube de periodistas para preguntarme por el premio.

4. ¡No te *me* escondas!

5. *Le* acercaron el micrófono.

---

9. En ejercicios anteriores has sustituido el CD y el CI por el pronombre correspondiente, pero de forma separada. Ahora **SUSTITUYE** conjuntamente ambas funciones. Están en cursiva.

Modelo: He pintado *este paisaje para vosotros.*
CD: este paisaje ➜ masculino ➜ **LO.**
CI: para vosotros ➜ 2ª pers. plural ➜ **OS.**
Os lo he pintado.

1. Eva y Ana compraron *una corbata a Felipe.*

2. He regalado *un libro de cuentos a tu hermanita.*

3. Jaime resolvió *los ejercicios a sus compañeros.*

4. El padre prohibió *a su hijo que cogiera el coche.*

5. El dependiente mostró *las corbatas a Eva y Ana.*

Los pronombres átonos se colocan delante del verbo —excepto con algunas formas verbales— con este orden: **CI + CD.**

En el caso de que los dos pronombres sean de 3ª persona, el **CI** se transforma en **SE.**

Ejemplo: *El jefe mandó a sus empleados que hicieran el balance anual.*
CI: **LES.**
CD: neutro **LO.**
*El jefe **les lo** mandó.
El jefe **se lo** mandó-.

Los pronombres van pospuestos al Infinitivo, gerundio y forma del imperativo, y se fusionan en la escritura formando una sola palabra (=enclíticos).

INFINITIVO	Todos aplaudieron al ver *a los payasos.*	→	AL VER**LOS**
GERUNDIO	Limpiando *la habitación*, encontré varias monedas.	→	LIMPIÁNDO**LA**
IMPERATIVO	Lee en voz alta *estos versos.*	→	LÉE**LOS**

En las perífrasis de infinitivo y gerundio los pronombres pueden ir antepuestos al verbo auxiliar por estar conjugado, o bien pospuestos y enclíticos al infinitivo y gerundio, pero no intercalados entre verbo auxiliar y verbo principal.

INFINITIVO:	Voy a escribir *una carta.*	→	VOY A ESCRIBIR**LA.**
			LA VOY A ESCRIBIR.
GERUNDIO:	Estoy corrigiendo *el examen a mis alumnos.*	→	ESTOY CORRIGIÉNDO**SELO.**
			SE LO ESTOY CORRIGIENDO.

10. CORRIGE el mal empleo de los pronombres en estas frases:

1. Me lo repita, por favor.
2. Delegado, les ordena a tus compañeros que contesten la encuesta con seriedad.
3. La lavadora quiero la tener antes del sábado.
4. Esta catedral es impresionante. Me alegro de la haber visto.
5. El viaje fue tan interesante que todos estaban satisfechos de haber podídolo hacer.
6. Estábamelo contando.

11. COMPLETA con el pronombre adecuado el espacio vacío. Recuerda que el **CD** puedes sustituirlo por **LO** (masculino), **LA** (femenino) y **LO** (neutro):

1. (Masculino - persona) Encontré *a Felipe* y .... saludé efusivamente.
2. (Masculino - cosa) *El castillo* estaba semiderruido, pero .... reconstruyeron.
3. (Femenino - persona) *La inspectora* visitó la escuela y los niños .... miraban con curiosidad.
4. (Femenino - cosa) He lavado *la vajilla* y después .... he guardado.
5. (Neutro) Te dije *que me grabaras ese programa de televisión* y no .... has hecho.

La inspectora visitó la escuela y los niños la miraban con curiosidad.

12. TRANSFORMA cada frase, afirmativa y negativamente, según el modelo:

Modelo: Haz las maletas a tu hermano.
  ➡ *Házselas.*
  Haga las maletas a su hermano.
  ➡ *Hágaselas.*
  No hagas las maletas a tu hermano.
  ➡ *No se las hagas.*
  No haga las maletas a su hermano.
  ➡ *No se las haga.*

1. Pon esta nota a Juan.

2. Pide la factura al vendedor.

3. Botones, lleve este cuadro a Martínez.

4. Di la verdad a tu hermana.

5. Traduzca este documento para la Embajada.

> El mandato afirmativo se expresa —además del presente y futuro de Indicativo- con imperativo cuando se tutea al interlocutor. Pero cuando el tratamiento es de cortesía *(Ud.)* se usa el presente de subjuntivo. Cuando el mandato es negativo se usa subjuntivo en los dos tratamientos.
>
> Lee (tú) la carta. ➡ Lea (Ud.) la carta.
> No leas (tú) la carta. ➡ No lea (Ud.) la carta.

13. ESCRIBE los pronombres adecuados en los espacios vacíos:

Modelo: Los cursos __*los*__ anuncian en este folleto.

1. A tus hijos _____ he visto muy crecidos.

2. Sacó un cigarrillo y _____ encendió.

3. El autobús _____ cojo en la Plaza de San Juan.

4. El Presidente se asomó al balcón y _____ aplaudieron.

5. Al jefe del partido _____ puedes criticar _____ , pero sin pasarte.

> El uso académico para el **CD** de persona masculina es **LO**, pero también admite **LE**.
>
> *A Felipe LE veo todas las mañanas.*
>
> Este fenómeno se llama **leísmo de persona**. Muchos escritores son leístas.
>
> El **leísmo** referido a **cosas** no está aceptado por la Real Academia Española.
>
> **El coche LE aparqué en doble fila.*

14. CONSTRUYE frases con estas palabras y **SUSTITUYE** lo que está en cursiva por el pronombre adecuado. Recuerda que puedes sustituir el **CI** por los pronombres **LE** (singular) y **LES** (plural).

1. Dar - permiso - *a la chica de servicio.*

2. Hacer - un regalo - *a las monjas.*

3. Vender - *a las fábricas* - la leche.

4. Poner - *a Santa Rita* - una vela.

5. Explicar - la operación - *a la enfermera.*

Modelo: Llevar - *a su hija* - flores. ➡ Le llevó *flores.*
  ➡ *Se las llevó.*

FÍJATE en estas frases:

- A mi amiga LA escribí una postal por su santo.
- A mis compañeras LAS dediqué una canción.

El uso de **LA** y **LAS** en el complemento indirecto —en vez de **LE** y **LES**— se denomina **LAÍSMO**. Es rechazado por la Academia.

15. SUSTITUYE lo que está en cursiva por el pronombre de CI:

Modelo: Juan regaló una sortija *a su novia*
Juan LE regaló una sortija.

1. Dio un beso *a su sobrina.*

2. Concedieron una medalla *al militar jubilado.*

3. Sobró mucho tiempo *a las concursantes.*

4. Pegó un bofetón *a su adversario.*

5. Repartieron paga extra *a los soldados.*

FÍJATE en estas frases:

- LO dio una paliza (a él, a ella, a Ud.).
- LOS enviaré las revistas solicitadas (a ellos, a ellas, a Uds.)

El uso de **LO** y **LOS** en el complemento indirecto —en vez de **LE** y **LES**— se denomina **LOÍSMO**. Es inaceptable y es considerado muy vulgar.

16. CONSULTA los esquemas gramaticales sobre el orden en la secuencia de varios pronombres y **COLOCA** en el lugar adecuado el pronombre que va en cursiva:

Modelo: Olvidós*eos* guardar la fruta y la verdura en la nevera.
Se os olvidó guardar la fruta y la verdura en la nevera.

1. *Me* se cayó el bolígrafo.

2. No te *se* nota el disgusto.

3. Se habían*lo* comprado.

4. No me *te* vayas tan pronto.

5. Nos olvidó *se* el paraguas en el bar.

6. Lo *se* comuniqué a primera hora.

7. A la solista del grupo *me* querían presentar*la*.

8. Este billete *me* cámbielo, por favor.

ESQUEMAS GRAMATICALES
PRONOMBRES PERSONALES I

● **PRONOMBRES PERSONALES EN FUNCIÓN DE SUJETO**

1ª persona singular		**yo**
2ª persona singular	(Confianza)	**TÚ**
	(Cortesía) Verbo 3ª persona	**USTED**
3ª persona singular	Masculino	**ÉL**
	Femenino	**ELLA**
	Neutro	**ELLO**
1ª persona plural	Masculino	**NOSOTROS**
	Femenino	**NOSOTRAS**
2ª persona plural	(Confianza) Masculino	**VOSOTROS**
	(Confianza) Femenino	**VOSOTRAS**
	(Cortesía) Verbo 3ª persona	**USTEDES**
3ª persona plural	Masculino	**ELLOS**
	Femenino	**ELLAS**

Nota: En gran parte de Hispanoamérica se utiliza el pronombre **VOS** (voseo) en vez de la forma **TÚ** en la conversación. La forma de plural no puede ser **VOSOTROS**; por eso se utiliza **USTEDES**.

En España:	**TÚ tienes**	**VOSOTROS tenéis**
Con voseo:	**VOS tenés (=tenéis)**	**USTEDES tienen**
	VOS tienes	

● **PRONOMBRES PERSONALES EN FUNCIÓN DE COMPLEMENTO DIRECTO**

		FORMAS ÁTONAS	FORMAS TÓNICAS CON PREPOSICIÓN
1ª persona singular		**ME**	**a MÍ**
2ª persona singular	Confianza	**TE**	**a TI**
	Cortesía (masc.)	**LO/LE***	**a USTED**
	Cortesía (fem.)	**LA**	**a USTED**
3ª persona singular	Masculino	**LO/LE***	**a ÉL**
	Femenino	**LA**	**a ELLA**
	Neutro	**LO**	**a ELLO**
1ª persona plural		**NOS**	**a NOSOTROS / -AS** (femenino)
2ª persona plural	Confianza	**OS**	**a VOSOTROS / -AS** (femenino)
	Cortesía (masc.)	**LOS/LES***	**a USTEDES**
	Cortesía (fem.)	**LAS**	**a USTEDES**
3ª persona plural	Masculino	**LOS**	**a ELLOS**
	Femenino	**LAS**	**a ELLAS**

● **PRONOMBRE PERSONAL EN FUNCIÓN DE ATRIBUTO**

El neutro **LO** es la única forma pronominal que sustituye o se conmuta por cualquier atributo, cuando esta sustitución es posible.

● PRONOMBRES PERSONALES EN FUNCIÓN DE COMPLEMENTO INDIRECTO

			FORMAS ÁTONAS	FORMAS TÓNICAS CON PREPOSICIÓN
1ª persona singular			ME	a MÍ
2ª persona singular	Confianza		TE	a TI
	Cortesía		LE	a USTED
3ª persona singular	Masculino		LE (SE)*	a ÉL
	Femenino		LE (SE)*	a ELLA
1ª persona plural			NOS	a NOSOTROS / a NOSOTRAS
2ª persona plural	Confianza		OS	a VOSOTROS / a VOSOTRAS
	Cortesía		LES	a USTEDES
3ª persona plural	Masculino		LES	a ELLOS
	Femenino		LES	a ELLAS

* En la secuencia de pronombres **INDIRECTO + DIRECTO**, el pronombre **LE** es sustituido por **SE**.

✻ El pronombre de complemento indirecto además de expresar el destinatario puede indicar **interés**, **posesión** y **dirección**.

● SUSTITUCIÓN CONJUNTA DE COMPLEMENTO DIRECTO y COMPLEMENTO INDIRECTO

El orden es:
COMPL. INDIRECTO + COMPL. DIRECTO

El Complemento indirecto de 3ª persona, tanto de singular como de plural se convierte en **SE**.

Yo os dí el balón a vosotros.
Yo os lo dí.

Yo di el balón a los niños.
Yo se lo dí.

● COLOCACIÓN DE LOS PRONOMBRES ÁTONOS

✓ ANTEPUESTOS	FORMA VERBAL CONJUGADA		*Me lo dio.* *Se lo compré.*
✓ POSPUESTOS Y ENCLÍTICOS	INFINITIVO		*Dártelo.*
	GERUNDIO		*Dándoselo.*
	IMPERATIVO		*Dámelo.*
✓ ANTEPUESTOS O POSPUESTOS	PERÍFRASIS DE INFINITIVO		*La voy a leer.* *Voy a leerla.*
	PERÍFRASIS DE GERUNDIO		*La estoy leyendo.* *Estoy leyéndola.*

● EL TRATAMIENTO PERSONAL EN LA EXPRESIÓN DEL MANDATO

MANDATO AFIRMATIVO	Tratamiento de TÚ	IMPERATIVO O INDICATIVO	*Escribe la carta.*
	Tratamiento de USTED	SUBJUNTIVO	*Escriba la carta.*
MANDATO NEGATIVO	Tratamiento de TÚ	PRESENTE DE SUBJUNTIVO	*No escribas la carta.*
	Tratamiento de USTED	PRESENTE DE SUBJUNTIVO	*No escriba la carta.*

ESQUEMAS GRAMATICALES

PRONOMBRES PERSONALES III

● **LEÍSMO, LAÍSMO Y LOÍSMO**

✓ **LEÍSMO:** Uso de **LE** en CD, en vez de **LO**:
  - El leísmo de persona está admitido.
  - El leísmo de cosa no está admitido.

 A Juan LE ví en el bar.
*El cuadro LE colgué en el pasillo.

✓ **LAÍSMO:** Uso de **LA** en CI, en vez de **LE**.
  - Uso criticado y rechazado.
  - Debe decirse:

LA regalé una caja de bombones a la profesora.
LE regalé una caja de bombones a la profesora.

✓ **LOÍSMO:** Uso de **LO** en CI, en vez de **LE**.
  - Uso vulgar, es rechazado.
  - Debe decirse:

 LO di un empujón.
LE di un empujón.

● **ORDEN EN LA SECUENCIA DE VARIOS PRONOMBRES PERSONALES**

✓ Cuando está presente la forma **SE**, esta siempre va en primer lugar y ofrece estas combinaciones:

SE +			
	ME	1ª pers. singular	*Se me cayó un botón.*
	NOS	1ª pers. plural	*Se nos perdió el perro.*
	TE	2ª pers. singular	*Se te rompió la camisa.*
	OS	2ª pers. plural	*Se os olvidó la entrada.*
	LO (LE)	3ª pers. singular. Masculino (leísmo)	*Se lo acercaré (el bolígrafo).*
	LA	3ª pers. singular. Femenino	*Se la dio (la pluma).*
	LO	3ª pers. singular. Neutro	*Se lo había dicho ya.*
	LOS (LES)	3ª pers. plural. Masculino (leísmo)	*Se los compró (los libros).*
	LAS	3ª pers. plural. Femenino	*Se las regaló (las libretas).*

✓ Cuando los pronombres son de 1ª persona y de 3ª, siempre va en primer lugar la 1ª persona.

ME + NOS			
	LO (LE)	Masculino singular	*El libro me lo dará mañana.*
	LA	Femenino singular	*La casa ya nos la compraremos.*
	LO	Neutro	*Me lo dijo Pérez.*
	LOS (LES)	Masculino plural	*Los cafés nos los traerán luego.*
	LAS	Femenino plural	*Esas plantas me las regalaste tú.*

✓ Cuando los pronombres son de 2ª persona y 1ª, siempre va en primer lugar la 2ª persona.

TE + OS			
	ME		*No te me pierdas en el viaje.*
	NOS		*No te nos vayas a vivir tan lejos.*

✓ Cuando los pronombres son de 2ª persona y 3ª, siempre va en primer lugar la 2ª persona.

TE + OS			
	LO (LE)	Masculino singular	*El libro te lo dará mañana.*
	LA	Femenino singular	*La casa ya os la compraremos.*
	LO	Neutro	*Os lo dijo Pérez.*
	LOS (LES)	Masculino plural	*Estos discos os los voy a regalar.*
	LAS	Femenino plural	*Esas plantas te las regalé yo.*

¡Qué alegría más alta: vivir en los pronombres!

Para vivir no quiero
islas, palacios, torres.
¡Qué alegría más alta:
vivir en los pronombres!

Quítate ya los trajes
las señas, los retratos;
yo no te quiero así,
disfrazada de otra,
hija siempre de algo.
Te quiero pura, libre,
irreductible: tú.
Sé que cuando te llame
entre todas las gentes
del mundo,
solo tú serás tú.

Y cuando me preguntes
quién es el que te llama,
el que te quiere suya,
enterraré los nombres,
los **rótulos**, la historia.
Iré rompiendo todo
lo que encima me echaron
desde antes de nacer.

Y vuelto ya al anónimo
eterno del desnudo,
de la piedra, del mundo,
te diré:
    "Yo te quiero, soy yo".

(Pedro Salinas. Madrid, 1891 - Boston, 1951.
De *La voz a ti debida*, 1933)

HABLEMOS DEL TEXTO

Vivir en los pronombres: En el tú y en el yo.
Irreductible: Que no se puede reducir a otra cosa. Tú sólo eres tú.
Rótulos: Letreros, títulos, carteles.

EJERCICIOS DE REFUERZO

17. LEE atentamente este poema y **SEÑALA** en qué casos aparece el pronombre sujeto y qué valor aporta.

> **¡ATENCIÓN!**
>
> **FÍJATE** en estos versos:
>
> *Ni contigo, ni sin ti*
> *tienen mis males remedio:*
> *contigo porque me matas,*
> *sin ti porque yo me muero.*
>
> El sentido de ´compañía´ lo expresa el complemento pronominal precedido de preposición, en este caso formando una sola palabra: **CONTIGO**.
> Otros complementos pronominales con preposición expresan otro sentido: causa, finalidad, etc.
>
> *Hizo todo ese esfuerzo por mí* (causa).
> *Ha conseguido un buen capital para ti* (finalidad).

18. CORRIGE los pronombres mal utilizados. Están en cursiva.

1. ¿Puedo ir con *tú* al cine?

2. El conferenciante miraba hacia *nos*.

3. Cuando volví en *sí*, después del desmayo, no recordaba nada.

4. Declaro ante *tú* que lo que ha dicho es cierto.

5. Entre tú y *mí* haremos grandes cosas.

19. ELIGE la frase que te parezca correcta y **RAZONA** por qué:

1. a. A mí no dieron ventaja.
   b. A mí no me dieron ventaja.

2. a. Me fallaron los cálculos.
   b. Fallaron los cálculos a mí.

3. a. Ahí te quiero ver.
   b. Ahí quiero ver a ti.

4. a. A ella vendieron un cuadro famoso.
   b. Le vendieron a ella un cuadro famoso.

5. a. Le enviaron un mensaje.
   b. Enviaron un mensaje a él.

> La presencia de las formas tónicas preposicionales (**A MÍ**, **A TI**, **A ÉL**, etc.), generalmente antepuestas al verbo, obliga a repetir el **COMPLEMENTO DIRECTO** o **INDIRECTO** mediante las formas átonas, pero no a la inversa.
>
> *Me gusta el chocolate.*
> *A mí me gusta el chocolate.*
>
> Pero no   **A mí gusta el chocolate.*

OBSERVA esta frase:

Vendieron	el coche rojo	a Alberto.
Verbo	CD	CI

Tiene tres elementos funcionales: el verbo, el complemento directo (CD) y el complemeno indirecto (CI). De su colocación depende que aparezcan en la frase, o no, los pronombres átonos correspondientes. Llevan asterisco (*) el complemento o estructura mal utilizados.

Lee estas variantes y comprueba que cuando el complemento directo e indirecto son nombres propios o comunes:

- *El coche rojo* LO vendieron a Alberto.

  El CD antepuesto al verbo exige repetición del pronombre átono.

- *A Alberto* LE vendieron el coche rojo.

  El CI antepuesto al verbo exige también repetición del pronombre átono.

- *(LO) vendieron *el coche rojo* a Alberto.

  Cuando el CD va pospuesto al verbo no es necesario el pronombre.

- LE vendieron el coche rojo *a Alberto*.

  Cuando el CI va pospuesto al verbo es frecuente la presencia del pronombre átono delante del verbo.

- *El coche rojo a Alberto* se lo vendieron.

  No es aconsejable anteponer los dos complementos al verbo.

- *El coche rojo* SE LO vendieron a Alberto.

  Se puede anteponer un complemento y repetir las dos formas pronominales referentes a ambos complementos, con la oportuna transformación: **LE LO → SE LO**.

20. TRANSFORMA las siguientes frases según las combinaciones aconsejadas:

1. Luis cuenta muy bien los chistes a sus amigos.

2. Ana vendió la casa del abuelo a unos conocidos.

21. LEE estos textos. **BUSCA** el sujeto del verbo destacado y **EXPLICA** a quién se refiere.

1. Entre tanto, José García y el arriba firmante *nos hicimos* amigos...

—¿Quiénes se hicieron amigos?

- -

2. Cada Navidad nos telefoneamos desde cualquier parte del mundo para decirnos hola, y lo sigo llamando maestro (...). Porque uno esas cosas las *valora* y las *respeta*. (Adaptado de *El Semanal*, 19-V-96).

—¿Quién valora y respeta esas cosas?

- -

3. El trabajo lo *hicimos* Arregui y un servidor.

—¿Quiénes hicimos el trabajo?

- -

4. Se lo aseguro, de ese asunto servidora no *sabe* nada.

—¿Quién no sabe nada de este asunto?

- -

5. Insisto, el que suscribe no *es* partidario de ese convenio.

—¿Quién no es partidario del convenio?

- -

Modelo: Aquello tenía ambiente, así que el arriba firmante *fue a instalarse* allí con un equipo de TV.
—¿Quién fue a instalarse...?
—El arriba firmante = yo, que soy quien escribo y cuyo nombre aparece en la parte superior de este artículo.

Ven a arreglarme el ordenador, que uno no sabe nada de informática.

En el ejercicio anterior el hablante en algunos casos utilizaba la 3ª persona en vez de la 1ª. Se trata de un uso **ocasional**, por motivos estilísticos o intención expresiva. No está generalizado.

Completa tu conocimiento con estas formas. Son más coloquiales. Por ello, es preferible que las conozcas para que puedas comprenderlas, pero no las utilices en un registro formal.

¡Ya está bien!, este cura (=yo) ya no espera más.
¿Y quién tuvo que hacer la compra? El menda (=yo), como siempre.

✳ El término **MENDA** es un gitanismo.

22. LEE estos diálogos o **REPRESÉNTALOS** con un compañero, y **ANALIZA** después la forma de tratamiento, es decir, cómo se dirige un interlocutor a otro.

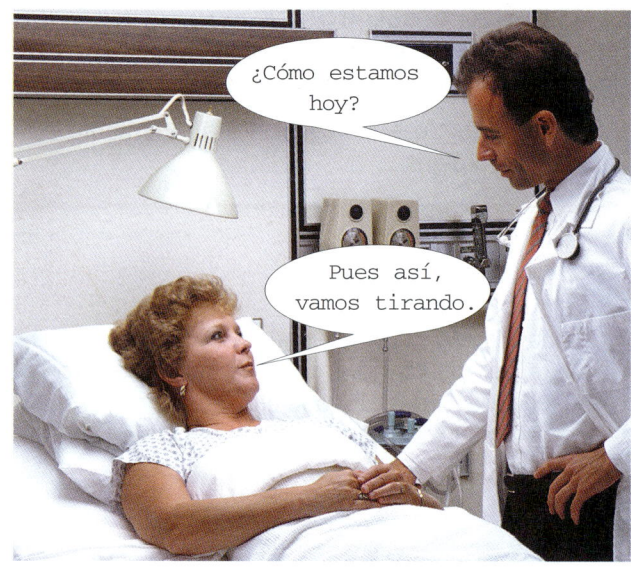

Modelo:

MÉDICO: *¿Cómo estamos hoy?*
(= estás tú / está usted)

PACIENTE: *Pues así, vamos tirando.*
(=voy tirando)

Uso de la 1ª persona plural en vez de la 2ª para dirigirse al OYENTE y en vez de la 1ª singular en el caso del HABLANTE. Esta sustitución de personas es un uso ocasional, en determinados ambientes. Expresa un tono afectivo y solidario.

1. PERIODISTA: Querida Eva, ¿no le parece que este nuevo disco suena a más de lo mismo? Versiones de versiones...

CANTANTE: No, porque cuando haces una recopilación de más de veinte años tú tienes que ser fiel a ti mismo.

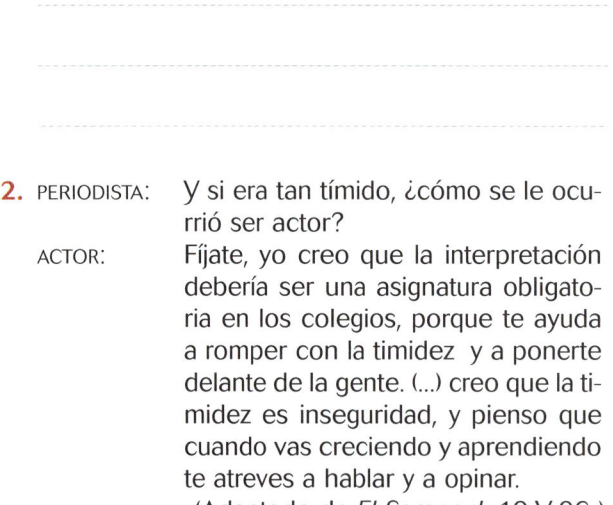

2. PERIODISTA: Y si era tan tímido, ¿cómo se le ocurrió ser actor?

ACTOR: Fíjate, yo creo que la interpretación debería ser una asignatura obligatoria en los colegios, porque te ayuda a romper con la timidez y a ponerte delante de la gente. (...) creo que la timidez es inseguridad, y pienso que cuando vas creciendo y aprendiendo te atreves a hablar y a opinar.
(Adaptado de *El Semanal,* 19-V-96)

Para indicar la 2ª persona, la norma española en la Península distingue:

TÚ: Tratamiento de confianza y en el que se prescinde, en general, de la cortesía impuesta por consideraciones sociales. El plural es **VOSOTROS /-AS**.

USTED: Tratamiento de respeto y cortesía. Plural: **USTEDES**.

Pero en Andalucía y Canarias el plural **VOSOTROS /-AS** ha sido sustituido por **USTEDES**.
Y en América, en las zonas de **VOSEO**, para la 2ª persona de singular, se emplea **VOS** y para el correspondiente plural, **USTEDES**. La eliminación de la forma **VOSOTROS** repercute en la conjugación verbal, cuya forma de 2ª persona de plural es prácticamente desconocida.

23. Existe un tratamiento respetuoso generalizado de 3ª persona para referirse al oyente en sustitución de la segunda persona. **SUBRAYA** la forma de tratamiento utilizada en cada frase y **ANALÍZALA**.

1. No sabe, amigo mío, lo que me cuesta mantener esta casa.

-----

2. Sor Teresa, cuente conmigo para atender al enfermo.

-----

3. Don Luis, le llaman por teléfono.

-----

4. A sus órdenes, mi capitán.

Modelo: *¿Qué desea el señor?*

Aquí vemos un sustantivo de persona apelativo genérico como núcleo del sujeto.
Lo fundamental de esta forma de tratamiento es un sustantivo de persona. Puede ser propio o apelativo. El apelativo puede ser genérico (*señor, amigo,* etc.) o designar específicamente una profesión, título, cargo, etc. (*juez, duque, rector*). A veces puede ir acompañado de artículo, demostrativo (*este*), posesivo de 1ª persona, adjetivos y títulos genéricos (*don, doña, señor, fray, sor, hermano,* etc.).

5. El señor juez es consciente de que no puedo responder a esa pregunta, me lo impide el secreto profesional.

-----

24. LEE esta noticia y **OBSERVA** la forma de tratamiento. **DI** a quién va dirigida.

El Rector de la Universidad impuso al Príncipe de Asturias la Beca de Colegial de Honor y la Gran-Cruz del Colegio Mayor, y le dirigió estas palabras:

"Alteza, es un honor y un orgullo para todos los universitarios de Valladolid ver inscrito al Príncipe de España en la relación de colegiales del Santa Cruz..."

RECUERDA:

Algunos tratamientos se especializaron de tal modo que han terminado por indicar personajes de alta condición perfectamente determinados. Así:

ALTEZA = el príncipe.
MAJESTAD = el rey.
SANTIDAD = el Papa.

RECUERDA:

Algunos de estos tratamientos fueron tan utilizados que se desgastaron:

VUESTRA EXCELENCIA → VUECENCIA.
VUESTRA SEÑORÍA → USÍA / SU SEÑORÍA (con posesivo de 3ª persona).
VUESTRA MERCED → USTED.

Actualmente, en los dos primeros casos se pueden utilizar ambas formas, la plena y la abreviada, pero en el tercero sólo es posible USTED ya que VUESTRA MERCED no se utiliza.

25. LEE estas frases. **SEÑALA** la forma de tratamiento y **ANALÍZALA.**

1. *Vuestra ilustrísima / su ilustrísima* (dirigido a un obispo).

2. *Vuestra señoría reverendísima* (dirigido a un Cardenal).

3. *Ya supliqué a vuestra paternidad reverendísima…* (dirigido a un fraile).

4. *Vuestra serenísima alteza* (dirigido a un príncipe).

5. *Vuestra real majestad* (dirigido a un rey).

Modelo: *Vuestra señoría / su señoría*

Este tratamiento es un sustantivo abstracto femenino que indica virtud o cualidad, y que indirectamente se atribuye al destinatario a quien se nombra con dicho sustantivo: santidad, caridad, eminencia, excelencia, alteza, majestad, merced, señoría… Se puede hacer referencia a la 2ª persona con el posesivo vuestra: vuestra eminencia (= la eminencia de vos). Además puede llevar adjetivos del tipo: *real, sacra, católica*, frecuentemente con forma superlativa: *ilustrísima, serenísima, reverendísima…*

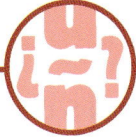

ESQUEMAS GRAMATICALES
PRONOMBRES PERSONALES IV

● **PRONOMBRES PERSONALES EN FUNCIÓN COMPLEMENTARIA PREPOSICIONAL**

✓ FORMAS TÓNICAS ESPECIALES

1ª persona singular	A	+	**MÍ (CONMIGO)**
2ª persona singular	PARA		**TI (CONTIGO)**
3ª persona singular	POR		**SÍ (CONSIGO)**
	SIN		
	EN		

Sin ti yo no vivo.
Tráelo contigo.
Hazlo por ti mismo.
¿Es para mí?
Volvió en sí.

✓ LAS OTRAS FORMAS TÓNICAS

Son las mismas que veíamos
en la función de **SUJETO**:

(YO)*
(TÚ)*

Las formas YO y TÚ sólo se utilizan
con la preposición **entre**.

USTED
ÉL
ELLA
ELLO
NOSOTROS
NOSOTRAS
VOSOTROS
VOSOTRAS
USTEDES
ELLOS
ELLAS

Entre tú y yo haremos este trabajo.
Preguntó por usted.
Díselo a él.
Lo hice para ella.
Estoy en ello.
Está con nosotros.
Nos lo dio a nosotras.
Esperan por vosotros.
¿Están con vosotras?
Preguntó por ustedes.
Es fácil para ellos.
No lo haré sin ellas.

● **FORMAS DE TRATAMIENTO**

✓ USOS OCASIONALES

• Uso de 3ª persona en vez de 1ª:

Un servidor, el abajo firmante.

• Uso de 1ª de plural en vez de la 2ª
o de la 1ª:

—*¿Qué hacemos?*
—*Pues ya ve, aquí estamos, trabajando un poco.*

• Uso de 2ª de singular en vez de la 1ª
(o de cualquier otra con sentido de
indeterminación):

Cuando haces algo así, te sientes satisfecha.

✓ USOS GENERALIZADOS

Tratamientos de 3ª persona en vez de la 2ª:

• Sustantivo de persona propio o apelativo:

Señor, amigo, fray, etc.

• Sustantivo abstracto femenino:

Vuestra excelencia,
Vuestra merced > usted, etc.

• Algunos tratamientos específicos:

Alteza, Majestad, Santidad.

a-z LÉXICO

CONSUMO

SUSTANTIVOS

Lugares de consumo

El comercio	La panadería	El puesto	El autoservicio
La zapatería	La tintorería	El tenderete	El estanco
La pastelería	La tienda (boutique)	La cafetería	La farmacia
La librería	Los grandes almacenes	El bar	El banco
La carnicería	El mercado	El restaurante	La caja de ahorros
La pescadería	El supermercado	El mesón	La oficina de cambio

Personas

El comerciante	El vendedor	El comprador	El consumidor
El fabricante	El dependiente	El cliente	El representante

Objetos y procesos

El horario	La competencia	El consumo	La ganancia
(de venta al público)	El aumento	La consumición	La pérdida
La apertura	La subida	Las facilidades de pago	El balance
El cierre	La bajada (de precios,	El pago al contado	La crisis
La factura	de salarios)	El dinero (billetes,	La ruina
La etiqueta	La congelación	monedas,	El cese de negocio
La fecha de caducidad	El costo (coste)	cambio,	La bancarrota
El recibo	La calidad	calderilla)	Los impuestos (IVA =
La cuenta	La garantía	El cheque	impues-
La vuelta	Las rebajas	El giro	to sobre
La oferta	La liquidación	El precio	el valor
La demanda	La ganga (ser una ganga)	El valor	añadido)

VERBOS

comprar	abastecer
regatear	distribuir
economizar	suministrar
gastar	exponer
consumir	ofrecer
adquirir	hacer propaganda
cambiar	abaratar
canjear	descontar
devolver	rebajar
reembolsar	encarecer
vender	subir los precios

ADJETIVOS

barato	económico
caro	bueno
malo	mediocre
garantizado	envasado

EXPRESIONES

Ir de compras.
Estar por las nubes.
Tener cambio (suelto).
Pagar el pato.

26. EXPLICA el significado de la siguiente frase teniendo en cuenta el contexto:

Con tal de conseguir sus propósitos, es capaz de **vender su alma al diablo**.

27. COMPLETA la frase con el verbo adecuado:

1. Juan tuvo que _____ el libro que le habían regalado porque ya lo tenía.

2. En los comercios estables y serios hay precios fijos y no se puede _____

3. Cuando hay mucha demanda de un producto y poca oferta, los comerciantes _____ el precio.

4. En algunos comercios las rebajas consisten en _____ un tanto por ciento sobre el precio marcado.

5. ¿Me puede _____ este billete de 10 000 pesetas? Es que no tengo suelto.

28. REDACTA una breve historia en la que puedas utilizar la siguiente frase publicitaria:

Si no queda satisfecho, le devolvemos su dinero.

EL NACIONALISMO MUSICAL ESPAÑOL EN LOS SIGLOS XIX y XX

En el siglo XIX la tendencia romántica imperante en Europa alcanzó a la música española, incluso a la sacra. Los principales músicos de ese siglo fueron Ramón Carnicer (1789-1855), que contribuyó a la creación de la ópera española, Juan de Arriaga (1806-1826), Miguel Hilarión Eslava (1807-1878), destacado compositor de música sacra, y Felipe Pedrell (1841-1922), compositor, musicólogo y promotor de la vida musical española.

A mediados del siglo la zarzuela, género absolutamente español se convirtió en género mayor, con trama larga, instrumentada y gran orquesta (destacados compositores de zarzuela son Tomás Bretón, Joaquín de Gaztambide, Francisco Barbieri, Emilio Arrieta, Manuel Fernández Caballero, Emilio Serrano, Ruperto Chapí, Federico Chueca…).

Pero el florecimiento musical llega a España con el movimiento nacionalista, común a toda Europa. El faro para los músicos españoles es Francia. El intercambio cultural entre la música española y la francesa alcanza plena madurez en la época de Debussy y Ravel, que toman el españolismo como componente primario del impresionismo de su música: toman de la música española la atmósfera orientalizante, la libertad improvisadora y la inspiración hecha de ardores y languideces. Para los músicos españoles es fundamental el intercambio. Para Albéniz fue decisivo el conocimiento de Debussy para crear nuevos modos de escritura, sobre todo pianísticos. Tanto a él como a Granados los músicos franceses les abren a una nueva libertad en relación al lenguaje musical clásico-romántico alemán. Pero es en Manuel de Falla en quien más influyó.

Con Albéniz, Granados y Falla se asistió durante los primeros años del siglo XX a un renacimiento y florecimiento de la música genuinamente española. Fue la época de varios renacimientos musicales de Europa, todos con un sello propio. En España el elemento predominante fue el recuerdo nostálgico de un remoto esplendor.

Lección 12

¡Te las sabes todas!

¡Te las sabes todas!

 DIÁLOGO

¡Pleitos tengas y los ganes!

JAVIER El profesor de Procesal nos ha mandado hacer un trabajo personal sobre el tema del jurado para que se lo entreguemos la próxima semana, pero no nos ha dado ninguna orientación. ¡Qué gracioso! Parece que quiere que aprendamos a buscar información. ¡Menudo fin de semana que me voy a pasar!

MARÍA ¡Hijo, **te ahogas en un vaso de agua**! A mí me encantan estos trabajos porque se aprende mucho. Mira, lo primero que tienes que hacer es un guión suficientemente amplio que te permita tratar de muchas cosas por si no sabes mucho del tema en cuestión.

JAVIER ¡Oye, qué lista eres! **¡Te las sabes todas!**

MARÍA ¡Qué remedio! Hay que espabilarse. Hombre, antes de empezar tienes que leerte unos cuantos artículos especializados para formar opinión y **¡manos a la obra!**

JAVIER Dicho así parece fácil, pero...

MARÍA Yo, en primer lugar, separaría juicio civil de proceso criminal. En el civil distinguiría **demandante**, demandado, indemnización por daños y perjuicios...

JAVIER Pero, ¿aquí interviene el jurado?

MARÍA No importa, esto te sirve de introducción. Incluso puedes ilustrar esta parte con la maldición de la gitana: ¡Pleitos tengas y los ganes! De este modo explicas la filosofía del pueblo, que piensa que lo mejor es no meterse en juicios.

JAVIER Sí, esto como una primera parte y después...

MARÍA Después te centras en el proceso criminal con todos los elementos que intervienen en él: el juez, el acusado, el fiscal, el abogado defensor, los testigos, las pruebas, la **libertad bajo fianza** y, por último, el jurado. Aquí puedes citar las opiniones que se han dado a favor y en contra.

JAVIER Vale, vale, **no te enrolles**, que ya me he hecho una idea.

HABLEMOS DEL DIÁLOGO

- **Te ahogas en un vaso de agua:** Angustiarse por un problema pequeño.

- **Te las sabes todas:** Conocer todas las maneras o estrategias. Femenino de indeterminación.

- **Manos a la obra:** Expresión de ánimo o aliento para emprender o continuar algo.

- **Demandante:** Persona que pide o exige ante el juez que una persona determinada (el demandado) le pague cierta cantidad (indemnización) por el daño que este le ha causado.

- **Libertad bajo fianza:** Beneficio de abandonar la prisión a cambio del depósito de una cantidad de dinero suficientemente grande.

- **No te enrolles:** No te alargues más en este tema.

EJERCICIOS

¡ATENCIÓN!

EL PRONOMBRE REFLEXIVO

COMPARA estas frases:

- *Ayer te vi en la conferencia.*
  El pronombre TE indica la persona expresada mediante la función de CD.

- *Te he comprado un juego de ajedrez.*
  El pronombre TE indica la persona referida en la función de CI.

- *¿Te has duchado con agua fría?*
  El pronombre TE se refiere a la misma persona que la expresada en la función del sujeto.

  Sólo cuando hay coincidencia con la persona del sujeto el pronombre es **REFLEXIVO**. Podríamos añadir *a ti mismo*. El sujeto es la persona agente y receptora de la acción.

1. **DISTINGUE** en las siguientes frases los pronombres reflexivos de los personales no reflexivos:

1. Niño, lávate las manos. REFLEXIVO ☐ NO REFLEXIVO ☐
2. Te juro que yo no he dicho nada. REFLEXIVO ☐ NO REFLEXIVO ☐
3. La abuela se vestía con dificultad. REFLEXIVO ☐ NO REFLEXIVO ☐
4. Los patines se los regalaré por su cumpleaños. REFLEXIVO ☐ NO REFLEXIVO ☐
5. Juan me ha mandado una postal del Teide. REFLEXIVO ☐ NO REFLEXIVO ☐
6. Voy muy poco a la peluquería, siempre me peino yo. REFLEXIVO ☐ NO REFLEXIVO ☐

PRONOMBRES CON FORMA REFLEXIVA SIN SENTIDO REFLEXIVO

COMPARA estas frases:

- *Sólo me perfumo con colonia.*

El sujeto realiza y recibe la acción, es reflexivo.

- *Me estudiaré todas las lecciones.*

El pronombre expresa énfasis. No tiene significado reflexivo, no podemos añadir *a mí mismo*.

- *Me levanté de la cama de un salto.*

El pronombre indica un proceso intrínseco. No tiene significado reflexivo, no podemos añadir *a mí mismo*.

Una persona puede levantar algo —*El campeón levantó la copa en señal de triunfo*— o a alguien (predicado transitivo): *La mamá levantó al bebé de la cuna* pero no puede levantarse a sí misma; en realidad el movimiento se produce en el sujeto, es intrínseco o interior.

✱ Hay pronombres de *forma* reflexiva puesto que coinciden con el referente del sujeto, pero ya no tienen *sentido* reflexivo, lo han perdido. Pueden aportar algún matiz semántico de tipo **INTENSIFICADOR** o indicador de un **PROCESO INTRÍNSECO.**

2. SEPARA las frases que tienen forma y significado reflexivo de las que tienen sólo forma reflexiva:

1. No aguantaba más y me salí del cine.
2. Elena tuvo una pelea con su novio y en un arrebato se cortó sus hermosas trenzas.
3. Nos hemos subido a este banco para ver mejor la procesión.
4. ¿Qué tal la excursión? ¿Os habéis visto todos los museos?
5. En Cáceres, mis amigos se recorrieron todas las calles del casco antiguo.
6. El político se presentó como demócrata liberal.
7. Andrés es muy egoísta, sólo se quiere a sí mismo.
8. Mi abuela se acuesta pronto y se levanta temprano también.
9. En Carnavales Felipe se disfrazó de diablo.
10. Elena se pinta los ojos con mucho arte.

FORMA Y SIGNIFICADO REFLEXIVOS:

SOLO FORMA REFLEXIVA:

En Carnavales Felipe se disfrazó de diablo.

3. DISTINGUE el significado reflexivo o recíproco en estas frases:

1. Todos nos vestimos con ropa apropiada a cada estación.

   REFLEXIVO ☐   **RECÍPROCO** ☐

2. ¿Todavía os escribís cartas en verano? ¿Por qué no os llamáis por teléfono? Es más rápido.

   REFLEXIVO ☐   **RECÍPROCO** ☐

3. ¡No he visto otra pareja igual! Tan pronto se quieren como se aborrecen.

   REFLEXIVO ☐   **RECÍPROCO** ☐

4. Ya lo sabéis, os lavaréis los dientes después de cada comida.

   REFLEXIVO ☐   **RECÍPROCO** ☐

5. Las modelos se visten y desvisten con rapidez.

   REFLEXIVO ☐   **RECÍPROCO** ☐

6. No os alabéis tanto.

   REFLEXIVO ☐   **RECÍPROCO** ☐

7. José Luis se casó con Paquita el año pasado.

   REFLEXIVO ☐   **RECÍPROCO** ☐

8. Mi prima Maribel y yo seguimos felicitándonos por Navidad.

   REFLEXIVO ☐   **RECÍPROCO** ☐

PRONOMBRES RECÍPROCOS

OBSERVA estas frases:

- *Tú y yo siempre nos saludamos en el ascensor.*
- *Juan y Eva son novios y se quieren mucho.*

✱ El significado es recíproco, pues podríamos añadir *mutuamente*. Cada componente del sujeto realiza una acción que, a su vez, recibe a través del otro. El verbo va en plural y se emplean las formas pronominales de plural **NOS**, **OS**, **SE**.

9. La jugada además de violenta resultó muy bochornosa, porque los futbolistas en vez de pedirse perdón se insultaron gravemente.

   REFLEXIVO ☐   **RECÍPROCO** ☐

10. El profesor dijo a sus alumnos: "Desde hoy, vosotros mismos os corregiréis los dictados".

   REFLEXIVO ☐   **RECÍPROCO** ☐

VALOR ENFÁTICO DE LOS PRONOMBRES

COMPARA estas frases:

- *El perro comió la comida.*
- *El perro se comió toda la comida.*

→ La segunda frase aporta un sentido de intensificación a lo expresado por el verbo, del cual carece la primera. Esto se debe a la presencia del pronombre.

- *Se comió toda la empanada.*
- *Se leyó todo el libro en una noche.*

→ A veces este valor enfático se potencia, además de con el pronombre, con otros recursos léxicos.

No obstante, si suprimiéramos el pronombre en estas dos últimas frases, ambas perderían ese carácter de participación, de voluntariedad en el sujeto.

✱ La presencia del pronombre reflexivo con valor enfático no es obligatoria. Los mismos verbos pueden llevar o no dicha forma reflexiva.

4. SELECCIONA la secuencia que consideres más apropiada para una construcción reflexiva con pronombre enfático.

1. Para comprar el regalo me he recorrido:
   ☐ a) todos los comercios de la ciudad.
   ☐ b) dos tiendas al lado de mi casa.

2. ¡Cuánta sed tenías! Te has bebido:
   ☐ a) un sorbito de agua.
   ☐ b) la botella de agua entera.

3. Estas vacaciones mi hermano se ha visto:
   ☐ a) todos los programas de la tele.
   ☐ b) un programa por la tarde.

4. Me he subido:
   ☐ a) los dos escalones del portal.
   ☐ b) los nueve pisos andando.

VERBOS PRONOMINALES

RECUERDA lo aprendido en el ejercicio anterior: un mismo verbo puede llevar forma reflexiva o no, pero la lengua española tiene, además, algunos verbos que siempre llevan este pronombre y por eso en la Gramática se los denomina pronominales.

> *El colegial se quejó al Director de la comida.*

No se puede decir: **El colegial quejó al Director…*

Estos verbos se enuncian en infinitivo con la forma **SE**: *atreverse, fugarse, jactarse, arrepentirse, portarse, abstenerse, encariñarse, atenerse*, etc.

---

5. ESCRIBE la forma verbal adecuada con el pronombre correspondiente:

1. El preso nº 211 (fugarse) _____ ayer de la cárcel.

2. Yo (atreverse) _____ a redactar sin ayuda todo el informe.

3. En el Consejo del Departamento los becarios sólo tienen voz, por tanto, (abstenerse) _____ de votar.

4. En este Consejo ustedes tienen voz, pero no voto, así que, por favor, (abstenerse) _____ de votar.

5. En la rueda de prensa el ministro (jactarse) _____ de todo lo que había hecho.

6. El acusado (avergonzarse) _____ del delito cometido.

7. Viviremos en la casa de mis abuelos. Aunque no es muy grande, (encariñarse) _____ con ella.

8. Tú ya sabes lo que haces. Si el negocio sale mal (atenerse) _____ a las consecuencias.

9. El padre (arrepentirse) _____ de haber castigado tan severamente a su hijo.

Modelo: Paquito, cuando estés en casa de la abuela, ¡(portarse) _____ bien!
Paquito, cuando estés en casa de la abuela, ¡pórtate bien!

Yo me atrevo a redactar sin ayuda todo el informe.

Hay algunos verbos que cambian de significado según lleven o no pronombre reflexivo.

Hemos acordado la boda para Junio (= decidir).

Nos hemos acordado de que no tienes traje nuevo (=recordar, darse cuenta).

Otros verbos no cambian sustancialmente el significado, pero sin pronombre suelen expresar una acción que se proyecta en algo externo, objeto o persona (CD):

levantar algo o a alguien

alegrar a alguien

Con pronombre reflexivo, expresan un proceso que se produce en el propio sujeto. Por eso, el valor de este pronombre es denominado **INTRÍNSECO** o **INTERIOR** de tipo físico (*levantarse, acostarse...*), o psíquico (*entristecerse, enfadarse...*).

En muchos casos los verbos con forma reflexiva llevan un complemento prepositivo obligatorio: *acordarse de, enfadarse por, centrarse en, prestarse a…*

6. COMPLETA estas frases con el verbo que consideres adecuado al contexto:

Modelo: Ayer (yo) (subir/subirse) al tren en marcha.
Ayer me subí al tren en marcha.

1. Por favor, (tú) (subir/subirse) .... la persiana para que entre la luz.

2. Los éxitos de Ernesto (alegrar/alegrarse) .... a toda la familia.

3. Eugenio casi siempre (levantar/levantarse) .... de buen humor.

4. Abuelo, no (Ud.) (enfadar/enfadarse) .... con los niños; lo han roto sin querer.

5. El niño (dormir/dormirse) .... toda la noche de un tirón.

6. José Mª (prestar/prestarse) .... quinientas pesetas a su hermana para que fuera al cine.

7. De repente, el niño (despertar/despertarse) .... y (poner/ponerse) .... a llorar.

8. Nosotros queremos las cosas claras, no (prestar/prestarse) .... a juegos sucios.

9. Ayer (yo) (subir/subirse) .... al cerezo del huerto para coger las cerezas que tenía.

10. ¡Enhorabuena, Julia!, (yo) (alegrar/alegrarse) .... de que hayas ganado la oposición.

No te duermas mientras te leo el cuento.

7. COMPLETA las siguientes frases con los complementos adecuados:

Modelo: La hija admiraba a su padre porque era muy trabajador.
La hija se admiraba de lo mucho que trabajaba su padre.

> Aquí los verbos no cambian de significado con el uso pronominal, pero sí de construcción.
>
> *Los empleados rieron todos los chistes del jefe.*
> *Los niños se reían de los chistes del payaso.*

1. El niño (olvidar)

2. El niño (olvidarse)

3. La hija (admirar)

4. La hija (admirarse)

5. La madre (aprovechar)

6. La madre (aprovecharse)

7. El acusado (negar)

8. El acusado (negarse)

9. El empresario (decidir)

10. El empresario (decidirse)

8. TRANSFORMA las siguientes frases suprimiendo el sujeto e introduciendo el **SE** (intransitivador) y el verbo en 3ª persona de singular.

Modelo: (Nosotros) Hemos parado el reloj.
El reloj se ha parado / Se ha parado el reloj.

1. La criada abrió la ventana.

2. Los bomberos apagaron el fuego.

3. El niño rompió el reloj.

4. Hemos calentado la casa.

5. Andrés acabó la tarea.

6. El encargado llenó la piscina en media hora.

7. Has arrugado el papel de regalo.

8. El labrador quemaba el rastrojo.

9. El jardinero vació el estanque.

10. Los chicos cerraron la puerta de golpe.

COMPARA estas frases que expresan la misma acción:

- *Los presidentes leyeron los discursos con entusiasmo.*

La acción es comunicada con forma de expresión y contenido activos.

- *Los discursos fueron leidos por los presidentes con entusiasmo.*

La acción es comunicada con contenido pasivo y forma atributiva, aunque hay quien prefiere seguir denominando pasiva tradicional o analítica a la estructura del verbo **SER + PARTICIPIO**.

- *Se leyeron los discursos con entusiasmo (por los presidentes).*

La acción es comunicada con contenido pasivo y forma activa. Esta es denominada **PASIVA REFLEJA** o **PASIVA CON SE**. En este último caso, el verbo siempre está en 3ª persona de singular o de plural, y el sujeto, según la norma, concuerda con él en persona y número. Suele designar un objeto.

9. CAMBIA la forma de expresión de las siguientes frases de contenido pasivo:

Modelo: La fachada de la catedral fue restaurada.
Se restauró la fachada de la catedral.

1. En una tarde fueron lidiados seis toros por el mismo torero.

3. Todos los cuentos presentados en el concurso literario infantil fueron premiados.

2. Los estudiantes de Arquitectura fueron examinados en el aula de dibujo.

4. Fueron colocadas vallas protectoras para la carrera ciclista.

10. CAMBIA la forma de expresión de las siguientes frases de contenido pasivo:

Modelo: Aquí se trabaja el metal con mucho arte.
Aquí el metal es trabajado con mucho arte.

1. La buena noticia se difundió rápidamente por los medios informativos.

3. Los sellos y las monedas antiguas se cambian en un mercadillo los domingos.

2. Se oyeron algunas voces de protesta en la reunión.

4. Se han construido muchos hoteles en la costa.

LEE con atención esta frase e interpreta su significado:

✳ *Se socorrieron los heridos en el accidente.*

Habrás observado que el sujeto, *los heridos en el accidente,* no designa un objeto, sino un ser vivo y, por tanto, capaz de realizar la acción de *socorrer,* y también de recibirla.

En consecuencia, la frase citada ofrece ambigüedad, pues podría interpretarse:

- ● con valor reflexivo:
  Se socorrieron los heridos en el accidente a sí mismos.

- ● con valor recíproco:
  Se socorrieron los heridos en el accidente unos a otros.

- ● con valor pasivo:
  Los heridos en el accidente fueron auxiliados.

Para deshacer esta ambigüedad, la solución más frecuente es transformar la estructura en impersonal activa: con el verbo en 3ª persona del singular y un complemento directo, precedido incluso de la pre-posición **A**:

Se socorrió a los heridos en el accidente.

De esta manera hemos llegado a un tipo de **SE IMPERSONAL**, estructura sintáctica que carece de sujeto gramatical y que tiene el verbo siempre en 3ª persona del singular. Al mismo tiempo, el des-conocimiento de quién realiza la acción produce un sentido de indeterminación semántica. Otras variantes son: *Se vive regular, se oye que..., etc.*

---

11. TRANSFORMA las siguientes frases con sujeto en otras sin sujeto y con SE impersonal:

Modelo: En este curso los alumnos han estudiado mucho.
En este curso se ha estudiado mucho.

1. El tendero de la esquina vende pan, leche y frutas.

5. Actualmente vivimos bien en España.

2. Los jueces condenaron a los delincuentes según el código penal.

6. Los propios compañeros castigaron al terrorista, por traidor.

3. Los sindicatos decían que habría huelga general en mayo.

7. La agencia alquiló el Gran Hotel para un congre-so científico.

4. Ayer oímos en clase que el Rector iba a dimitir.

8. En España necesitamos mano de obra para el campo.

12. PIENSA en un sujeto adecuado para las siguientes frases de SE impersonal y **HAZ** la transformación correspondiente.

Modelo: En Valencia se hace la famosa paella.
Los valencianos hacen la famosa paella.

1. En Castilla se cosecha mucho trigo.

   _____

   _____

2. En Cataluña se baila la sardana.

   _____

3. En Galicia se hace la queimada.

   _____

   _____

4. En Asturias se produce la sidra.

   _____

   _____

5. En Aragón se baila la jota.

   _____

6. En Andalucía se canta y se baila flamenco.

   _____

7. En la Universidad se estudia mucho.

   _____

   _____

8. En Alemania se bebe buena cerveza.

   _____

   _____

En Valencia se hace la famosa paella.

En Cataluña se baila la sardana.

En Castilla se cosecha mucho trigo.

ESQUEMAS GRAMATICALES

PRONOMBRES REFLEXIVOS Y RECÍPROCOS. TIPOS DE 'SE'

● **FORMAS REFLEXIVAS**

La persona expresada en el pronombre coincide con el referente del sujeto.

1ª persona singular	**ME**	☞	*Me lavé las manos antes de comer.*
2ª persona singular	**TE**	☞	*¿Te has lavado el pelo?*
3ª persona singular	**SE**	☞	*Se cepilla los dientes tres veces al día.*
1ª persona plural	**NOS**	☞	*Los dos nos duchamos a diario.*
2ª persona plural	**OS**	☞	*¿Os habéis puesto los trajes nuevos?*
3ª persona plural	**SE**	☞	*Mis hijos aún no se visten solos.*

● **FORMAS RECÍPROCAS**

Sólo en plural.

1ª persona	**NOS**	☞	*Nos escribimos con frecuencia.*
2ª persona	**OS**	☞	*¿Os cortáis el pelo la una a la otra?*
3ª persona	**SE**	☞	*Si tardan en verse, se llaman por teléfono.*

● **TIPOS DE 'SE'**

✓ FLEXIVO

● PRONOMBRE PERSONAL CI EN LA SECUENCIA **SE LO**		☞	*El libro se lo regalé a Juan.*
● PRONOMBRE REFLEXIVO	✓ directo	☞	*¿Te duchas con agua fría?*
	✓ indirecto	☞	*Carlitos, lávate las manos.*
● PRONOMBRE RECÍPROCO	✓ directo	☞	*Los amigos se respetan.*
	✓ indirecto	☞	*Juan y yo nos enviamos postales.*
● MORFEMA **INTENSIFICADOR**	✓ estructuras transitivas	☞	*Me comí una docena de pasteles.*
	✓ estructuras intransitivas	☞	*Me salí de la reunión.*
● MORFEMA **CON VERBOS PRONOMINALES**		☞	*Te quejas de la comida sin razón.*
● MORFEMA **MODIFICADOR LÉXICO**	✓ distinto significado y régimen	☞	*Acordar / acordarse de.*
	✓ distinto régimen	☞	*Reir / reírse de.*
● MORFEMA **INTRÍNSECO**		☞	*Levantar algo, a alguien / Levantarse.*

✓ NO FLEXIVO

● INTRANSITIVADOR	☞	*Alguien abrió la puerta. → La puerta se abrió.*
● PASIVA REFLEJA		*Se vende este piso. Se compran apartamentos.*
● IMPERSONAL REFLEJA	☞	*Se dice que... / Se premió al vencedor.*

ESQUEMAS GRAMATICALES
EL 'SE' IMPERSONAL

● **ESTRUCTURAS SINTÁCTICAS**

✓ PREDICADO INTRANSITIVO POR AUSENCIA
   DE COMPLEMENTO DIRECTO:

 Se trabaja bastante.
Se vive bien.

✓ PREDICADO TRANSITIVO Y SINTAGMA
   NOMINAL COMPLEMENTO DIRECTO
   EN SINGULAR Y SIN PREPOSICIÓN:

 Se compra hierro viejo.
Aquí se vende pan de
pueblo.

● ESTRUCTURAS DEL TIPO: *Se dice que..., se oye que...*

 Se dice que no siempre
es verdad todo lo que
se cuenta.

 Se oye que te has casa-
do, ¿es verdad?

✱ Se produce interferencia con la estructura de
   pasiva refleja cuando lleva el verbo en singular.

✓ PREDICADO TRANSITIVO Y SINTAGMA
   NOMINAL COMPLEMENTO DIRECTO
   CON PREPOSICIÓN 'A':

 Se castigó al delincuen-
te con la cárcel.

 Se persiguió a los ene-
migos.

✓ PREDICADO TRANSITIVO Y COMPLEMENTO
   DIRECTO PRONOMINAL:

 Se le castigó.

 *Se les castigó / Se los*
castigó.

✓ PREDICADO TRANSITIVO Y SINTAGMA
   NOMINAL COMPLEMENTO DIRECTO
   EN PLURAL:

 Se vende manzanas
(incorrecta)

✱ En este caso la norma aconseja la pasiva refleja. *Se venden manzanas.*

✱ CON VERBOS PRONOMINALES EL 'SE'
   CAMBIA A 'UNO / UNA':

 Cuando uno (=SE) se
arrepiente de lo malo
que ha hecho, ya está
en el buen camino.

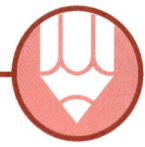

¡Visto para sentencia!

No me agrada tener que ser miembro de un jurado. En la campaña publicitaria se dice que aunque no se conozca el Derecho, basta con tener sentido común para distinguir lo bueno de lo malo y poder juzgar. Siempre que he visto películas sobre juicios me he preguntado qué habría hecho yo si hubiera tenido que dictar sentencia. Ahora he sido llamado para ser **jurado**. El juicio se celebrará dentro de unos meses. Para entonces quiero haberme leído todo cuanto pueda sobre leyes, el jurado, su actuación, etc., pues no tengo muchos estudios y mi única referencia son las películas de una serie que emitieron en televisión.

Ahora, cada día me levanto con la preocupación de si me atreveré a votar sin miedo a equivocarme, ya que el **veredicto** puede condenar o absolver al **procesado**. Se dice que si uno logra **meterse en la piel de otro** es capaz de juzgar. Pero, ¿en la piel de quién? ¿Del defensor, del **fiscal**, del **reo**, del juez?

Sólo deseo que el caso que me toque sea relativamente sencillo y que cuando el juez diga: "¡Visto para **sentencia**!", yo tenga ya formada mi opinión.

(Carta supuesta de un lector a una revista sobre el tema del jurado popular)

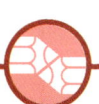

HABLEMOS DEL TEXTO

Jurado: En ciertos países, nombre que recibe el grupo de personas designadas para decidir en un juicio si el acusado de un delito es culpable o inocente, conforme a las pruebas que se presentan. También se llama así a cada una de esas personas.

Veredicto: Decisión sobre la inocencia o culpabilidad del acusado en un juicio, tomada por un jurado o un juez.

Procesado: Persona acusada de un delito a la que se lleva a juicio.

Meterse en la piel de otro: Ponerse en la situación del otro.

Fiscal: Abogado que presenta las pruebas en contra del acusado en un juicio.

Reo: Acusado, culpado.

Sentencia: Resolución del juez que pone fin a un juicio.

13. SEÑALA las formas reflexivas que aparecen en la lectura y **ANALIZA** el valor de cada una.

14. ESCRIBE una forma reflexiva para expresar énfasis en las frases que lo permitan de las que aparecen a continuación.

Modelo: (Tú, quedar) aquí cuidando a tu hermano.
Tú te quedas aquí cuidando a tu hermano.
Tú quédate aquí cuidando a tu hermano.

1. ¿(Tú, comer) la lata de espárragos entera?

3. Mañana (yo, ir) a Palma de Mallorca.

2. (Mi primo, saber) de memoria los nombres y el puesto de todos los jugadores de su equipo.

4. Por culpa del atasco (yo, llegar) tarde al cine y (yo, perder) más de la mitad de la película.

15. REDACTA frases con los verbos siguientes. **UTILIZA** dos estructuras, una con forma reflexiva y otra sin ella, y los elementos necesarios en cada caso para el sentido de la frase.

Modelo: Juan (enfadar) (sus padres) (caprichos).
a) Juan enfadaba a sus padres con sus caprichos.
b) Juan se enfadó con sus padres.

1. María (alegrar) (su familia) (éxitos).

3. La madre (acostar) (el bebé) (la cama).

2. El obrero (levantar) (paquetes) (grúa) (asiento de la máquina).

4. Los novios (acordar) (la fecha) (la boda) (invitar a sus amigos del colegio).

16. TRANSFORMA estas frases con sentido activo en otras con sentido pasivo. **UTILIZA** la forma de expresión que creas más adecuada o que sea posible.

Modelo: En clase, los alumnos escribían redacciones.
Las redacciones eran escritas por los alumnos en clase.
Se escribían redacciones en clase.

1. Los niños comían sus meriendas con apetito.

3. En esta zona cuidan mucho los bosques.

2. Los terroristas abandonaron las armas.

4. El portero abría y cerraba cada día las puertas.

 **LÉXICO**

LA JUSTICIA

SUSTANTIVOS

Lugares
La comisaría
El juzgado
La cárcel
La prisión
El presidio
El penal
El cuartel

Personas
El presunto delincuente
El sospechoso
El culpable
La policía (nacional, autonómica, municipal)
La guardia civil
El agente de tráfico

Objetos y procesos
Los antecedentes penales
La cadena perpetua
Los trabajos forzados
La pena de muerte
La libertad condicional (bajo fianza)
El arma blanca
El arma de fuego

ADJETIVOS

inocente
culpable
criminal
civil
justo

injusto
legal
ilegal
delictivo
corrupto

VERBOS

detener
arrestar
condenar
absolver
juzgar
perseguir
acusar
multar

fichar
secuestrar
delinquir
atentar
atracar
asesinar
corromper
traficar

EXPRESIONES

Coger a alguien con las manos en la masa.
Coger a alguien 'in fraganti'.
Pagar justos por pecadores.
Quien roba a un ladrón, cien años de perdón.

17. **UNE** el término que expresa el agente con el que designa la acción:

1. Terrorista ●
2. Corruptor ●
3. Narcotraficante ●
4. Secuestrador ●
5. Ladrón ●
6. Atracador ●
7. Criminal ●
8. Asesino ●
9. Homicida ●
10. Violador ●
11. Delincuente ●
12. Confidente ●

● a. Robo
● b. Crimen
● c. Homicidio
● d. Violación
● e. Secuestro
● f. Delito
● g. Tráfico de estupefacientes (drogas)
● h. Confidencia
● i. Atentado
● j. Atraco (a mano armada)
● k. Asesinato
● l. Corrupción de menores

18. BUSCA información y **CONTESTA** por escrito a las siguientes preguntas:

1. ¿Qué es la piratería aérea? Explica las posibles causas que justifiquen un acto de este tipo.

2. ¿Quién lleva a cabo un arresto o una detención? ¿A quién? ¿Por qué?

3. ¿Quién pide un rescate? ¿Por qué?

4. ¿Qué es una coartada? ¿Quién la necesita?

5. ¿Qué es un retrato robot? ¿Para qué sirve?

19. EXPLICA en qué consisten las acciones expresadas por los siguientes verbos y **DI** quién las puede realizar:

- Absolver:

- Blanquear el dinero:

- Declarar bajo juramento:

- Multar / Poner una multa:

- Sancionar:

- Tomar las huellas dactilares:

- Arrestar / Detener:

- Condenar:

- Denunciar / Poner una denuncia:

- Fichar a alguien:

- Infringir la ley / Cometer una infracción:

- Querellarse:

- Tomar declaración:

- Torturar:

20. RELLENA las casillas de acuerdo con las indicaciones siguientes:

VERTICALES:
A) Arma blanca.
B) El que infunde sospechas.

HORIZONTALES:
1) Constancia jurídica de haber cometido delito; los tiene el que está fichado por la policía.
2) Acción que cometen los terroristas.
3) El que realiza un delito sexual determinado.
4) Acción que la policía ejerce recorriendo las calles para mantener el orden y seguridad.
5) Sitio donde se juzga.
6) Huellas de los dedos.

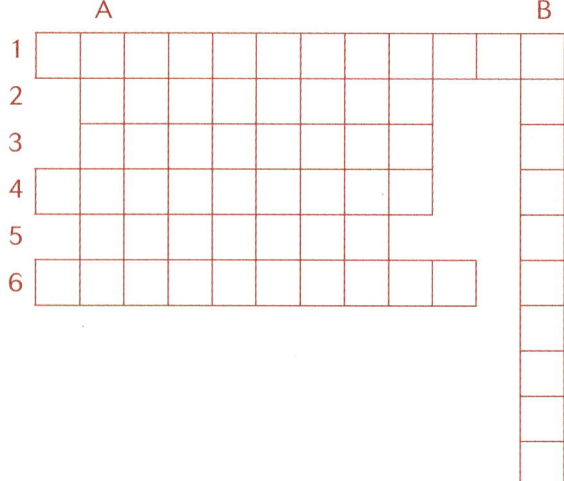

21. ELIGE de las opciones dadas en cada frase la palabra o expresión más adecuada.

1. La actriz Anuska "La Rusa" .... contra la revista *Corazón* por unas declaraciones falsas publicadas en el último número.

☐ a) sancionar ☐ b) querellarse ☐ c) denunciar

2. Una de las condiciones para obtener ese trabajo es carecer de ....

☐ a) huellas dactilares. ☐ b) antecedentes penales.

3. El agente de tráfico hizo la prueba de la alcoholemia al conductor que había ....

☐ a) cometer una infracción. ☐ b) poner una denuncia. ☐ c) blanquear el dinero.

4. En esta ciudad hay bastante seguridad ciudadana porque la policía .... día y noche.

☐ a) torturar ☐ b) patrullar ☐ c) tomar declaración

5. En España se abolió (suprimió) la .... como castigo a los criminales.

☐ a) multa ☐ b) pena de muerte ☐ c) cárcel

22. ESCUCHA y luego **LEE** con la debida entonación este fragmento de un poema de Federico García Lorca, y **CONSULTA** en el diccionario las palabras cuyo significado desconozcas.

PRENDIMIENTO DE ANTOÑITO EL CAMBORIO EN EL CAMINO DE SEVILLA

Antonio Torres Heredia,
hijo y nieto de Camborios,
con una vara de mimbre
va a Sevilla a ver los toros.
Moreno de verde luna
anda despacio y garboso.
Sus empavonados bucles
le brillan entre los ojos.
A la mitad del camino
cortó limones redondos,
y los fue tirando al agua
hasta que la puso de oro.
Y a la mitad del camino,
bajo las ramas de un olmo,
guardia civil caminera
lo llevó codo con codo.
....
A las nueve de la noche
lo llevan al calabozo,
mientras los guardias civiles
beben limonada todos.

(Federico García Lorca)

ARQUITECTURA HISPÁNICA CIVIL

En un rápido recorrido presentamos las características y edificios más emblemáticos de la arquitectura civil en los países de habla hispana, asomándonos, por su importancia a los de la América prehispánica. En la arquitectura civil nos ceñimos a los estilos artísticos hasta el Renacimiento, por el gran número de sus manifestaciones, y porque son los estilos más representativos.

En la arquitectura civil prehispánica destacan las grandes fortalezas incaicas: Machu Pichu, Ollantaitambo, Saxahuamán, etc., construídas con enormes piedras y un sistema defensivo basado en la organización de tres murallas consecutivas —lo que hacía el territorio inexpugnable—. Las diferentes partes estaban unidas por pasillos y escaleras.

Roma alzó obras de arquitectura muy firmes para garantizar las comunicaciones, como los puentes de Salamanca, Alcántara y Mérida; el puerto de Ampurias y las obras hidráulicas para abastecimiento de agua de los núcleos urbanos, como el Lago de Proserpina, en Mérida, lago artificial para abastecer a la ciudad o el acueducto de Segovia que llevaba el agua a la urbe desde la sierra. Para el divertimento de los ciudadanos erigieron teatros y anfiteatros, entre los que destacan los de Itálica, Sagunto y, sobre todo, Mérida. De las ciudades que poblaron, destaca León, que mantiene el perímetro rectangular y dos vías perpendiculares con puertas a los extremos.

La dominación árabe (711-1492) deja las alcazabas de Málaga y Almería, y —como representante egregio— la Alhambra de Granada, del periodo nazarí, que encarna la fuerza de la tradición musulmana, esplendorosa, dada a lo decorativo. Los árabes que quedaron en España y los cristianos que vivieron en tierra musulmana —o sea, los *mudéjares*— extienden por la Península y por América, desde el s. XII hasta casi el XIX, un modelo de arquitectura cristiana con decoración árabe: una de las mayores novedades del arte español (por ejemplo, los Reales Alcázares de Sevilla y el Palacio de Tordesillas). Este arte se extiende por Aragón y Andalucía: puertas de las ciudades, la Aljafería de Zaragoza y numerosos castillos.

El arte gótico nace por el auge de las ciudades, muchas de ellas radiocéntricas (a partir de un centro amurallado), como Valladolid rodeadas por buenas fortalezas amuralladas, con foso y aspilleras (como el castillo de la Mota, el de Bellver en Palma de Mallorca o el de Cáceres). Ciudades en las que se levantaron palacios (el Palacio del Infantado en Guadalajara), edificios comunes (el del Consejo de Ciento de Barcelona) y hospitales (el Hospital de Santiago de Compostela).

El Renacimiento llega a España por las constantes relaciones con Italia en la baja Edad Media, por las que muchos artistas italianos llegan y los españoles parten allá a aprender. Cobra importancia la arquitectura civil de palacios urbanos (Colegio de Santa Cruz, Colegio de San Gregorio en Valladolid, Palacio de Carlos V en Granada, Palacio de los Golfines en Cáceres), fortalezas (el alcázar de Toledo), universidades (la Universidad de Salamanca y la de Alcalá de Henares) y hospitales (Hospital de Santa Cruz en Toledo, Hospital del Rey en Burgos). Este tipo de hospitales tienen larga sucesión en España y en América.

Los españoles injertan en América el estilo europeo y, en la construcción, aunque los planos eran españoles, la mano indígena queda patente en los elementos ornamentales. En América, desde el principio, hubo conciencia de asentamiento, por lo que las obras se acometen con criterio de calidad. La planificación de las ciudades sigue las normas urbanísticas de la España de los Reyes Católicos, con estructura de damero: en el centro la Plaza Mayor (como el Zócalo de México), lugar de cita y de mercado, rodeada por la catedral y el palacio del adelantado —el señor de la ciudad—.

Lección 13

¿Se puede saber qué hacéis?

¿Se puede saber qué hacéis?

 DIÁLOGO

Habitación con vistas a la calle

IRENE   Lo que más me fastidia de estos anuncios es que no digan lo que cuesta el piso.

PILAR   Sí, es un fastidio. Así, **hay que llamar por teléfono y gastarse un montón de pasta** para enterarse de lo esencial. Pero aunque nos cueste, es mejor dejarlo resuelto antes de las vacaciones, porque en septiembre la situación estará más difícil.

IRENE   ¡Por supuesto! Oye, ¿por qué no preguntamos por los apartamentos? Creo que algunos tienen dos habitaciones más el salón, cocina y baño. Si encontráramos uno así, a un precio razonable, sería lo ideal para nosotras dos y no tendríamos que buscar otras personas para completar.

PILAR   Pues tienes razón. No se me había ocurrido. Mira quién viene por ahí.

EUGENIO   ¡Hola, chicas! **¿Se puede saber qué hacéis con tanto periódico?**

IRENE   Buscamos piso para el próximo curso.

EUGENIO   ¡Ah! Yo creía que estabas contenta en la residencia universitaria.

IRENE   No puedo quejarme, pero me resulta un poco cara y además los fines de semana no hay servicio de comedor. Pero, **sobre todo**, me gustaría organizarme la vida por mi cuenta.

PILAR   Eso es lo que yo busco también, porque, desde luego, económicamente más barato que lo que tengo ahora no lo voy a encontrar.

EUGENIO   Estás en una pensión, ¿no?

PILAR   Sí, tengo alquilada una habitación con vistas a la calle. Es bonita. Además con régimen de **pensión completa**. Es muy cómodo, pero **te sientes vigilada las veinticuatro horas del día. Saben si entras, si sales, si llamas por teléfono. En fín, se enteran de todo.** ¡Y ya estoy harta!

EUGENIO   **Esperemos que vuestros padres también lo comprendan.**

HABLEMOS DEL DIÁLOGO

● **Pasta:** Dinero (coloquial). 'Un montón de pasta' quiere decir 'mucho dinero'.

● **Sobre todo:** Por encima de otras causas o razones, esta es la razón principal.

● **Pensión completa:** Régimen que incluye tres comidas al día: desayuno, comida o almuerzo y cena.

En el diálogo has encontrado algunas expresiones interesantes:

✓ **Hay que llamar por teléfono.**
✓ **(Hay que) gastarse un montón de pasta.**

 Aquí se expresa un sentido de necesidad u obligación, pero en forma indeterminada. Se podría expresar el mismo contenido en forma personal de este modo:

- ● **TENGO QUE LLAMAR...**
- ● **HE DE LLAMAR...**
- ● **DEBO LLAMAR...**
- ● **TENGO QUE GASTARME...**

✓ **¿Se puede saber qué hacéis con tanto periódico?**

 Aquí el **SE** encubre a la 1ª persona, es decir, al hablante; quiere decir:

¿Puedo saber que hacéis...?

✓ **Te sientes vigilada las veinticuatro horas del día.**
✓ **Saben si entras, si sales, si llamas por teléfono.**

 Pilar utiliza la **2ª PERSONA DE SINGULAR** y ella se siente implicada, por tanto, equivale a: *Me siento vigilada*. Pero también quiere ampliar esta situación a cualquier otra persona que viva como ella, y de ahí el sentido de indeterminación.

✓ **Saben...**
✓ **Se enteran de todo.**

 Con la **3ª PERSONA DE PLURAL** Pilar hace referencia indeterminada en este texto a la gente de la pensión, tanto a los dueños como a los otros inquilinos.

✓ **Esperemos que vuestros padres lo comprendan.**

 Eugenio se implica solidariamente en la situación de sus amigas y expresa un deseo en **1ª PERSONA DE PLURAL**. Este es un procedimiento subjetivo, estilísticamente, afectivo y solidario.

Las dos siguientes frases son estructuras oracionales que expresan contenidos pasivos mediante **SER + PARTICIPIO**. Ambas tienen sujeto léxico sintáctico: *la puerta*, que guarda la concordancia obligada con el verbo.

● *La puerta fue cerrada por el bedel.*   En esta frase se expresa el **AGENTE**, es decir, quién realiza la acción, mediante el complemento *por el bedel*.

● *La puerta fue cerrada por fuera.*   En esta frase, en cambio, hay indeterminación, no se dice quién cierra la puerta.

✳ El **AGENTE** suele ser manifestado:
  – a través de la función sintáctica **SUJETO:**   *El bedel cerró la puerta.*
  – por un **COMPLEMENTO:**   *La puerta fue cerrada por el bedel.*

✳ Hay **INDETERMINACIÓN** cuando no se expresa el agente.

✳ Las oraciones que no tienen sujeto sintáctico podemos denominarlas **IMPERSONALES SINTÁCTICAS:** *Llueve; hace frío; es pronto; se indultó a los condenados.* Y, desde el punto de vista semántico, son además indeterminadas.

---

1. **DISTINGUE** entre las siguientes frases indeterminadas, cuál de ellas es impersonal sintáctica.

Modelo: – *El sábado se vendieron todas las entradas del concierto.*
        No es impersonal sintáctica porque tiene sujeto: *todas las entradas del concierto* (= *Todas las entradas fueron vendidas*).
     – *Ayer nevó en la sierra.*
        Impersonal sintáctica, porque no tiene sujeto.

1. El lunes se publicarán las notas del último examen.

2. Ya es muy tarde, tengo que marcharme.

3. El domingo hizo mucho calor.

4. El próximo viernes será clausurado el curso de español para extranjeros.

5. Se convocó a los representantes.

FÍJATE en estas frases:

- *Tienes una casa muy bonita.*

 No hay sujeto léxico, pero se puede reconocer por la desinencia verbal: *tienes* = tú. Se trata de un **SUJETO DESINENCIAL**.

- *Luis invitó a sus amigos a la fiesta de cumpleaños y le regalaron muchas cosas.*

 El verbo *regalaron* no tiene sujeto, pero se puede recuperar por el contexto, ya que hace referencia a un sintagma citado antes: *sus amigos*. Se trata de un **SUJETO IMPLÍCITO** o **TÁCITO**.

- *Dicen que los sindicatos van a convocar huelga.*

 No hay sujeto de *dicen* y no se puede recuperar, porque si a la forma verbal *dicen* le pusiéramos el sujeto ELLOS / ELLAS / USTEDES, el significado del texto cambiaría, pues el pronombre de tercera persona implica referencia a elementos anteriores consabidos; por el contrario, el morfema verbal de tercera persona expresa indeterminación. En este caso se puede hablar de **SUJETO CERO**.

---

2. DISTINGUE en las siguientes frases el sujeto cero del sujeto implícito o tácito de los verbos destacados en cursiva. **INDICA** en la frase que sea posible el procedimiento para recuperar ese sujeto tácito.

1. *Hemos tenido* mucha suerte, el de Historia es un profesor estupendo.

2. En la Feria de Muestras *venden* productos de informática muy interesantes.

3. Es agradable pasear por el parque porque *tiene* árboles muy frondosos.

4. ¿*Habéis visitado* la catedral?

5. En ese bar musical *ponen* la música muy alta.

6. ¿*Tienen* muebles modernos en esta tienda?

¿Tienen mesa para esta noche, para ocho personas?

Con la tercera persona del plural se expresa indeterminación.

IMAGINA dos posibles conversaciones entre dos amigas, Elena y Rosa:

● *Juan me ha regalado este perfume.*

 Elena quiere comunicar quién ha sido el agente de la acción de regalar, y además para Rosa, que es la oyente, el agente es una persona conocida. Es Juan.

● *Me han enviado este perfume.*

 La indeterminación del agente de la acción puede responder a que Elena no sabe quién le ha enviado el regalo (el paquete no llevaba remite); lo sabe pero no quiere decirlo; o bien, lo sabe y no le importa decirlo, pero no tiene interés para su oyente porque Rosa no lo conoce.

＊ A veces en el coloquio se utiliza una expresión impersonal o de indeterminación para evitar el tratamiento de TÚ o de USTED.

 ¿Qué hacemos? ¿Trabajando? = ¿Qué haces tú?
¿Qué hace Ud.?

＊ Otras veces es el hablante quien se encubre bajo formas de indeterminación.

 En un bar pregunta el cliente al camarero:
¿Qué se debe? = ¿Qué debo yo?
¿Qué debemos nosotros?
(en el caso de que quiera invitar a sus amigos).

3. ANALIZA estas posibles respuestas del personaje de la fotografía.

1. Se hace lo que se puede.

2. Uno hace lo que puede.

3. Hacemos lo que podemos.

4. ¡Qué vas a hacer!

5. Tienes que aprovechar las ocasiones.

6. Hay que aprovechar las ocasiones.

FÍJATE en estas tres frases:

- *Se han convocado las becas del programa Sócrates-Erasmus.*
- *Se han convocado las becas de Doctorado por el Ministerio de Educación.*
- *Se leyeron los nombres de los candidatos por el secretario.*

Son construcciones de **PASIVA REFLEJA** en plural con su correspondiente sujeto sintáctico (las becas… / los nombres…), pero en la primera no se expresa el agente, esto es lo habitual; por tanto, semánticamente es indeterminada. En cambio, la segunda y la tercera sí llevan agente —suele ocurrir con textos de carácter jurídico y administrativo—. Por ello, no son impersonales, ni indeterminadas.

Lo mismo ocurre con la pasiva de **SER + PARTICIPIO**:

- *Ayer fue atropellado un anciano en la calle Vega.*
- *Ayer fue atropellado un anciano en la calle Vega por un joven con poca experiencia como conductor.*

La primera de estas dos frases puede ser considerada impersonal semántica o expresión indeterminada, pero no la segunda, pues esta tiene agente.

CONCLUSIÓN: Tanto las **PASIVAS REFLEJAS** como las construcciones de **SER + PARTICIPIO**, cuando no llevan agente, son construcciones que expresan indeterminación o, si se quiere, **IMPERSONALES SEMÁNTICAS**.

---

4. DISTINGUE entre las siguientes pasivas las que expresen indeterminación:

1. El torero fue llevado a hombros por el respetable (el público).

   INDETERMINACIÓN ☐   NO INDETERMINACIÓN ☐

2. Aquí se dictan las normas de convivencia desde el primer día.

   INDETERMINACIÓN ☐   NO INDETERMINACIÓN ☐

3. Con este cuchillo se pica la cebolla bastante bien.

   INDETERMINACIÓN ☐   NO INDETERMINACIÓN ☐

4. El niño fue bautizado el primer domingo del mes de Mayo en una ceremonia comunitaria.

   INDETERMINACIÓN ☐   NO INDETERMINACIÓN ☐

5. Se alquilan apartamentos en la Costa del Sol por la agencia "Pérez y Fernández".

   INDETERMINACIÓN ☐   NO INDETERMINACIÓN ☐

Con este cuchillo se pica la cebolla bastante bien.

5. CORRIGE las formas incorrectas y **SEÑALA** el valor del indefinido en cada caso:

1. Si vienen los ladrones y la raptan a una, ¿qué va a hacer una?

---

2. Cuando se pierde el partido, uno se queja de la mala suerte o del árbitro.

---

3. En los exámenes unos siempre saben lo que tienen que hacer para aprobar.

---

4. Cuando viene el jefe se se avergüenza de los fallos que ha tenido.

---

5. Con estos cambios tan bruscos de temperatura una no sabe ni qué ponerse.

OBSERVA las siguientes frases:

- *Siempre felicito a mi maestra por Navidad, porque uno (= yo) valora esas cosas.*
- *Y si una es bonita, ¡qué culpa tiene una!*
- *Cuando se cumple con el deber uno se siente satisfecho.*

El carácter indeterminado del indefinido uno se extiende a la cláusula causal de la primera de estas frases al sustituir a la 1ª persona, al **YO**. También en la segunda el indefinido femenino se usa en sustitución del hablante, pero no es posible en plural. En la tercera tiene valor de generalización. **RECUERDA** (Lección 12) que la forma **UNO** puede ir delante de un verbo pronominal.

LEE estos textos (tomados de la revista *El Semanal*, 2-6-1996):

PERIODISTA: *Cuando se presenta un trabajo ¿el anterior puede ser usado en contra suya?*

CANTANTE: *Je, je, je... En realidad, no importa que hayas tenido mucho éxito antes, lo importante es el final.*

Lo peor de los desaguisados que comete cierta gentuza, en política, es que muchas veces los efectos sólo llegan con el tiempo, y cuando te echas las manos a la cabeza y pides cuentas al responsable, este ha tomado las de Villadiego y si te he visto no me acuerdo.

COMENTARIO: En el primer texto el cantante utiliza una 2ª persona de singular: *hayas tenido* en sustitución de la 1ª, del **YO**, aunque al mismo tiempo esta experiencia que le afecta a él puede aplicarse a otras personas; de ahí, el valor de generalización.

En el segundo texto la 2ª persona singular *te echas / pides* representa a cualquier persona, incluido el hablante, y de ahí el sentido de indeterminación.

La expresión de la 2ª persona puede hacerse por el pronombre tónico **TÚ**, por la desinencia de la forma verbal o mediante formas pronominales átonas complementarias de 2ª persona singular.

El uso de la 2ª persona singular en sustitución del **YO** o con valor generalizador es de tipo coloquial, pero se va extendiendo también a la prensa escrita en algunos géneros, como en la primera entrevista. Estilísticamente, es un procedimiento subjetivo, afectivo, solidario.

6. **TRANSFORMA** el tratamiento de "usted" que utiliza el autor de la guía turística por la 2ª persona de indeterminación:

Parada y fonda. Y para reponer fuerzas sentado ante una mesa, nada mejor que acudir a casa de Juanito, donde podrá degustar una magnífica comida o cena, pida lo que pida. Ahora bien: remate con unos exquisitos postres y elija un buen vino, de esos que guarda en su bodega.

(Adaptado de la revista *El Semanal*, 19-5-1996)

---

7. **ANALIZA** el recurso para indicar la 2ª persona de plural empleado en las siguientes frases.

Modelo: *En esta empresa trabajáis mucho* (desinencia verbal) *pero os pagan bastante bien* (pronombre átono OS + verbo en 3ª plural).

1. Si queréis hacer una excursión por el valle del Jerte, seguid la carretera N-110 Cáceres-Plasencia-Ávila.
2. En el extranjero os exigen mucho, pero ganáis buenos sueldos.
3. Piscis (del 20 de febrero al 20 de marzo): aprended a reiros con más frecuencia, no os toméis las cosas tan en serio y así ganaréis en salud.
4. En este coche, la madera de nogal, el olor de la tapicería de piel y un volante lleno de botones os dan la mejor bienvenida a vosotros, afortunados conductores, que os encontraréis tan cómodos como en el sillón de vuestra casa.

OBSERVA las siguientes frases:

- *En España vivís muy bien.*
- *En esta Facultad los profesores os escuchan y os atienden personalmente.*

En la primera frase sabemos por la desinencia de *vivís* que el sujeto es **VOSOTROS**. En la segunda el sujeto es *profesores*, pero la referencia a **VOSOTROS** la tenemos en el pronombre **OS**.

Con la 2ª persona de plural se alude a un colectivo mayor o menor, y de ahí la indeterminación. Aunque este procedimiento por su carácter afectivo y subjetivo parece una variante del anterior (2ª persona singular), sin embargo el hablante no se siente incluido en la acción.

- *Este año hemos exportado muchas naranjas.*

→ Esta frase puede decirla un español, aunque no posea plantaciones de naranjos o negocios de exportación, simplemente por solidaridad.

- *Dice el profesor: "Este año hemos suspendido más que en el curso pasado".*

→ Aquí el hablante se siente implicado realmente porque forma parte del colectivo de profesores.

La 1ª persona de plural, aunque tiene sujeto recuperable en la desinencia verbal, expresa sentido de indeterminación. Es un procedimiento afectivo, subjetivo y solidario en el que el hablante se integra de forma real o figurada.

8. SUSTITUYE este procedimiento subjetivo de expresar indeterminación por otro más objetivo, como el uso de **SE:**

Modelo: En los últimos años asistimos a una mejora...
En los últimos años se asiste a una mejora...

1. En esta empresa hemos desarrollado un conjunto de productos químicos de gran importancia para el reciclaje del papel usado.

   _____

   _____

2. Gracias a estos procesos químicos podemos reciclar y utilizar más veces el papel.

   _____

   _____

3. Esta ruta de los pastores del río Jerte podremos terminarla en el pueblo de Villar de Plasencia.

   _____

   _____

4. Y por otra pequeña carretera local podemos recorrer el tramo central del valle del Jerte.

   _____

   _____

En el valle del Jerte se ven muchos cerezos.

OBSERVA estas tres frases:

● *Llaman por teléfono.*
● *Anuncian viajes económicos a países exóticos.*

→ En estos casos el sujeto no es recuperable. Si dijéramos *Ellos llaman por teléfono* nos estaríamos refiriendo a elementos ya consabidos, conocidos, y no es así. Aquí la 3ª persona de plural expresa indeterminación.

● *Los alumnos japoneses hablaron con el profesor a la salida de la clase y le expusieron algunas dudas.*

→ En esta frase, en cambio, no podemos hablar ni de impersonal sintáctica ni de indeterminación, pues el pronombre **ELLOS** nos permite recuperar a los alumnos en el caso de *expusieron*.

✻ Estilísticamente, es un procedimiento objetivo, distanciador; el hablante no se implica de ninguna manera. Por ello puede sustituirse perfectamente por el **SE IMPERSONAL**

9. **TRANSFORMA** las siguientes frases sustituyendo la 3ª persona de plural por el **SE** impersonal.

Modelo: Trabajan mucho en Japón.
Se trabaja mucho en Japón.

1. Dicen que va a subir el precio de la gasolina.

2. Han comentado mucho la visita de los Reyes al País Vasco.

3. En el Parlamento votaron la Ley de Reforma de la Enseñanza.

4. En el festival cinematográfico eligieron la mejor película del año.

En el ejercicio anterior has podido sustituir la **3ª PERSONA PLURAL** por el **SE IMPERSONAL**, ya que ambos procedimientos tienen sujeto cero y son de carácter objetivo, distanciador. No obstante, hay algunas **DIFERENCIAS** entre ellos:

● Con **3ª PERSONA PLURAL** nunca se incluye el hablante, pero con el **SE** puede hacerlo:

   Aquí estudian toda la tarde.
   Aquí se estudia toda la tarde.

→ El hablante no se incluye.
→ Puede ser equivalente a *Aquí estudian / Aquí estudiamos...*, incluyéndose el hablante en esta última forma.

● Coloquialmente, el **SE IMPERSONAL** puede encubrir el **YO** o el **NOSOTROS** del acto verbal.

→ *Se te felicita por tus éxitos* (= te felicito / te felicitamos).

● El **SE IMPERSONAL** puede formar parte de estructuras que expresan cierto matiz obligativo o imperativo:

→ *Se prohibe fumar.*
En la biblioteca no se habla.

---

10. ESCRIBE posibles sujetos para las siguientes frases:

Modelo: ¡Qué bien se está aquí!
¡Qué bien estamos tú y yo aquí!
¡Qué bien están los niños aquí!

1. Se aplaudió al equipo ganador.

2. Aquí se engorda porque se come mucho.

3. Se premió al ganador con un viaje a Roma.

4. Se comentaba que habría elecciones en otoño.

11. CORRIGE las siguientes frases (repasa la lección 12).

Modelo: Se alquila vestidos de novia.
Se alquilan vestidos de novia.

1. Se vende manzanas.

_____

2. Se necesita mujeres para limpieza de restaurante y cafetería.

_____

3. Se precisa licenciados en Económicas e Ingenierías, para impartir clases.

_____

4. Se alquila habitaciones, a pensión completa.

_____

5. Se vende libros de Física seminuevos.

_____

6. Se necesita tres oficiales de primera para la construcción.

_____

SE VENDEN
MANZANAS

12. CORRIGE las siguientes frases (repasa la lección 12).

Modelo: Se aplaudieron a los jugadores.
Se aplaudió a los jugadores.

1. Se castigaron a los delincuentes.

_____

2. Se eligieron a los árbitros.

_____

3. Se colocaron a los participantes.

_____

4. Se premiaron a los tres primeros ciclistas.

_____

5. Se criticaron a los artistas invitados por su poca simpatía con el público.

_____

Se eligió a los árbitros.

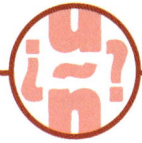

ESQUEMAS GRAMATICALES

ESTRUCTURAS QUE EXPRESAN INDETERMINACIÓN

● **CONCEPTO DE SUJETO Y DE AGENTE**

✓ SUJETO — Función sintáctica, concuerda con el verbo en número y persona.

✓ AGENTE — Función semántica, indica quién realiza la acción.

● **SUJETO CERO Y SUJETO TÁCITO O RECUPERABLE**

✓ SUJETO CERO	Impersonal sintáctica	*Llaman por teléfono.*
✓ SUJETO IMPLÍCITO O TÁCITO	Recuperable por desinencia. verbal o por el contexto.	*¿Vas al colegio?*

● **ALGUNAS CAUSAS DE LA EXPRESIÓN INDETERMINADA**

- El hablante no conoce el agente.
- Lo conoce, pero no lo quiere decir.
- No tiene interés para el oyente.
- Evita el tratamiento de **TÚ / USTED**, etc.

● **ESTRUCTURAS QUE EXPRESAN INDETERMINACIÓN**

✓ PASIVA REFLEJA	Sin compl. agente.	*Se alquilan pisos amueblados.*
✓ PASIVA DE 'SER' + PARTICIPIO	Sin compl. agente.	*Estos pisos fueron construidos en muy poco tiempo.*
✓ EL INDEFINIDO UNO / UNA		*Con tantas fiestas, uno/una ya no sabe en qué día vive.*
✓ 2ª PERSONA DE SINGULAR	Encubre al YO y tiene valor generalizador:	*En algunas ocasiones tienes que hablar con claridad a los hijos para educarlos bien.*
✓ 2ª PERSONA DE PLURAL.	El hablante se excluye.	*En esta Facultad tenéis buenos profesores, pero muy pocas instalaciones técnicas.*
✓ 1ª PERSONA DE PLURAL	El hablante se incluye.	*Este año hemos ganado la Copa de Europa.*
✓ IMPERSONALES SINTÁCTICAS		
• 3ª persona de plural	El hablante se excluye.	*Comentan que al padre de Marisa le ha tocado la lotería.*
• El SE impersonal reflejo	Puede encubrir a la 1ª persona singular o plural, y tiene también valor generalizador:	*Se está bien aquí (= yo estoy bien aquí, tú estás…, cualquier persona está…, etc.).*

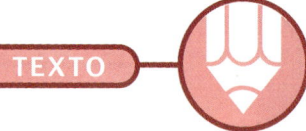
 En el despacho de un arquitecto

E l arquitecto Rafael Moneo lleva desde muy temprano recibiendo a los periodistas, que le **han caído en tromba** con motivo del premio Pritzker, así que **una lo imagina ya harto**, cansado, deseando perder de vista las grabadoras y las cámaras.

Es por la tarde y estoy en su estudio madrileño esperando la vez. **Ha llovido un poco** y desde la ventana que da al jardín **se ve un naranjo** salpicado de gotitas. En el interior las habitaciones tienen un parqué que reclama un **acuchillado** urgente. En algunas zonas de la casa el parqué ha sido cubierto por una estera vegetal, pero a decir verdad la estera tampoco está muy allá. Habría que cambiarla.

Ya puestos, las paredes también agradecerían un repaso, unas manos de pintura, o al menos un empapelado nuevo, porque las lluvias de este invierno **han hecho de las suyas** y la huella de la humedad se ha estampado bajo las ventanas, lo que proporciona cierto aspecto de desolación [...].

La entrevista se prolonga durante más de una hora.

He seleccionado algunas frases suyas:

«Los arquitectos somos artistas mediatizados porque tenemos que aceptar las limitaciones de nuestro trabajo. El gran privilegio de la arquitectura es el de construir la realidad que ocupan otros. Los arquitectos somos menos dueños de una casa que un poeta lo es de un poema.

Voy con relativa frecuencia a mi pueblo, unas siete u ocho veces al año. El lugar donde ha transcurrido la niñez y la adolescencia *es* **muy importante en la vida de uno**».

(Adaptado del suplemento dominical *La Revista*, 12-5-96)

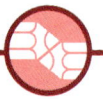 **HABLEMOS DEL TEXTO**

Han caído en tromba: Han llegado muchos con decisión y violencia. Expresión metafórica. La tromba es una columna de agua que gira por la acción de un torbellino.
Acuchillado: Acción de alisar y pulir un piso de madera.
Han hecho de las suyas: Han hecho faenas, algo perjudicial.

✓ **Una lo imagina ya harto.** ✓ **[...] es muy importante en la vida de uno.**	Fíjate cómo la periodista elude el **YO** y utiliza **UNA**, como hace el arquitecto en la última línea con **UNO**.
✓ **Es por la tarde.** ✓ **Ha llovido un poco.**	En estas dos frases observamos el uso de dos verbos que expresan fenómenos de la naturaleza: **SER + EXPRESIÓN TEMPORAL** y **LLOVER**.
✓ **Se ve un naranjo.**	 Uso del 'SE' IMPERSONAL.

VERBOS QUE EXPRESAN FENÓMENOS METEOROLÓGICOS

Los verbos que expresan fenómenos meteorológicos como **LLOVER**, **NEVAR**, **TRONAR**,
LLOVIZNAR, **RELAMPAGUEAR**, **GRANIZAR**, etc.
son defectivos morfológicamente, ya que sólo
tienen la forma de 3ª persona de singular.
Además no tienen sujeto: son sintácticamente
impersonales.

La noche pasada llovió en Galicia.
En la sierra de Guadarrama nieva bastante.

✳ Cuando forman parte de una **PERÍFRASIS**,
es el verbo auxiliar el que se construye en
3ª persona de singular.

*Parece que **va** a llover.*
***Tiene** que llover.*
***Estuvo** lloviendo toda la noche.*
*Ya **ha dejado** de llover.*

✳ Pero en sentido metafórico pueden llevar
sujeto:

*Llovían **almohadillas** sobre el torero en
protesta por su mala faena en el ruedo.*
*Anochecí en Atenas y amanecí en Madrid
(=Cuando anocheció **yo** estaba en Atenas
y cuando amaneció **yo** estaba en Madrid).*

✳ También los verbos **AMANECER** y **ALBOREAR**
pueden recibir un sujeto de significado
temporal en concordancia con la 3ª
persona de singular.

El día amaneció lluvioso.
La mañana ya alboreaba.

13. ESCUCHA y luego **LEE** estas estrofas de un
poema de Antonio Machado.

Una tarde parda y fría
de invierno. Los colegiales
estudian. Monotonía
de lluvia tras los cristales.

✳ ✳ ✳ ✳ ✳

Con timbre sonoro y hueco
truena el maestro, un anciano
mal vestido, enjuto y seco,
que lleva un libro en la mano.

(Recuerdo infantil)

EXPLICA el uso del verbo 'tronar' en el poema.

ORACIONES IMPERSONALES CON 'HABER'

El verbo **HABER** además de funcionar como auxiliar en las formas compuestas de los verbos (*he cantado, habías cantado,* etc.) se construye como impersonal sintáctica y semánticamente. La forma *hay* es específica de este uso impersonal.

Hay un niño en la escalera.
Había muchos niños en el patio.
Hubo varias niñas en la fiesta.

✻ Los sintagmas *un niño, muchos niños, varias niñas* funcionan como complemento directo.

Hay un niño en la escalera. Lo hay.
Había muchos niños en el patio. Los había.
Hubo varias niñas en la fiesta. Las hubo.

✻ Interpretar estos sintagmas como sujeto es incorrecto y obliga a transformar el verbo para que concuerde con ellos.

* *Habían muchos niños en el patio.*
* *Hubieron varias niñas en la fiesta.*

Aunque la norma lo considera incorrecto, es un uso que se extiende por Cataluña, Levante peninsular y en el habla coloquial de algunas zonas de Hispanoamérica.

---

14. COMPLETA estas frases con la forma adecuada del verbo **HABER**:

1. Ayer _____ muchos niños en el parque.
2. Esta mañana _____ una carrera de motos en el circuito.
3. En clase _____ mucha gente que no estudia nada.
4. El próximo domingo _____ un concurso de perros de caza.
5. Es muy tarde. Ya no _____ nadie por la calle.

15. CORRIGE las construcciones incorrectas en estas frases:

1. Habían muchos candidatos para el puesto.

2. En la fiesta habrán fuegos artificiales.

3. Hubieron peleas entre los espectadores.

4. ¡Ojalá hubieran muchos premios!

5. En el circo han habido actuaciones muy espectaculares.

En el circo ha habido actuaciones muy espectaculares.

- El verbo **HACER** sirve para expresar fenómenos naturales en competencia con otros verbos (*anochecer, calentar*) o bien como única posibilidad (*hacer frío*).

En invierno se hace de noche pronto. (= Anochece).
Hoy hace mucho calor. (= Calienta).
Abrígate, que hace frío. (No hay verbo equivalente).
En Semana Santa hizo buen tiempo.
En Semana Santa hizo unos días estupendos.
No pudimos salir porque hacía mucho viento.

- También se emplea para expresar tiempo.

Hace tiempo que no veo a Carlos.
Las primeras Olimpíadas se celebraron hace bastantes siglos.
Voy a clase de inglés desde hace dos meses.

* Hay una forma antigua apocopada del verbo **HACER** que se utilizaba pospuesta al sustantivo: tiempo ha / años ha, etc.

Años ha que no se ve un extranjero por aquí.

* Otro verbo que puede expresar tiempo de forma impersonal sintácticamente es **SER** (repasa la Lección 1).

Es pronto / Es tarde.
Es de día / Es de noche.

---

16. CONSTRUYE diferentes frases con la estructura **HACER + EXPRESIÓN TEMPORAL**, según el modelo propuesto, con los elementos que te facilitamos.

Modelo: Visitar - Madrid
  a) *Hace un año que visité Madrid.*
  b) *Visité Madrid hace un año / hace dos días.*
  c) *Vengo visitando Madrid desde hace un año.*
  d) *He visitado Madrid una vez al mes desde hace un año, etc.*

1. Ganar - un premio, un concurso, etc.

2. Comprar - un disco de música clásica, moderna, etc.

3. Tocar - la guitarra, el piano, etc.

4. Pintar - un cuadro al óleo, a la acuarela, etc.

5. Veranear - en la playa, en la montaña, etc.

Hace un mes que toco el trombón.

17. CORRIGE las construcciones incorrectas en las siguientes frases:

1. ¡Qué días más fríos están haciendo!

2. Saluda a tu padre de mi parte, "ha tiempo" que no le veo.

3. No voy a ir al cine porque hace mucha nieve.

4. Tuvimos suerte con el tiempo, hicieron unos días excelentes.

Con la perífrasis **HABER + QUE + INFINITIVO** se expresa una obligación de forma impersonal, indeterminada. Sirve para incluir al oyente con cualquier tratamiento (tú /usted), y también al hablante, como se observa en estas situaciones.

- Dice el médico a su paciente: *Hay que cuidar la alimentación y hacer un poquito de ejercicio (= Tiene que cuidar... / tienes que cuidar...).*

- Dice el profesor a sus alumnos: *Hay que estudiar más si queréis aprobar / Hay que estudiar más si quieren aprobar.*

- Dice un socio a los otros: *Hay que pagar los impuestos, si no queremos tener líos con Hacienda (aquí el hablante se incluye).*

---

18. TRANSFORMA la estructura obligativa impersonal de las siguientes frases por una forma personalizada.

Modelo: Hay que estudiar.
Tengo / tienes / tiene / tenemos / tenéis / tienen que estudiar.

1. Hágame caso, señor Juan, hay que viajar y salir de casa.

2. Hay que hacer bien el trabajo para que la profesora nos ponga buena nota.

3. Ya sé que no estáis a gusto en la residencia porque hay que entrar sin falta a las diez de la noche.

4. Me voy a casa porque ya es tarde y hay que hacer la cena.

5. Sabes que tu padre te dará una buena propina, pero antes hay que lavar bien el coche.

ESQUEMAS GRAMATICALES
ESTRUCTURAS IMPERSONALES

● **VERBOS QUE EXPRESAN FENÓMENOS METEOROLÓGICOS**

LLOVER, GRANIZAR, NEVAR, RELAMPAGUEAR, ETC.

✓ DEFECTIVOS, MORFOLÓGICAMENTE.

✓ IMPERSONALES, SINTÁCTICAMENTE.

✓ PUEDEN USARSE EN SENTIDO FIGURADO.　　 *Anochecí en Roma.*

● **OTROS VERBOS QUE FORMAN ESTRUCTURAS IMPERSONALES**

HABER, HACER Y SER

Además de otros usos, estos verbos se utilizan siempre en 3ª persona de singular en estructuras impersonales sintácticas y semánticas.

✓ HABER

 Había muchos niños en el patio.
Hay mucha gente en la manifestación.

　✳ Construcción incorrecta:

 *Habían muchas personas en la plaza.

✓ HACER

 Hace buen tiempo.
Hace mucho frío.

　✳ Construcción incorrecta:

 *Están haciendo unos días muy malos.

✓ SER

 Es pronto.
Es tarde.
Es de día.
Es de noche.

● **HABER + QUE + INFINITIVO**

✓ EXPRESA OBLIGACIÓN
EN FORMA IMPERSONAL.

 En época de exámenes hay que estudiar mucho.

✓ PUEDE ENCUBRIR TANTO
AL HABLANTE COMO AL OYENTE,
FRENTE A LA EXPRESIÓN
DE LA OBLIGACIÓN
EN FORMA PERSONALIZADA
*(En época de exámenes tengo
que estudiar / debo estudiar mucho.).*

 Hay que lavar los platos (= Tengo que lavar... / Tienes que lavar...).

LÉXICO

LA VIVIENDA

SUSTANTIVOS

El apartamento
La casa
El piso
El chalet
El estudio
La cabaña
La chabola
La choza
La cueva
El refugio
El palacio

La barraca (en Valencia)
El caserío (en el País Vasco)
El cortijo (en Andalucía)
La masía (en Cataluña)
La torre (en Cataluña)
El rancho (en México)
La casa de campo
La villa
La urbanización
El castillo
El alcázar

Situación en la ciudad
El arrabal
El barrio
El centro
El distrito
La periferia
El suburbio
La zona

Construcción: elementos
El proyecto
La edificación
La pared maestra
La bovedilla
Los cimientos

El plano
La obra
El tabique
Los ladrillos
El techo

La construcción
El andamio
La viga
El cemento
La decoración

Partes de la casa
La fachada
El zaguán
La azotea

La verja
La barandilla
El desván

La entrada
El peldaño
El sótano

La portería
El descansillo
El pasillo

El umbral
El montacargas
La bodega

EXPRESIONES

Caérsele a uno la casa encima.
Empezar la casa por el tejado.
Para andar por casa.

Casa con dos puertas, mala es de guardar (refrán).
Tirar la casa por la ventana.
¡Ah de la casa!

ADJETIVOS

grande
pequeña
alegre
triste
moderna
antigua
bonita
fea
típica

confortable
inhabitable
acogedora
desangelada
céntrica
apartada
limpia
sucia
señorial

luminosa
oscura
húmeda
funcional
monumental
sencilla
grandiosa
particular
oficial

VERBOS

comprar
vender
alquilar
instalarse
establecerse
desalojar
mudarse
desahuciar

construir
edificar
amueblar
pintar
decorar
arreglar
reformar
modernizar

19. DESCRIBE la casa en la que vives.

20. SELECCIONA el término más adecuado para completar las siguientes frases:

1. Hay una fuga de agua en las tuberías del baño. Tenemos que llamar a un ....

☐ a) electricista.   ☐ b) fontanero.   ☐ c) pintor.

2. Se ha producido un accidente en esta construcción. Un albañil se ha caído del ....

☐ a) tabique.   ☐ b) techo.   ☐ c) andamio.

3. Luis y María son novios, pero no se casan porque no tienen ....

☐ a) Piso.   ☐ b) Chalet.   ☐ c) Cortijo.

4. Es un espectáculo lamentable, pero frecuentemente las grandes ciudades tienen en la periferia ....

☐ a) chabolas.   ☐ b) casas de socorro.   ☐ c) museos.

21. ESCRIBE un antónimo de estas palabras:

Confortable   Soleada   Céntrica   Barata   Moderna

22. IMAGINA un contexto en el que puedas utilizar las siguientes expresiones:

Caérsele a uno la casa encima.

Empezar la casa por el tejado.

Tirar la casa por la ventana.

ARQUITECTURA HISPÁNICA RELIGIOSA

Entre las culturas prehispánicas destacan la azteca, la tolteca y la de Teotihuacán. Esta última erige el centro ceremonial de toda la América prehispánica (con las pirámides de la *Luna, el Sol* y *Quetzalcoatl*). La tolteca establece el centro espiritual en Tula, con templos de arquitectura rígida horizontal con predominio de volúmenes cúbicos. La cultura maya deja, sobre todo, el centro *Chichén,* en el Yucatán.

En España, los árabes erigen la *Mezquita mayor* de Córdoba, el monumento más egregio de la arquitectura musulmana en la Península Ibérica, y, entre otros, la mezquita de *Toledo*.

De fines del siglo IX al XII se extiende el arte románico; arte de base romana, que entra en España con los peregrinos que iban a Santiago de Compostela y con las órdenes religiosas cluniacenses y cistercienses. Los edificios religiosos expresan mansedumbre de espíritu. Tienen gruesos muros, bóvedas, escasos vanos y naves laterales. El románico español tiene influjo directo del arte musulmán. Destacan las iglesias de *San Pedro de Roda, Santa María de Tahull, San Isidoro de León, San Martín de Frómista,* las catedrales de *Jaca* y *Zamora* y culmina en la catedral de *Santiago de Compostela*.

El creciente desarrollo de las ciudades define el marco social del arte gótico, porque hay mayor organización civil, más riquezas; talleres donde artesanos y artistas trabajan asociados y mercados y ferias de intercambio regional e internacional. Se crean gremios, que permiten una producción intensa y también las logias, grupo en el que el trabajo se organiza jerárquicamente, desde el maestro de obras al artesano. Sin estos dos organismos no hubieran podido alzarse las catedrales. La arquitectura gótica, básicamente religiosa, tiene dos elementos fundamentales: el arco apuntado u ojival y la bóveda de crucería con nervios. Las vidrieras no sirven para dar luz, sino para crear un espacio metafísico coloreado y una iconografía religiosa radiante. Destacan de este período las catedrales de *Burgos, Toledo, Sevilla* y *Palma de Mallorca* y el monasterio de *Las Huelgas de Burgos,* de un gótico purísimo.

En el Renacimiento se erigen las catedrales de *Segovia* y *Salamanca,* el *Monasterio de San Benito de Valladolid* y, sobre todo, el Monasterio de *El Escorial* de Madrid.

Con el arte barroco los edificios aparecen llenos de movimiento. Se utilizan en arquitectura atlantes, columnas y pilastras, cúpulas, bóvedas, columnas salomónicas. Se evita todo lo plano. Destacan el retablo de la iglesia de *San Esteban,* en Salamanca, el *Transparente* de la catedral de Toledo, la *Cartuja* de Granada, la catedral de *Cádiz.*

En América, en el barroco, se emplean esbeltísimas torres, desafiando los terremotos, cúpulas, arcos y ventanas de formas mixtilíneas, decoración de cerámica vidriada, etc. Destacan la fachada del *Sagrario* de la catedral de *México,* la capilla de *la Balvanera* y la iglesia de la *Soledad,* las iglesias de Taxco, Puebla y Guadalupe, Oaxaca y la catedral de Zacatecas –todas en México–, la iglesia de *San Francisco* en San Juan del Rey (Brasil), la *Iglesia de la Compañía* de Cartagena de Indias, etc.

Lección 14

Trabajar para vivir, no vivir para trabajar

Trabajar para vivir, no vivir para trabajar

 DIÁLOGO

Para acceder a un buen puesto necesitas saber informática

ALBERTO ¿Sabes?, me he inscrito en un curso de informática en una academia.

ALICIA ¿Por qué?, ¿es que necesitas saber informática para tu trabajo?

ALBERTO Bueno..., no es obligatorio pero quiero cambiar de trabajo y **para acceder a un buen puesto es conveniente saber informática.** Además, **como tengo un amigo que es profesor en esa academia, me han hecho un precio especial en la matrícula.**

ALICIA **Yo intenté** hace un par de años **aprender informática porque me interesaba para conseguir una beca.** Fui a una academia a que me enseñaran un método fácil y empecé muy fuerte pero en seguida todo me parecía dificilísimo, por eso tuve que dejarlo.

ALBERTO Este curso es diferente. **Siguen un método muy moderno con el objeto de que todos los alumnos aprendan,** incluso el más torpe.

ALICIA ¡Hombre!, gracias por tu apoyo. Pero **creo que para que yo vaya a clase** de informática **me tendrán que obligar** porque por mi propia voluntad no iré nunca.

ALBERTO Allá tú, Alicia, pero algún día te arrepentirás de ser tan cabezota. A ti también te harían un precio especial en la matrícula, pero **en vista de que no quieres... tú te lo pierdes.**

● **Inscribirse:** → Apuntar a alguien o algo en una lista, o registro. Hacer que algo conste por escrito.

● **Arrepentirse:** → Pesar por haber hecho o no algo.

● **Ser cabezota:** → Ser terco, intransigente.

● **Beca:** → Ayuda económica para los estudios.

✓ **¿Por qué?**
✓ **¿Cómo es que...?**
✓ **¿Es que...?**

→ Estructuras muy útiles para expresar causa y finalidad. Se utilizan para preguntar por la causa de algo.

→
● **¿POR QUÉ?** → Es una fórmula más directa.
● **¿CÓMO ES QUE...?** → Es una fórmula que denota amabilidad e introduce un elemento de sorpresa.
→

✓ **¿Quieres apuntarte conmigo a un curso de informática?**
Es que no puedo, tengo clase a esa hora.

→ Estructura para contestar, dando una explicación como pretexto. Con **ES QUE...** el hablante trata de ser amable. Se utiliza para rechazar propuestas o invitaciones sin decirlo explícitamente.

✓ **Como tengo un amigo que es profesor en esa academia me han hecho un precio especial en la matrícula.**

→ Esta estructura con **COMO** explica y justifica la información, conocida o no por el oyente, que se va a dar después; presenta la situación previa.

✓ **Yo intenté aprender informática porque me interesaba.**

→ Estructura con **PORQUE** para explicar explícitamente la causa de algo. Obsérvese que el verbo va flexionado en indicativo.

✓ **En vista de que no quieres... tú te lo pierdes.**

→ La estructura **EN VISTA DE QUE + VERBO EN INDICATIVO** se utiliza en el registro culto para expresar causa.

✓ **Para acceder a un buen puesto es conveniente saber informática.**
✓ **Me interesaba para conseguir una beca.**

→ **PARA + INFINITIVO** sirve para expresar finalidad. Esta estructura se utiliza cuando ambos verbos comparten un mismo sujeto.

✓ **Creo que para que yo vaya a clase me tendrán que obligar.**
✓ **Siguen un método muy moderno con el objeto de que todos aprendan.**

→ Cuando los verbos tienen sujetos diferentes, se utilizan este tipo de estructuras con subjuntivo para expresar finalidad.

1. CONSTRUYE un diálogo como el que has leído, utilizando los elementos que se ofrecen a continuación:

● Me he inscrito en (un curso de (…)
　　　　　　　　　　　　　　(…)
　　　　　　　　　　　　　　(…)

➡

¿Por qué?
¿Y eso?
¿Y cómo es eso…?
¿A qué se debe esa decisión?
¿Cómo es que…?

──────────────────────────────────

● Porque (quiero (mejorar mis perspectivas laborales)
　　　　　　(subir de categoría)
　　　　　　(un aumento de sueldo)
　　　　　　(cambiar de trabajo)

➡

Yo　(lo intenté (para + Inf. …)
　　　(con el fin de que…)
　　　(con la intención de que…)
　　　(con el fin de que…)

　- Gracias a que (tengo un amigo que es
　　　　　　　　　　　　　　profesor…)
　- Como… (me han hecho un precio es-
　　　　　　pecial)

──────────────────────────────────

● Siguen un método moderno (con el objeto de que…)

➡

Creo que para que yo vaya me tendrán que obligar…

● En vista de que no quieres (tú te lo pierdes)
● Como (…)
● Ya que (…)

────────────────────────　　　────────────────────
────────────────────────　　　────────────────────
────────────────────────　　　────────────────────
────────────────────────　　　────────────────────
────────────────────────　　　────────────────────
────────────────────────　　　────────────────────
────────────────────────　　　────────────────────
────────────────────────　　　────────────────────

2. CONSTRUYE una frase usando la expresión que se ofrece entre paréntesis:

1. Los ladrones fueron capturados. La policía fue avisada rápidamente (porque).

────────────────────────
────────────────────────

2. Hay huelga de metro. Irá en autobús (puesto que).

────────────────────────
────────────────────────

3. Se inundaron varias ciudades. Tuvimos que pedir ayuda (como).

────────────────────────
────────────────────────

Modelo: Perdió el autobús. Llegó tarde (como).
　　➔ *Como perdió el autobús, llegó tarde.*

4. La ambulancia acudió al lugar del accidente con urgencia. No hubo que lamentar víctimas (gracias a que).

────────────────────────
────────────────────────

5. Hoy cierran todas las tiendas. No podemos comprar nada (debido a que).

────────────────────────
────────────────────────

3. CONSTRUYE frases utilizando las siguientes expresiones:

Modelo: *Como llueve, llevaré paraguas.*

> debido a que...
> por + infinitivo
> puesto que
> a causa de que...
> como

1. _____

2. _____

3. _____

4. _____

5. _____

4. TRANSFORMA las siguientes frases empezando con las partículas que se ofrecen entre paréntesis:

Modelo: A las mujeres no les gusta engordar, no comen demasiadas grasas.
   → *Como a las mujeres no les gusta engordar, no comen demasiadas grasas.*

1. Gracias a la rápida intervención de los agentes de la guardia civil, no tuvimos que lamentar una tragedia → (debido a que).

   _____

2. Estudiaron en el mejor colegio de Londres y se hicieron pronto los mejores abogados del país → (como).

   _____

3. Nunca tiramos la basura a la calle. Somos gente civilizada → (puesto que).

   _____

4. Hay muy pocos jóvenes que quieren hacer la mili. Ahora se puede elegir entre la mili o la prestación social sustitutoria → (ya que).

   _____

5. Cada vez la gente compra menos. Estamos en época de crisis → (como).

   _____

6. El paro ha aumentado mucho. Las mujeres se han incorporado al mundo laboral → (debido a que).

   _____

7. Le conté toda la verdad. Mi hijo me lo pidió → (porque).

   _____

8. Trabajaba de día y noche. Enfermó → (ya que).

   _____

9. Quería ser abogado. Estudió derecho → (puesto que).

   _____

10. Tenía ganas de irse lejos. Se marchó de viaje → (porque).

   _____

5. CONSTRUYE frases siguiendo la estructura y los ejemplos que te ofrecemos:

Modelo: *María protesta por la sanción.*
actor   actitud   causa

ACTOR	ACTITUD	CAUSA
Juan	se enfadó	por lo que dijiste.
Cualquiera	se emborracha	en esas circunstancias.
Todo el mundo	llora	ante tanta desgracia.

1. ACTOR	2. ACTITUD	3. CAUSA
....	....	....
....	....	....
....	....	....
....	....	....

6. RELLENA los espacios en blanco, señalando si se trata de un valor de causa o de otra circunstancia, con los indicadores de causa que ya conoces:

Modelo: .... no estudió, suspendió el examen.
➔ Como *no estudió, suspendió el examen.*

Los ríos se desbordaron porque llovió mucho.

1. Salimos de casa muy pronto .... queríamos llegar a Barcelona a las dos.

2. .... queríamos vernos en seguida, nos llamamos por teléfono.

3. .... llovió tanto en diciembre, se inundaron muchas ciudades.

4. Los ríos se desbordaron .... llovió mucho aquel año.

5. Quiso alegrar la vida de sus hijos .... él había sufrido mucho en la suya.

6. .... sufrió tanto en su vida, quiso hacer felices a sus hijos.

7. Estudia español en París .... lo necesita para su trabajo de azafata.

8. .... necesita saber español para su trabajo, lo estudia en París.

Como necesita saber español, lo estudia en París.

7. EXPLICA por qué en estas frases utilizamos estos indicadores de causa y qué valor tienen:

1. ¿A qué se debe tanta euforia? —Es que están celebrando el aprobado.

2. ¡Vamos, hija, que tengo prisa!

3. Puesto que ya lo sabes, te voy a explicar como fue todo.

4. Como no te has portado bien, no hay chocolate con churros.

5. En vista del elevado número de suspensos, repetirán ustedes el examen.

> En vista del elevado número de suspensos, repetirán ustedes el examen.

8. En ocasiones, ante la pregunta de una causa, se da simplemente la respuesta o explicación. **ENLAZA** cada respuesta con su pregunta:

1. ¿Cómo no felicitaste a tu abuela ayer? ☐

2. ¿Por qué quieres ir de paseo, con lo malo que hace? ☐

3. ¿Cuál es la causa por la que tengo que limpiar el salón? ☐

☐ A. Porque se me olvidó.

☐ B. La razón es que yo hago la compra y cada uno tiene que hacer algo.

☐ C. Pues porque tengo dolor de cabeza y quiero despejarme.

9. Ya sabes que si alguien pregunta por la causa de una acción u omisión, el que responde puede intentar justificarse diciendo **Es que... PIENSA** cuatro preguntas y las correspondientes respuestas justificativas:

Modelo: ¿Cómo vienes tan tarde a casa?
→ *Es que me encontré con Antonio y hemos estado charlando un buen rato.*

> ¿Cómo vienes tan tarde a casa?

> Es que estuve charlando un rato con Antonio.

1. ¿ ....? **A.** ....

2. ¿ ....? **B.** ....

3. ¿ ....? **C.** ....

4. ¿ ....? **D.** ....

5. ¿ ....? **E.** ....

ESQUEMAS GRAMATICALES
LA EXPRESION DE LA CAUSA

● **FORMAS DE EXPRESIÓN DE LA CAUSA**

✓ PREGUNTAR POR LA CAUSA DE ALGO

- **¿POR QUÉ...?**　　　Más directo.　　　　　　　　　　➡ *¿Por qué has llegado tarde?*
- **¿CÓMO ES QUE...?**　Expresa amabilidad. Introduce un
　　　　　　　　　　elemento de sorpresa.　　　　➡ *¿Cómo es que lo adivinaste?*

✓ EXPLICAR EXPLÍCITAMENTE LA CAUSA DE ALGO (Verbo flexionado)

- **PORQUE**
- **DEBIDO A (+ NOMBRE / + QUE + VERBO)**
- **POR CUANTO (+ VERBO)** (en contextos formales)

✓ EXPLICACIÓN COMO PRETEXTO

- **ES QUE...**　　Se usa en respuestas a preguntas por la
　　　　　　causa de algo, en las que el hablante
　　　　　　necesita justificarse o quiere ser amable　➡ *¿Cómo es que te has apuntado*
　　　　　　con su interlocutor.　　　　　　　　　 *a una academia?*
　　　　　　Se utiliza para rechazar propuestas o　　 ➡ *Es que necesito saber infor-*
　　　　　　invitaciones sin decirlo explícitamente.　　 *mática para el trabajo.*

✓ EXPRESIÓN DE LA CAUSA MEDIANTE SINTAGMAS PREPOSITIVOS

- **A CAUSA DE**　　　　　➡　*No pudimos salir de vacaciones a causa de las fuertes lluvias.*
- **CON MOTIVO DE**　　　➡　*Con motivo de su marcha, le hicimos un regalo.*
- **POR + SINTAGMA NOMINAL**　➡　*Por la nieve caída estos días, no se celebró el partido.*

✓ PRESENTAR LA SITUACIÓN PREVIA

Explicamos y justificamos la información que se va a dar después.

- **COMO**　　　　　　　Información que sale del hablante,　➡ *Como no tenía sueño, me*
　　　　　　　　　　conocida o no por el oyente.　　　 *quedé leyendo.*
- **YA QUE / PUESTO QUE**　El hablante constata algo que no
　　　　　　　　　　viene de él, sino de la situación o　➡ *Ya que todos estamos de acuer-*
　　　　　　　　　　de su interlocutor.　　　　　　 *do, procedamos.*

✓ CAUSA EXPRESADA MEDIANTE SINTAGMA VERBAL NO FLEXIVO

La causa se mezcla con otros significados, como el condicional o el temporal.

- **GERUNDIO**　　　　➡　*Haciendo lo que te da la gana no conseguirás nada.*
- **PARTICIPIO**　　　 ➡　*Conocidos estos asuntos, pasemos a otros.*
- **POR + INFINITIVO**　➡　*Le han metido en la cárcel por robar.*

✓ OTRAS FORMAS DE EXPRESIÓN DE LA CAUSA

- **EN VISTA DE**　　　⎫　　　　　　　　　　　　 ➡ *En vista de que no viene, nos vamos.*
- **GRACIAS A**　　　　⎬ (QUE + VERBO / SINTAGMA NOMINAL) ➡ *Gracias a que es domingo, voy al cine.*
- **POR CULPA DE**　　⎭　　　　　　　　　　　　 ➡ *Por culpa de salir tarde, perdí el autobús.*
- **DE + ADJETIVO / SUSTANTIVO + QUE**　　　　　　 ➡ *De lo tonto que es, no aprende nada.*

En vista de... se utiliza en el registro culto, *Gracias a...* presenta la causa de algo aceptado, deseado
o buscado, y *Por culpa de...* presenta la causa de algo indeseado o mal acogido por el hablante.

ESQUEMAS GRAMATICALES

EL MODO VERBAL EN LA EXPRESION DE LA CAUSA

● **INFINITIVO**

- POR (NO)　　　　　　　*Has suspendido por no estudiar.*
- NO POR (NO)　　　　　*Suspendiste no por el profesor, sino por no estudiar.*

● **INDICATIVO**

- PORQUE (NO)　　　　　*No has aprobado porque no has estudiado nada.*
- PUESTO QUE (NO)　　　*Este mes no cobrarás la paga puesto que no has trabajado.*
- YA QUE (NO)　　　　　*Ya que no vienes con nosotros, iremos solos.*
- DADO QUE (NO)　　　　*Desayunaré yo solo, dado que tú no quieres.*
- PUES (NO)　　　　　　*No iré al concierto pues no quedan ya entradas.*
- COMO (NO)　　　　　　*Como no quieres estudiar, tendrás que trabajar.*
- A CAUSA DE QUE (NO)　*Los embalses están secos a causa de que no llueve.*
- GRACIAS A QUE (NO)　*Gracias a que no llueve, podremos salir a la calle.*
- MERCED A QUE (NO)　*Se ha curado merced a que no dejó la medicación.*
- EN VISTA DE QUE NO)　*En vista de que no me llama él, lo llamaré yo.*
- A LA VISTA DE QUE (NO)　*A la vista de que no se soluciona este asunto, habrá que tomar alguna decisión.*

✳ La aparición del SUBJUNTIVO es posible en estructuras disyuntivas del tipo:

- NO PORQUE (NO) ...... O/NI PORQUE (NO)　*Si no sales conmigo no es porque haga frío, ni porque no tengas dinero, es porque me tienes manía y no quieres verme.*

- BIEN PORQUE (NO) ...... BIEN PORQUE (NO)　*Bien porque no lo sepa, bien porque no se lo hayan dicho, siempre se hace el loco.*

● **SUBJUNTIVO**

- Con partículas como POSIBLEMENTE　*No ha venido porque posiblemente no le hayan dejado salir.*

- HIPÓTESIS EN EL PASADO
  HUBIERA /HUBIESE + PARTICIPIO　*Fue una pena porque os lo hubierais pasado muy bien.*

- NO ES QUE (NO)　*No voy, y no es que no quiera, es que no puedo.*
- NO PORQUE (NO)　*No porque no fueras tú iba a dejar de ir yo.*

✳ En el registro coloquial no es extraño el uso de *no porque (no)* con indicativo.　*No porque no comes tú dejo de comer yo.*

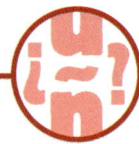

ESQUEMAS GRAMATICALES
NOTAS GRAMATICALES SOBRE EL VALOR CAUSAL

● **QUE** CAUSAL

- Se utliza para:
  * Justificar un aviso, petición, orden o consejo.
  * Justificar un enunciado negativo.

  * Justificar una exclamación, la expresión de un sentimiento o una decisión.
- Cuando hay dos frases causales unidas por las partículas *y/o*, generalmente contestan dos hablantes, el primero usa *porque* y el segundo *que*.
  Así lo muestra el estilo indirecto:

 Que viene la policía, date prisa.
Hoy no, que tengo prisa.

 No pienso salir de casa, que hace frío.

 Me voy, que tengo prisa.

 No salgo porque es tarde y porque está lloviendo.

 Le dije que no salía, que era tarde y que estaba lloviendo.

● PECULIARIDADES DE OTROS INDICADORES DE CAUSA

- **PORQUE**   Generalmente va pospuesto. Si va en primer lugar responde a una réplica o a registros literarios.

 Porque son, niña, tus ojos verdes como el mar, te quejas.

- **COMO**   Antepuesto. Si va pospuesto exige una entonación especial.

 Creí que ya no te interesaba, como no me llamaste...

- **POR + INFINITIVO**   Implica un mismo sujeto.
  Cuando los sujetos son distintos, el del infinitivo va expreso, detrás del infinitivo.

 Esto te pasa por beber agua fría.

 Nos van las cosas como nos van, por ser tú como eres.

● **OBSERVACIONES**

- **PORQUE**   Expresa la razón, la causa de algo.

 Comeré un bocadillo porque tengo hambre.

- **YA QUE**
- **PUESTO QUE**   No indican el motivo, sino una circunstancia que favorece la realización de algo.
- **COMO**

Ya que estás aquí te contaré algo.
Cogeré el abrigo puesto que nieva.
Como llueve, me llevaré el paraguas.

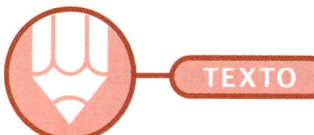

¿Te atreverías a pedir a tu jefe un aumento de sueldo?

Llevas trabajando tres años en la empresa. Tu jefe está hoy de buen humor, así que piensas ¿por qué no voy a su despacho y le pido un aumento de sueldo? ¡No lo hagas!, pedir una subida de sueldo requiere una completa planificación y en muchos casos no se logra.

Para que todo resulte positivo, ten en cuenta estos cuatro consejos:

1. *Evalúa a fondo tu productividad y tu forma de trabajar*.

   Recuerda que hasta el jefe más amable y simpático puede volverse extremadamente crítico a la hora de soltar dinero. Ten en cuenta que un aumento de sueldo no se va a producir sólo porque te lamentes de tus problemas familiares, pero si eres un buen profesional y están satisfechos contigo, estás en condiciones de hacerlo.

2. *Ten pensado cuánto vas a pedir*.

   Es recomendable dar una cifra alta con el objeto de que sepan cuánto te valoras, pero indicando que no se trata de una postura inflexible y que estarías dispuesto a negociar esa cantidad.

3. *Saber cuál es el momento oportuno*.

   En vista de que has alcanzado los objetivos que te habían encomendado y como también has finalizado un importante proyecto de gran interés para tu compañía, esta es la ocasión que estabas buscando para solicitar el aumento. Lógicamente, si tu empresa atraviesa un mal momento, no es recomendable que solicites el aumento ya que tus expectativas pueden verse frustradas.

4. *Defiéndete de los inconvenientes que te plantee el jefe*.

   No dejes nada al azar y la improvisación. Es conveniente preparar la conversación con antelación a fin de que ningún contratiempo te coja por sorpresa.

(Adaptado de la revista *Telva*)

10. ¿Aparece esta información en el texto? **SEÑALA** como verdaderas [V] o falsas [F] las siguientes afirmaciones:

☐ 1. La manera más eficaz de pedir un aumento de sueldo es lamentándote de tu situación familiar.

☐ 2. Si tienes pensado pedir una subida de sueldo, debes planificar bien los argumentos que vas a exponer.

☐ 3. Se debe exigir una cantidad exacta de dinero y mantener una actitud inflexible.

☐ 4. No elijas un momento de crisis para la empresa a la hora de ir a pedir el aumento.

☐ 5. Ten pensados los argumentos que vas a presentar ante las objeciones de tu jefe.

EJERCICIOS DE REFUERZO

11. ¿Has tenido alguna vez la experiencia de tener que pedir un aumento de sueldo? **ELABORA** un texto contando una experiencia de este tipo a partir de las cinco historias que te ofrecemos.

"Yo trabajaba a media jornada, así que lo que hice fue ofrecerme a ampliar el horario. Mi jefe estuvo de acuerdo, mi nómina engordó considerablemente y además, como saco el trabajo muy rápido, mi horario apenas ha sufrido cambios."

"Me daba miedo pedir el aumento porque mi jefe era de esas personas que infunden temor. Pero lo cierto es que estaba ganando lo mínimo que establecía el convenio, a pesar de que me quedaba trabajando muchas más horas de lo estipulado. Así que me armé de valor y entré en su despacho. Fue bastante más fácil de lo que pensé. Mi jefe consideró justas mis peticiones y me aumentó el sueldo en un 30 por ciento."

"Nunca he pedido un aumento. Lo que he hecho ha sido esperar a estar preparada y pedir entonces un ascenso profesional. Al subir de categoría, subes también de sueldo."

"Me dijeron claramente que no desde el principio, así que me fui de la empresa. Pronto encontré otro trabajo mejor pagado. Algunas empresas son un callejón sin salida y pedir un aumento hace que veas las cosas claras."

"Quizá he tenido suerte, pero las tres veces que he pedido aumento de sueldo me lo han dado, aunque una cantidad algo menor de la que yo creía justa. Los argumentos que he empleado siempre han sido mi rendimiento personal y la dedicación al trabajo."

INDICADORES DE CAUSA Y FINALIDAD

- **¿Por qué no...?** → *Tu jefe está hoy de buen humor, así que piensas: ¿por qué no me paso por su despacho y le pido un aumento de sueldo?*

- **No sólo + verbo... porque...** → *Ten en cuenta que un aumento de sueldo no se va a producir sólo porque te lamentes de tus problemas familiares.*

- **En vista de que...** → *En vista de que has alcanzado tus objetivos... esta es la ocasión que estabas buscando para solicitar el aumento.*

- **A fin de que + subjuntivo...** → *Es conveniente preparar la conversación con antelación, a fin de que ningún contratiempo te coja por sorpresa.*

- **Para que + subjuntivo...** → *Para que todo resulte positivo, ten en cuenta estos cuatro consejos.*

---

12. FORMA estructuras semejantes a estas con los indicadores de causa y finalidad del cuadro anterior. Para ello **UTILIZA** el léxico que aparece en el cuadro:

aumento de sueldo	paro
profesiones	infundir temor
paga extraordinaria	horas extras
rendimiento personal	nómina
ascenso profesional	trabajo a media jornada
horario partido	expectativas frustradas

LOCUCIONES O EXPRESIONES COLOQUIALES

armarse de valor	engordar la nómina
sacar el trabajo bien	(ser) un callejón sin salida
ver las cosas claras	soltar dinero
coger por sorpresa	

---

13. PON el infinitivo que aparece entre paréntesis en el tiempo y modo adecuados:

Modelo: Como no _____ (querer) venir conmigo, fui solo.
→ *Como no querías venir conmigo, fui solo.*

1. Estaba enfermo porque (salir) _____ de casa en pleno invierno sin abrigo.

2. Puesto que tú lo (decir) _____ será verdad.

3. Se enfadó no porque le (poner) _____ una multa sino porque (ser) _____ una deshonra para él.

4. Como no (querer) _____ estudiar de pequeño, (ponerse) _____ a trabajar a los 16 años.

5. Estoy nervioso porque mañana (ser) _____ el examen.

6. Ya que el acto no me (interesar) _____ no asistí.

7. No saldré con vosotros, no porque no (tener) _____ ganas, sino porque (tener) _____ que estudiar.

8. Saldré mañana de compras porque hoy ya (cerrar) _____ la tienda.

9. Como no te (gustar) _____ la comida china, no te llamamos para salir a cenar.

14. COMPLETA estas frases con un indicador de finalidad. No olvides poner el modo adecuado:

Modelo: Estudiaré _____ (aprobar) _____ el examen.
➜ *Estudiaré* para aprobar *el examen.*

1. Viajaré el año que viene a Paris _____ (aprender) _____ mejor el francés.

2. Esperamos un poco más _____ (tú ver) _____ a tu hermana.

3. Conseguiremos la medalla de oro _____ (tú, sentirse) _____ orgullosa de nosotros.

4. _____ (resultar) _____ agradable la velada, decoramos toda la casa.

5. Escúchame bien _____ no (hacer) _____ lo que no debes.

> Te llamo para recordarte que hemos quedado.

15. ESCUCHA este texto y luego **IDENTIFICA** las construcciones causales y finales. **JUSTIFICA** el modo usado:

Como las vacaciones están a la vuelta de la esquina, es la hora de plantearse qué hacer en verano para aprovechar los días de descanso. Trabajar, hacer prácticas en empresas, perfeccionar el idioma o simplemente estudiar son algunas de las opciones que sopesan los alumnos.

Los titulados recién salidos de las aulas que se caractericen por su espíritu emprendedor tienen la posibilidad de acogerse a un programa con el fin de que les ayude a resolver los trámites para darse de alta como autónomos o montar una empresa. Se trata de incubar la actividad empresarial para que al final puedan lograr su objetivo y salir adelante.

Otra de las opciones es poder perfeccionar un idioma extranjero ya que saber un idioma te abre muchas puertas para encontrar un buen trabajo tanto en España como en el extranjero.

16. LEE detenidamente estos anuncios.

SE NECESITA
Psicólogo Educativo

Imprescindible:
• *Conocimientos de Inglés.*
• *Disponibilidad para viajar.*
• *Informática a nivel usuario.*

Enviar currículum al
apartado n.º104.823

Telefonista

• Conocimientos de Inglés.
• Dominio del alemán.
• Informática.
• Mecanografía.
• Don de gentes.

Enviar currículum
al apartado 122

SE SOLICITAN
Profesores de Español

Nativos
Vehículo propio
Experiencia de más de 5 años
Sueldo a convenir

AP. CORREOS 405 MADRID

Empresa nacional
BUSCA
Ingeniero de Caminos

• Se valorará experiencia en puesto similar.

Interesados llamar:
☎ 99 554 321

CONTESTA. ¿En qué anuncios se pide:?

• Conocimientos de inglés: _____

• Experiencia en puesto similar: _____

• Conocimientos de informática: _____

• Vehículo propio y disponibilidad para viajar: _____

En parejas, **ESCOGED** uno de los anuncios y escribid una entrevista entre el jefe de personal y el aspirante al puesto del anuncio:

_____

17. Anuncios por palabras. **ESCOGE** uno de los siguientes anuncios y **ESCENIFICA** con tus compañeros una entrevista de trabajo similar a la trabajada en el ejercicio anterior. **DEBATID** sobre las ventajas e inconvenientes de cada oferta.

Oferta de empleo
seleccionada: _____

32 | Ofertas de trabajo

Se necesitan ayudantes de cocina, con un mínimo de experiencia, para restaurante. Edad 19-25 años. Apartado de correos 888.

Hazte profesor de autoescuela. La única profesión sin paro. 200 000 sueldo mínimo. Convocatoria enero. Infórmate. Teléf. 99 005 622.

32 | Ofertas de trabajo

Se necesita camarero/a para comedor y barra. Con experiencia. Llamar de 5 a 8. Tordesillas. Telf. 99 625 321.

Correos. Precisa personal para clasificación y reparto. Próxima convocatoria. Requisitos: edad de 18 a 54 años y Graduado Escolar. Infórmate en el teléf. 90 565 621.

ESQUEMAS GRAMATICALES
LA EXPRESIÓN DE LA FINALIDAD

● **FORMAS DE EXPRESIÓN DE LA FINALIDAD**

✓ **ESTRUCTURAS BÁSICAS**

- PARA + INFINITIVO
- PARA QUE + SUBJUNTIVO

✓ **INDICADORES MÁS COMUNES Y CONTENIDO**

Expresan el destino o finalidad de la acción del verbo principal. Los indicadores más comunes son:

- PARA (QUE)
- A FIN DE (QUE)
- CON VISTAS A (QUE)
- CON LA INTENCIÓN DE (QUE)
- CON EL OBJETO DE (QUE)

- CON EL FIN DE (QUE)
- CON EL FIRME PROPÓSITO DE (QUE)
- CON LA SANA INTENCIÓN DE (QUE)
- CON LA IDEA DE (QUE)
- A (QUE)

✓ **USOS**

✱ Cuando tenemos el mismo sujeto para los dos verbos:

- PARA
- A FIN DE
- CON VISTAS A   **+ INFINITIVO**
- CON LA INTENCIÓN DE

- CON EL OBJETO DE

> *Estudió mucho para aprobar.*
> *Gastaba poco dinero a fin de ahorrar.*
> *Con vistas a ganar, entrenaba duro.*
> *Se quedó con la intención de obtener un beneficio.*
>
> *Persiguieron al ladrón con el objeto de detenerlo.*

✱ Cuando los dos verbos tienen sujetos diferentes:

- PARA QUE

- A FIN DE QUE

- CON VISTAS A QUE
- CON LA INTENCIÓN DE QUE   **+ SUBJUNTIVO**

- CON EL OBJETO DE QUE

- CON EL FIN DE QUE

- CON EL FIRME PROPÓSITO DE QUE

> *Ten en cuenta estos consejos para que todo resulte positivo.*
> *Tendrás que llamarlo a fin de que venga.*
> *Hay que votarlo con vistas a que gane.*
> *Lo llamaré, con la intención de que me escuche.*
> *Hay que actuar cuanto antes con el objeto de que la situación se resuelva.*
> *Con el fin de que todo vaya bien, piensa antes lo que vas a decir.*
> *Me insultó con el firme propósito de que me enfadase con él.*

ESQUEMAS GRAMATICALES
LA EXPRESIÓN DE LA FINALIDAD

✓ **A (QUE)** Siempre con verbos de movimiento y con algunos de voluntad, como OÍR o VENIR. Sigue las mismas reglas sobre los sujetos. Siempre se puede sustituir por *para que*.

 Venimos a que nos des un consejo.
Fuiste a que te dieran el premio.

✳ Sin embargo, muchos verbos de movimiento (CAMINAR, ANDAR, PASEAR, CORRER, SALTAR, VIAJAR...) sólo pueden ir con *para (que)*, nunca con *a (que)*.

 *Paseaba a estar en forma.
Paseaba para estar en forma.

✳ Hay verbos que admiten indistintamente subjuntivo e infinitivo, a pesar de que el sujeto sea diferente:

Le buscaron todo el día para que solucionara el problema.
Le buscaron todo el día para solucionar el problema.

✓ **MODOS VERBALES**

- **PARA + INFINITIVO** — Se usa el mismo sujeto para los dos verbos.
- **PARA QUE + SUBJUNTIVO** — Se usan distintos sujetos.

✳ Hay verbos, como ENVIAR, MANDAR, TRAER, LLEVAR, OBLIGAR, AUTORIZAR, AYUDAR, que rigen un complemento con *a*:

 Mandó a la secretaria al Consejo.
Mandó a la secretaria a trabajar.

Estas construcciones son distintas de la final *para (que).*

 Mandó a la secretaria a su casa para estar solo.

Mandó a la secretaria a trabajar para que terminara pronto el trabajo.

✓ **NOTAS**

Verbos como ELEGIR, REELEGIR, SELECCIONAR, NOMBRAR, DESIGNAR, PROPONER, LLAMAR, ESCOGER, LLEVAR, TRAER, etc. además de subjuntivo, admiten también otra estructura con infinitivo (calco del inglés):

 El jurado propuso al candidato español para que representara a España.
El jurado propuso al candidato español para representar a España.

• **REGLA DE USO GENERAL**:

✳ **PARA (QUE):** Indicador universal de finalidad, tanto con verbos de movimiento como de no movimiento.

✳ **A (QUE) / PARA (QUE):** Se pueden usar en estructuras que parecen frases hechas:

venir a que / para que   *subir a que / para que*   *bajar a que / para que*
entrar a que / para que   *salir a que / para que*   *ir a que / para que*

✳ **QUE:** Se utiliza constantemente con valor final.
— Es frecuente su uso para expresar orden, ruego o consejo.
— Estas construcciones no se deben confundir con las correspondientes causales:

 Entra, que dé un caramelo.

 ¡Acércate, que te lave las manos!

 Sal, que te dé los libros (para que).
Sal, que te da los libros (porque).

LÉXICO

MUNDO PROFESIONAL Y LABORAL

SUSTANTIVOS

Lugares de trabajo

El taller
La oficina
El negocio
La empresa
La tienda
El almacén
La mina
El laboratorio
El despacho

Profesiones

El profesor
La azafata
El militar
El piloto
El escritor
El/la periodista
El abogado
El médico
El ingeniero
El economista
El banquero

El programador
El veterinario
El físico
El químico
El astrónomo
El sacerdote
El matemático
El músico
El actor (la actriz)
El aparejador
El arquitecto

Ingresos

El sueldo
El salario
La paga
El jornal
El incremento
La hora extra
La cotización
Los impuestos

Oficios

El fontanero
El carpintero
El tapicero
El ebanista
El albañil
El artesano
El minero
El bodeguero
El/la oficinista
El frutero
El pescadero

El cerrajero
La modista
El sastre
El mecánico
El chapista
El portero
El camarero
El pastelero
El lechero
El peluquero
El carnicero

EXPRESIONES

hacer puente
ganarse la vida
cuenta corriente
huelga de brazos caídos

tener fiesta
la cuesta de enero
paga extra

REFRANES

Donde hay doctores, hay más dolores.
A río revuelto, ganancia de pescadores.
No hay tal maestro como fray ejemplo.
El mejor escribano echa un borrón.

E J E R C I C I O S

18. ESCRIBE sinónimos y antónimos, indicando si son positivos o negativos:

	SINÓNIMOS	ANTÓNIMOS	VALORES
1. Activo			
2. Trabajador			
3. Hábil			
4. Lento			
5. Atrasado			
6. Valioso			

19. ESCRIBE tu currículum indicando:

1. Datos personales:
2. Estudios:
3. Formación:
4. Experiencia:
5. Idiomas:

20. SEÑALA las profesiones y oficios relacionados con:

1. Edificios:
2. Arte:
3. Dinero:
4. Enseñanza:
5. Medicina:
6. Técnica:

21. Ejercicio de selección múltiple. **ELIGE** la palabra o expresión correcta:

1. Este mes ha habido _____ de Navidad. → a) sueldo b) paga extra c) dinero d) ingresos
2. _____ de esta empresa está muy cualificado. → a) el estamento b) la clase social c) el grupo d) el personal
3. La subida de los precios ha causado que la inflación _____ . → a) engorde b) se hinche c) ascensión d) aumente
4. Este puesto de trabajo ofrece pocas posibilidades de _____ . → a) escalada b) subida c) promoción d) ascensión
5. Para este puesto se _____ saber informática. → a) requiere b) manda c) ordena d) solicita

EL REFRANERO

El refrán es un dicho sentencioso, popular y anónimo, de transmisión oral y basado en la experiencia. El conjunto de refranes se llama refranero.

Las características del refrán son:

a) Formalmente es una frase breve, completa e independiente.

b) Tiene sentido real o simbólico.

c) Se usa de forma sentenciosa.

d) Expresa un pensamiento, un consejo o un deseo y recoge una experiencia sacada de la sabiduría popular.

e) Generalmente está rimado, para recordarlo mejor.

Todas las facetas del hombre —el trabajo, la religión, la vida, la muerte, la enfermedad, la convivencia, las costumbres, etc.— aparecen en los refranes. Todo el mundo hispánico tiene muchos refranes coincidentes, porque tiene la misma cultura.

Temáticamente, son amplísimos, desde los refranes que describen un lugar y sus gentes hasta los relativos a la muerte. Veamos algunos:

La religión: *A Dios rogando, y con el mazo dando; Cada cual en su casa y Dios en la de todos; Al que madruga Dios le ayuda; Amigo bueno sólo Dios del cielo; Cada uno para sí y Dios para todos...*

La vida humana: bondad, fortuna, desgracia, halagos...: *Allégate a los buenos y serás uno de ellos; Al hombre fiel todos lo quieren bien; Cobra buena fama y échate a dormir; Bondad, verdad y belleza todo es cortado de una pieza; De dinero y santidad, la mitad de la mitad; De lo que veas la mitad creas; Alegría, belleza cría; Belleza sin talento, veleta sin viento; No hay mejor espejo que la carne sobre el hueso; A nadie le amarga un dulce; Dios da pañuelos a quien no tiene narices; Al burro muerto, la cebada al rabo; Del árbol caído todos hacen leña; Muerto el perro, se acabó la rabia; La prosperidad hace necios, la adversidad, discretos; El gato escaldado del agua fría huye; Vengas mal si vienes solo; No hay mal que por bien no venga.*

Uno de los temas que más refranes provoca es **el amor:** *Amor, amor, no hay nada mejor ni nada peor; Amar sin padecer no puede ser; Un padre es para cien hijos y cien hijos no son para un padre; Amor, dinero y cuidado, nunca fueron ocultados; Amor con amor se paga; Amor y dinero nunca fueron compañeros; Amor y muerte, nada más fuerte.*

Hay muchos refranes alusivos a los **fenómenos atmosféricos**, a las **fiestas** y **celebraciones** y, sobre todo, a las **faenas del campo**.

Como se ve, los refranes son cultura y la cultura se expresa en refranes.

Lección 15
Juventud, divino tesoro

Juventud, divino tesoro

 DIÁLOGO

No estudies, y olvidarás lo aprendido

Al salir de un examen, Teresa va a comer a casa de su abuela María.

ABUELA ¿Te ha salido mejor este examen que el de Lengua?

TERESA Me ha salido bastante parecido. Salí de fiesta el fin de semana, de modo que no repasé mucho. ¡Y así me *ha lucido*!

ABUELA Lo inconsciente que eres. Cuando yo era joven las chicas queríamos ir a la escuela y no podíamos. Y tú estás desperdiciando todas tus oportunidades. No estudies, y estarás tanto tiempo en el *paro* que olvidarás todo lo aprendido.

TERESA Todos salimos de fiesta. Luego yo estaré igual que muchos de mis amigos. Además, **tanto los que estudian una carrera, como los que no, tienen pocas *perspectivas.*** Ahora, para contratarte, te exigen una carrera universitaria, conocimiento de varios idiomas, experiencia laboral, y qué sé yo. *Está muy negro* encontrar trabajo, abuela.

ABUELA Es verdad, pero no lo *pongas todo tan oscuro*, también sabéis vivir muy bien. Me dais una envidia que me muero; **vuestra vida es superior a la de mis tiempos.**

● **Lucir:** →	'Resultar'. Es un uso irónico a partir del significado de 'quedar uno bien en un trabajo o en un empeño'.
● **Paro:** →	Situación en que se encuentra el que no tiene trabajo.
● **Perspectiva:** →	Desarrollo de un hecho, de un proceso, etc.
● **Estar negro:** →	En este contexto, 'estar muy difícil'.
● **Poner (algo) oscuro:** →	Mantener una actitud pesimista ante una circunstancia o un hecho.

✓ **¿Te ha salido mejor este examen que el de lengua?**
✓ **Vuestra vida es superior a la de mis tiempos.**

 En estas frases del diálogo se está comparando un examen con otro, una forma de vida con otra, mediante una **COMPARACIÓN DE DESIGUALDAD.**

Otras formas de comparación de desigualdad:

- ✓ **Tu primo es mayor que yo.**
- ✓ **Mi padre, el pobre, trabaja más de lo que duerme.**
- ✓ **A mí las tartas me salen mucho peor que a ti.**
- ✓ **El puesto de Jorge en esta empresa es superior al mío.**

- ✓ **La liebre corre más que la tortuga.**
- ✓ **Ese saco pesa menos de lo que dice el tendero.**
- ✓ **Luis es más listo que inteligente.**

✓ **Tanto los que estudian una carrera, como los que no, tienen pocas perspectivas.**

→ En este caso, y en los siguientes, lo que se hace es una **COMPARACIÓN DE IGUALDAD.**

Otras formas de comparación de igualdad:

- ✓ **Escribe tanto como lee.**
- ✓ **Los azulejos de tu casa son iguales que los de la mía.**
- ✓ **Te regalaré unos pendientes de zafiros, tal como te había prometido.**

- ✓ **Cantas de igual modo que los grillos.**
- ✓ **Por mucho que hayas tardado en limpiarlo, a mí ese cristal me parece tan sucio como antes.**

● COMPARACIÓN SOBRE UNA MISMA BASE (el contenido sobre el que se comparan dos elementos es el mismo).

- ✓ **Te ha salido mejor este examen que [te salió] el de Lengua.** Se compara la cualidad.
- ✓ **Tanto los que estudian como los que no [estudian].**
- ✓ **Tu primo es mayor que yo.** → Se compara la cantidad.
- ✓ **A mí las tartas me salen peor que a ti.** → Se compara la cualidad.
- ✓ **Los azulejos de tu casa son iguales que los de la mía.** → Se compara la cualidad.
- ✓ **La liebre corre más que la tortuga.** → Se compara la cualidad.

● COMPARACIÓN ENTRE BASES DIVERSAS (el contenido sobre el que se comparan dos elementos es diferente).

- ✓ **Escribe tanto como lee.** → Se compara la cantidad.
- ✓ **Luis es más listo que inteligente.** → Se compara la cualidad.

Como ves, en los ejemplos citados las bases tienen un **significado cuantitavivo** —o sea, de cantidad— o **cualitativo** —o sea, de cualidad—. Pero la base también puede tener un significado **locativo** —de lugar—, o **temporal** —es decir, de tiempo—, como ocurre en:

- ✓ **El tren llegó antes de lo que yo pensaba.**
- ✓ **Juan se sienta siempre delante de mí en las clases.**
- ✓ **La playa está más alejada de lo que decía la publicidad.**

EJERCICIOS

1. ESTABLECE una comparación partiendo de los pares de elementos que te damos:

Modelo: Agua de la sierra — Agua del valle.
➜ *El agua de la sierra es más pura que la del valle.*

1. Pureza del vino tinto — Pureza del vino blanco.

2. Hermano díscolo — Hermano dócil.

3. Vacas asturianas — Vacas argentinas.

4. Moda de España — Moda de Italia.

5. Tesoros de los barcos piratas — Tesoros de las pirámides mayas.

6. Comida castellana — Comida mexicana.

7. Jóvenes españoles — Jóvenes haitianos.

8. Clima de tu ciudad — Clima de La Habana.

9. El Everest — El Machu Pichu.

10. La Alhambra — El Taj Mahal.

2. Para celebrar el cumpleaños de tu abuela has invitado a toda la familia a almorzar. **ESCOGE** tres platos y el postre de entre los que se proponen en un libro de cocina y **JUSTIFICA** tu elección, utilizando la comparación de superioridad y de inferioridad.

Modelo: PRIMER PLATO: Melón con jamón; Sopa de fideos; Ensalada verde.
➜ Yo quiero melón de temporada porque es un plato más ligero que cualquier otro para empezar la comida.

APERITIVOS: Aceitunas con cebolla y escabeche.
Embutidos variados.
Bacalao marinado con aceite de oliva virgen.

1.er PLATO: Ensaladilla rusa.
Suflé de queso.
Macarrones con tomate.

2.º PLATO: Besugo al horno.
Filetes de vaca arrollados, con chile verde y papas fritas.
Pavo asado.

POSTRE: Helado de mandarina.
Macedonia de fruta.
Torta de queso con frambuesas.

3. DI QUÉ BASES de comparación hay en las siguientes oraciones:

1. No puedo competir contigo; eres mucho más rápido que yo. _____

2. La Universidad está más cerca de mi casa de lo que yo pensaba. _____

3. Antes de que te cases, mira lo que haces. _____

4. Cuánto crece tu gato, más que el mío. _____

5. Coral es actriz de teatro, como yo. _____

6. Trabajo tanto como puedo. _____

7. El tacto de los ciegos es más sensible que el de los que ven. _____

8. La música de Beethoven es más difícil de interpretar que la de Turina. _____

9. La inteligencia de los mamíferos es superior a la de los reptiles. _____

10. Los caramelos proporcionan menos energía que los frutos secos. _____

!

¡ATENCIÓN!

En el diálogo Teresa dice: "*Estuve de copas el fin de semana, de modo que no repasé mucho*". Aquí se expresa una CONSECUENCIA, mediante el sintagma prepositivo *de modo que*. También lo hacemos en:
- *Tengo mucho trabajo, de modo que me voy a casa.*
- *Hace un frío terrible, de modo que abrígate.*

Algunas otras formas de señalar la consecuencia mediante un sintagma prepositivo son:
- *Me he torcido el pie y tengo un esguince. Por tanto, tendré que guardar al menos 15 días de reposo.*
- *El 23 de abril murió Cervantes, de ahí que en esa fecha se celebre el día del libro.*
- *Estoy embarazada, por eso he dejado de fumar.*
- *No te has hecho daño, conque no llores.*
- *Yo ya he hecho lo que estaba de mi mano. En consecuencia sólo queda esperar los resultados.*
- *La temperatura de la tierra ha subido algún grado. Por ello se producen cambios climáticos.*
- *Estamos en otoño, por consiguiente las cigüeñas empiezan a emigrar a Africa buscando el calor.*

Observa esta frase del diálogo: "*Luego estaré igual que muchos de mis amigos*". Comprueba que la forma *luego* está plasmando también la consecuencia. Del mismo modo que en *Pienso, luego existo*, o en *Cantas, luego lloverá*.

La consecuencia, mediante sintagmas no prepositivos, se puede señalar también así:
- *No conoces Egipto ni su arte, ni su música, ni su lengua, ni nada de su cultura, así que, cállate y no opines de lo que no sabes.*
- *En mayo habrá una exposición internacional de cerámica en Valencia, así pues, tengo que trabajar duro para preparar el material que voy a exponer.*
- *¿Que no quieres comer esta comida? Pues más hambre tendrás a la merienda.*
- *Tú elegiste este arquitecto para tu casa, pues ahora no te quejes del diseño que te ha hecho.*

Fíjate que cuando se dice en el diálogo: "*Y estarás tanto tiempo en el paro que olvidarás todo lo aprendido*" se está haciendo una correlación consecutiva. Igual que en "*Me dais una envidia que me muero*", o en:
- *Juan es tan inteligente que a los doce años ha empezado ya el bachillerato.*
- *Los niños son de tal inocencia que cualquiera les puede engañar.*
- *El ministro de agricultura toma cada decisión que no hay quien la entienda.*
- *Llevo casi tres días sin dormir, y tengo un sueño que no puedo abrir los ojos.*

4. A partir de los modelos ofrecidos **CREA** tú oraciones en las que aparezca una consecuencia.

Modelos: **1.** Piensa mal y acertarás.

2. Canta, y lloverá.

3. Hablas y se enfada todo el mundo.

4. Mi mujer es una mandona y no me atrevo a contradecirla. Me dice: "levántate", y me levanto, "vamos a la playa", y allá me voy, "quítate la ropa", y me la quito, "tírate al agua", y me tiro también. ¡Qué otra cosa podría hacer!

5. Llego al mar, y se me curan los problemas de la piel.

5. Siguiendo el modelo, **PON** los verbos entre paréntesis de las siguientes oraciones en el modo que corresponda.

Modelo: (Llover) _____, así que (dar tú a mí) el paraguas, por favor.
➔ *Llueve, así que dame el paraguas, por favor.*

1. La Cenicienta (ser) _____ un modelo de bondad, por lo que se le (aparecer) _____ el hada madrina.

2. Mi padre (trabajar) _____ como capitán de barco, de suerte que (recorrer) _____ el mundo entero.

3. (Irnos) _____ de vacaciones, así pues, (recoger tú) _____ el correo, por favor.

4. No (estar) _____ el cielo despejado, luego no (poder) _____ ver el eclipse.

5. Ojalá (sacar tú) _____ las oposiciones, y así (casarnos) _____ .

6. Dudo que (ser) _____ tan altruista que (irse) _____ a las misiones.

7. Dudo que (ser) _____ tan alto que no (caber) _____ por la puerta.

8. Los felinos (tener) _____ unos ojos que (llenar) _____ de envidia a las mujeres.

9. No (participar) _____ el jueves en el concurso de castillos de arena en la playa, así que no (necesitar) _____ comprar crema con filtro de protección solar.

10. Tú (romper) _____ los floreros con el bolso, (pagar) _____ tú.

Hace buen tiempo, así que el barco zarpó.

Dudo que sus ojos sean como los de un felino.

6. **CREA** oraciones, siguiendo el modelo, en las que no esté explícita la primera parte de la correlación consecutiva.

Modelo: Llover — ahogarse hasta los patos.
→ *Llovía tanto que se ahogaban hasta los patos.*
→ *Llovía que se ahogaban hasta los patos.*

1. Llover — no se veía la calle. _____

2. Correr — no alcanzarle la policía. _____

3. Tener un día — no haber quien hable con él. _____

4. Construirse una casa — parecer un palacio. _____

5. Escribir — considerarle Cervantes. _____

6. Estudiar tú ayer — no verte el pelo. _____

7. **¿QUÉ EXPRESAN** estas oraciones?:

1. Tomó la sopa que ardía. _____

2. Le duele la cabeza que no puede ni hablar. _____

3. Hoy tu amiga está que no hay quien la aguante. _____

8. **INVENTA** oraciones consecutivas siguiendo el modelo:

Modelo: *El chaval rompió el cristal con la pelota, nos dio un susto tremendo.*
Tú lo has estropeado, paga tú el arreglo.

1. _____

2. _____

3. _____

4. _____

5. _____

6. _____

7. _____

8. _____

9. _____

10. _____

El chaval rompió el cristal con la pelota.

ESQUEMAS GRAMATICALES
LA EXPRESION DE LA COMPARACIÓN

● **TIPOS DE COMPARACIONES:** La comparación puede ser de igualdad o de desigualdad.

- TANTO COMO — *Ella salta* tanto como *tú.*
- ASÍ COMO — *Prefiero que lo hagas* así como *yo.*
- TAL COMO — *Sigue todas las instrucciones* tal como *te dije.*
- TAN + ADJETIVO / ADVERBIO + COMO — *Tus apuntes son* tan malos como *los míos.*
- TANTO + SUSTANTIVO + COMO — *Andrés estudió* tanto tiempo como *Juan.*
- TANTO + VERBO + COMO — *Tanto corre Jorge como Manuel.*
- IGUAL QUE — *Mi madre pinta* igual que *esa artista.*
  El bolso de María es igual que *el de Ana.*
- IGUAL DE + ADJETIVO + QUE — *Mi dibujo es* igual de feo que *el tuyo.*
- COMO QUE / DE — *Tiene tanto de bueno* como de *tonto.*
- LO MISMO QUE / DE — *Santiago come* lo mismo que *Arturo.*
- MÁS QUE — *Este perro corre* más que *el de mi primo.*
- MEJOR QUE — *Su hermana se ha comportado* mejor que *él.*
- MAYOR QUE — *Marcos es* mayor que *Juanjo y que Nicolás.*
- SUPERIOR A — *Este vino es muy* superior a *aquel otro.*
- MENOS QUE — *Esperaba que hoy lloviese* menos que *ayer.*
- PEOR QUE — *Esa confitura sabe* peor que *esta mermelada.*
- MENOR QUE — *Mi hermano es* menor que *yo.*
- INFERIOR A — *Su inteligencia es* inferior a *la media.*
- EN COMPARACIÓN CON — *En comparación con Pedro, yo soy más bajo.*
- COMPARÁNDOLO CON/A — *Comparándola con Ana, Isabel es más alta.*

● **BASE DE LA COMPARACIÓN:** Es el contenido sobre el que se comparan dos elementos. Viene dado en el verbo. Se puede:

- COMPARAR SOBRE LA MISMA BASE — *Luis trabaja más que (trabaja) Pedro.*
- COMPARAR SOBRE DISTINTA BASE — *El gasta más que yo gano.*
- COMPARAR UN MISMO ELEMENTO SOBRE DOS BASES DISTINTAS — *Luis es más listo que inteligente.*

✓ BASES DE LA COMPARACIÓN

- **a)** LOCATIVA

  DELANTE — *Estás delante de mí.*
  DETRÁS — *Estás detrás de mí.*
  CERCA — *Estás cerca de mí.*
  LEJOS — *Estás lejos de mí.*
  ALEJADO — *Estás alejado de mí.*
  CERCANO — *Estás cercano a mí.*
- **b)** CUALITATIVA — *Tu inteligencia es superior a la mía.*
- **c)** CUANTITATIVA — *Comes más que yo.*
- **d)** TEMPORAL: ANTES — *Él terminó antes de que yo empezara.*
  DESPUÉS — *Él terminó después de que yo empezara.*

ESQUEMAS GRAMATICALES
FORMAS DE EXPRESIÓN DE LA CONSECUENCIA I

● **MEDIANTE SINTAGMAS PREPOSITIVOS**

• POR (LO) TANTO	*Mi abuelo tiene noventa años, por tanto, está lleno de achaques.*
• POR LO QUE	*No sé nadar, por lo que nunca voy a las piscinas.*
• POR LO CUAL	*Vivimos en una zona de inestabilidd atmosférica, por lo cual padecemos trombas, huracanes, tornados, tormentas...*
• POR ELLO (POR ESTO, POR ESO)	*Me has servido con valor y fidelidad, por ello te nombro caballero.*
• EN CONSECUENCIA (CONSECUENTEMENTE)	*Algunas de las actuales montañas fueron fondo marino; en consecuencia, son muy ricas en fósiles de peces, de crustáceos y de moluscos.*
• CONQUE	*Tu madre se ha enterado de tus calificaciones de este curso, conque vete preparándote para cuando llegues a casa.*
	¿Conque tú eres el que ha matado a todas mis palomas? (A veces CONQUE y ASÍ QUE pueden aparecer, aunque no se exprese explícitamente la causa).
• POR ESE MOTIVO	*Los árboles son nuestros pulmones; por ese motivo yo uso siempre papel reciclado.*
• POR CONSIGUIENTE	*El orden de factores no altera el producto. Por consiguiente, es igual multiplicar 5 x 8 que 8 x 5.*
• DE MODO QUE	*Fumo dos cajetillas al día, de modo que no puedo practicar ningún deporte sin ahogarme.*
• DE MANERA QUE	*No te perdono, de manera que márchate.*
• DE FORMA QUE	*La madre de Loreto es bailarina, de forma que su hija es devota de la danza.*
• DE SUERTE QUE	*No ves bien, de suerte que ponte gafas.* (El uso de este sintagma es sobre todo literario).
• POR ESO (POR ELLO)	*Qué vieja es esta iglesia, por eso está en tan mal estado.*
• DE AHÍ QUE	*Ha perdido el tren, de ahí que ya no venga hoy.*

✓ **MODO VERBAL CON SINTAGMAS PREPOSITIVOS**

- **a)** Verbo 1: indicativo ➜ Verbo 2: indicativo. *Llueve, por tanto me mojo.*

- **b)** Verbo 1: subjuntivo ➜ Verbo 2: subjuntivo *Que llueva, y por consiguiente, que me moje.*

ESQUEMAS GRAMATICALES
FORMAS DE EXPRESIÓN DE LA CONSECUENCIA II

● **MEDIANTE SINTAGMAS PREPOSITIVOS**

- **ASÍ QUE** — *Son las doce, así que ya no salimos.*
- **ASÍ PUES** — *Ya ha salido el sol. Así pues, daremos un paseo.*
- **LUEGO** — *Has estudiado mucho, luego deberías aprobar.*
- **PUES** — *No hace más que gastar dinero, pues es muy rico.*

✓ MODO VERBAL CON SINTAGMAS NO PREPOSITIVOS

- V_1 INDICATIVO → V_2 INDICATIVO — *Llueve, así que no vamos de excursión.*
- **DESEO:** V_1 SUBJUNTIVO → V_2 INDICATIVO — *Ojala llueva y así no vamos de excursión.*
- **MANDATO:** V_1 INDICATIVO
  - Afirmación → V_2 IMPERATIVO — *Tengo trabajo, así que vete.*
  - Negación → V_2 SUBJUNTIVO — *Tengo trabajo, así que no te vayas.*

● **MEDIANTE ORACIONES YUXTAPUESTAS** — *¿Tienes frío? Abrígate.*

● **MEDIANTE CONJUNCIONES: Y, QUE** — *Piensa mal, y acertarás.*

● **MEDIANTE UNA CORRELACIÓN**

- **TAN... QUE** — *Es tan alto que no cabe por la puerta.*
- **TAL... QUE** — *Es tal la fobia que tiene a las culebras, que no puede verlas ni en los libros.*
- **CADA... QUE** — *Tiene cada idea, que no hay quien la realice.*
- **UN... QUE** — *Hace un frío que pela.*

El segmento introducido por **QUE** siempre va detrás del núcleo: **TAN, TAL, UN, CADA, DE MODO, DE MANERA,** etc.

✓ MODO VERBAL EN LAS CORRELACIONES

- **AFIRMACIÓN:** V_1 INDICATIVO → V_2 INDICATIVO — *Es tan alto que no cabe por la puerta.*
- **INTERROGACIÓN:** V_1 INDICATIVO → V_2 INDICATIVO — *¿Es tan alto que no cabe por la puerta?*
- **NEGACIÓN:** V_1 INDICATIVO → V_2 SUBJUNTIVO — *No es tan alto que no quepa por la puerta.*
- **DESEO:** V_1 SUBJUNTIVO → V_2 SUBJUNTIVO — *Que sea tan alto que no quepa por la puerta.*
- **DUDA:** V_1 SUBJUNTIVO → V_2 SUBJUNTIVO — *Dudo que sea tan alto que no quepa por la puerta.*
- **MANDATO:** V_1 IMPERATIVO → V_2 SUBJUNTIVO — *Vete a ensayar tan lejos que no te oiga.*

● **MEDIANTE EL ÉNFASIS MARCADO POR EL TONO**

- SE ELIMINA EL NÚCLEO —LA PRIMERA PARTE— DE LA CORRELACIÓN: *TAN, TAL, DE MANERA, TANTO,* ETC. — *Tomó la sopa que abrasaba.*
- SE ELIMINA EL SEGUNDO TÉRMINO DE LA CONSECUENCIA. — *Es un libro tan aburrido que...*

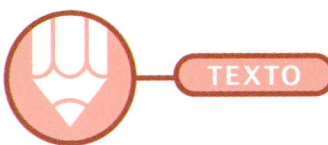

Ella semejaba un rayo de sol

Ella era hermosa, hermosa y pálida, como una estatua de **alabastro.** Uno de sus rizos caía sobre sus hombros, deslizándose entre los pliegues del velo, como un rayo de sol que atraviesa las nubes, y en el cerco de sus pestañas rubias brillaban sus pupilas como dos esmeraldas sujetas en una joya de oro (...).

Fernando —dijo la hermosa entonces con una voz semejante a una música— yo te amo más aún que tú me amas; yo que desciendo hasta un mortal, siendo un espíritu puro. No soy una mujer como las que existen en la tierra; soy una mujer digna de ti, que eres superior a los demás hombres. Yo vivo en el fondo de estas aguas; **incorpórea** como ellas, **fugaz** y transparente, hablo con sus rumores y ondulo con sus pliegues. Yo no castigo al que osa **turbar** la fuente donde **moro**, antes le premio con mi amor, como a un amante mortal superior a las **supersticiones** del **vulgo**, como a un amante capaz de comprender mi cariño extraño y misterioso.

Mientras ella hablaba así, el joven, **absorto** en la contemplación de su fantástica hermosura, atraído como por una fuerza desconocida, se aproximaba más y más al borde de la roca.

(Gustado Adolfo Bécquer, *Los ojos verdes*)

HABLEMOS DEL TEXTO

Alabastro: Roca formada casi exclusivamente por cristales de yeso, de color blanco, generalmente con visos de colores, con grano fino y compacto, que se emplea en la elaboración de artículos decorativos.

Incorpóreo: Que no tiene cuerpo, que no se puede tocar.

Turbar: Alterar o conmover el estado o curso natural de una cosa. Interrumpir la quietud, el silencio, etc.

Morar: Vivir, habitar.

Superstición: Creencia extraña a la fe religiosa y contraria a la razón.

Vulgo: La gente de la calle, el pueblo.

Absorto: Excesivamente concentrado en algo.

FÍJATE en la *homonimia* —coincidencia en el significante, pero no en el significado— de estos versos:

Mora de la morería,
mora que a mi lado moras,
¡ay mora que me enamora
todas las horas del día!

- Derivados de *morar* son *morada y morador.*

- *Incorpóreo* es un cultismo; una palabra que pasa del latín al castellano sin experimentar cambios.

- **FÍJATE** en los siguientes pares de palabras:

subterráneo = soterraño	*rápido = raudo*
frígido = frío	*amplio = ancho*
umbrío = sombrío	

Las dos palabras significan exactamente lo mismo, pero la primera es la forma más culta, y la segunda la más general o popular.

- De *vulgo* derivan *vulgar, vulgarizar, vulgarismo.*

- **OBSERVA** que en la lectura se establecen continuamente **semejanzas**:
  - ✓ *Ella era hermosa como una estatua de alabastro.*
  - ✓ *Uno de sus rizos caía sobre sus hombros como un rayo de sol.*
  - ✓ *Brillaban sus pupilas como dos esmeraldas.*
  - ✓ *Con una voz semejante a la música.*

En estas comparaciones están los dos términos, A y B: *voz — música; pupilas — esmeralda; cabello — rayo de sol...* Ahora bien, fíjate en estas oraciones:

  - ✓ *El joven atraído como por una fuerza desconocida.*
  - ✓ *El conejo apareció en medio de la sala como por arte de magia.*
  - ✓ *Parece que Antonio hace las cosas como por compromiso.*
  - ✓ *¿No estás a gusto aquí? Vienes como a desgana.*
  - ✓ *Cándido me ha pedido perdón, pero como a la fuerza, como por obligación.*

OBSERVA que en ellas la relación de semejanza no es tan clara, sino que hay un matiz de **duda**.

EJERCICIOS DE REFUERZO

9. INTERPRETA esta adivinanza e intenta adivinar la solución:

En alto vive,
en alto mora,
en alto teje la tejedora.

Solución: ....

....

10. **EXPLICA** el significado de las siguientes oraciones:

1. María estaba absorta en su pensamiento. _____

_____

2. Era tal la belleza de aquel valle, que me dejó absorto. _____

3. Si hay algo con lo que puedes absorberte es con la contemplación del mar. _____

_____

11. **EXPLICA** si en estas oraciones, sacadas de la lectura, se expresa semejanza o igualdad. ¿Por qué?

1. No soy una mujer como las que existen en la tierra. _____

2. Yo vivo en el fondo de estas aguas, incorpórea, como ellas. _____

3. Le premio con mi amor, como a un mortal superior, como a un amante capaz de comprender. _____

12. **BUSCA** las relaciones de semejanza y de igualdad en este texto:

> Ella era alta, alta y delgada, como las espigas. El sauce cimbreante de su talle ponía un turbador contrapunto al clavel de su boca, a las perlas de su risa, al mar de sus ojos. No podía apartar la mirada de su cadera dibujada como la más perfecta ánfora griega. Pero yo, ya sólo un viejo baúl de recuerdos, sabía que no debía siquiera afilar mi deseo en el frío acero de su mirada.

SEMEJANZA

_____
_____
_____
_____
_____
_____

IGUALDAD

_____
_____
_____
_____
_____
_____

¡ATENCIÓN!

FORMAS DE EXPRESIÓN DE LA SEMEJANZA

- **I. A es como B:** aparecen los dos términos de la semejanza.

  SIMILAR A: *Tu voz es similar a la de Alfredo Kraus.*
  PARECIDO A: *Ese vestido del escaparate es parecido al mío.*
  COMO: *Tus manos son como un cuenco donde se recogen todos mis anhelos.*
  SEMEJANTE A: *Qué bonita eres; eres semejante a la luna de enero.*

- **II. A — B:** aparecen los dos términos de la semejanza, pero sin sintagma que establezca esta relación.

  Las perlas de tu boca (los dientes).

- **III. COMO:** *Salió como en defensa de él.*

  Lo mataron como a la mitad de la calle.

- **IV. COMO SI + SUBJUNTIVO:**

  Cuando nos presenten, nos saludamos como si no nos conociéramos.

13. CONVIERTE en negativa la forma afirmativa.

Modelo: Es tan alto que no cabe por la puerta.
➜ *No es tan alto que no quepa por la puerta.*

1. He estado tanto tiempo en la bañera, que tengo la piel encallada. ....

2. Habla tan alto que me aturde. ....

3. He enmarcado el cuadro de tal manera que parece una pintura original. ....

4. Tengo tanta hambre que me comería un buey. ....

5. Este alumno ha cometido tantas faltas de ortografía que no puedo aprobarlo. ....

No está bien, pero no está tan mal que no vayas a aprobar.

14. TRANSFORMA las oraciones consecutivas siguiendo el modelo que te damos.

Modelo: Es tan alto que no cabe por la puerta.
➜ *No cabe de tan alto como es.*
➜ *De lo alto que es, no cabe por la puerta.*

1. Ha subido tan rápido la marea, que me ha empapado toda la ropa.

2. Funciona tan mal esta máquina de escribir, que estoy una hora para pasar siete páginas.

3. Me gusta tanto resolver jeroglíficos, que me especialicé en egiptología.

4. Son tan difíciles las matemáticas que nunca las aprendo.

5. Es tan rápido el tren a Sevilla, que ya nunca uso el coche.

15. FÍJATE en este modelo de instancia:

Ahora tú **ENVÍA** una instancia al alcalde, al defensor del pueblo, al director de una fábrica, al obispo, etc., basándote en el modelo que se te da.

Hans Schmid, estudiante de Filología Románica de la Universidad de Tübingen, EXPONE:

Que eligió la Universidad de Valladolid para aprender el español porque era la más prestigiosa y la de profesorado más cualificado,

Que ha superado con sobresaliente todos los exámenes, según se acredita en el certificado adjunto.

Que está dispuesto a realizar cuantas labores le encomiende esta Universidad.

Por tanto, SOLICITA:

Que le sea concedido el puesto de Profesor visitante, convocado por dicha Universidad, pues ha probado suficientemente su capacidad y su interés por esta Universidad, según lo manifiesta en el currículum vitae adjunto.

Fdo: Hans Schmid.

MGFCO. Y EXCMO. SR. RECTOR. UNIVERSIDAD DE VALLADOLID

EXPONE:

Que ....

Que ....

Que ....

Por tanto, SOLICITA:

....

Fdo: ....

---

16. CREA oraciones en las que señales la causa y la consecuencia de algún hecho.

Modelo: Llueve, me mojo.
➜ *Llueve, por lo tanto me mojo* (consecuencia).
➜ *Me mojo porque llueve* (causa).

1. Sale el sol, abro la sombrilla.
2. Es tu cumpleaños, te compro un regalo.
3. Suena el timbre, abro la puerta.
4. Me hacen daño los zapatos, me pongo una tirita.
5. Tengo calor, me abanico.

LA JUVENTUD

SUSTANTIVOS

El/la joven
La adolescencia
El adolescente
La modernidad
La madurez
La senectud

La osadía
El atrevimiento
El empuje
El reposo
La vitalidad

ADJETIVOS

joven
juvenil
adolescente
novedoso
osado
inmaduro

flamante
nuevo
moderno
vital
novedoso
reciente

EXPRESIÓN DE LO SUPERLATIVO

DE PURO + sustantivo / adj. / adv. / infinitivo
¡y TANTO!
BIEN = muy
TODO = muy
HORROR, HORRORES
HINCHARSE A + infinitivo
MÁS QUE
EL MUY + adjetivo
LA MAR DE + adj. / sust.
MILES DE + sust.
UN MILLÓN DE + sust.
VALER, COSTAR + un potosí, un dineral,
un ojo de la cara, etc.

VERBOS

modernizar
rejuvenecer
refrescar
remozar
renovar

reposar
descubrir
innovar
madurar
revitalizar

EJERCICIOS

17. Sopa de letras. **BUSCA** nueve palabras relacionadas de alguna manera con la juventud.

```
A D O L E S C E N C I A E
L P L M D A T R E B U P C
M A Y O R D E E D A D D A
O R P D M A S D U L N L S
C Q L E B A F J L N A I A
E C R R A Q D E F G L A D
D M B N E D E P A J E L E
A E S O K G I Z U R L B R
D Z O E J D L V W I S L O
P T A O R E T L O S L S E
K Y E O V B Z E T M P A P
```

soltero

mocedad

zagala

casadero

adolescencia

pubertad

mayor de edad

moderno

movida

18. Has visto en el léxico que en la lengua coloquial hay diversas formas de expresar lo superlativo, aparte de las ya estudiadas en el tema. **TOMA** como guía nuestros ejemplos y **CONSTRUYE**, al menos, una oración con cada expresión.

1. De puro cansado, Álvaro se dormía de pie. ....

2. La cosa está bien clara: o el examen es bien fácil, o suspenderé, porque no he estudiado apenas. ....

3. Isabel ya tiene trabajo; está toda contenta. ....

4. Este hombre no hace más que mirar a los lados y esconderse. Tiene una actitud más que sospechosa.

5. No sabía bailar, pero el muy valiente salió a la pista y movió el cuerpo como pudo. ....

19. ¿**QUÉ** significan estos modismos?

1. Mi hijo *es una alhaja*: estudia, tiene amigos, se divierte, trabaja, cocina... ....

2. Cosme es muy tímido; le *cuesta un triunfo* hablar con las chicas. ....

3. Don Fermín *se ahogaba de* orgullo al ver ganar la carrera a su yegua árabe. ....

4. Casimiro *estaba verde* de ira, *loco de* cólera, *pálido de* la emoción, *muerto de* amor, *ciego de* pena, *mudo de* rabia, *trémulo de* coraje: su mujer lo había abandonado. ....

5. Estaba *claro como la luz*: Ella, que era *linda como un ángel*, se había marchado con un tipo *feo como el demonio*, *más callado que el cine mudo y frío como una cuchilla de afeitar*. ....

20. ESCUCHA y luego **LEE** esta descripción de un tutor de niños que hace Francisco de Quevedo en la obra *La vida del Buscón*. ¿Qué comparaciones hay en él? ¿Se te ocurre alguna otra forma de describir a este personaje?

"Él era un clérigo cerbatana, largo solo en el talle; una cabeza pequeña, pelo bermejo, los ojos avecindados en el cogote, que parecía que miraba por cuévanos, tan hundidos y escuros que era buen sitio el suyo para tienda de mercaderes (...); las barbas descoloridas (...); el gaznate largo como de avestruz; los brazos secos; las manos como un manojo de sarmientos cada una. Mirado de medio abajo, parecía tenedor o compás, con dos piernas largas y flacas".

TRADICIÓN ORAL

El primer gupo que llama nuestra atención dentro del apartado "Tradición oral" es el de los **cantares populares**, que se cantaban en las faenas del campo, en los requiebros amorosos, en las fiestas, en las rondas y en los bailes de pandereta. Suelen estar compuestos por cuatro versos octosílabos en Castilla, mientras que en Andalucía son frecuentes las coplas de tres y cinco versos. En los cantares se expresan todos los asuntos de la vida del pueblo.

Existen cantares reservados a ciertas épocas: *marzas, mayas* (cantadas en marzo y mayo respectivamente), los cantares de la siega, de vendimia, los cantares de boda, las rondas de enamorados, las rondas de quintos, etc.

Temas recurrentes en todo el Cancionero peninsular son: el amor (celos, desprecios, odio, nostalgia, deseo, venganza...), la ausencia de la persona amada, la honra, las batallas, las guerras y los cantos "a lo divino".

*Yéndome y viniendo
me fui enamorando,
una vez riendo
y otra llorando.*

...

*Por vida de mis ojos,
el caballero,
por vida de mis ojos
bien os quiero.
Por vida de mis ojos
y de mi vida
que de vuestros amores
ando perdida.*

*Soledad tengo de ti
tierra mía do nací.
Si muriere sin ventura,
sepúltenme en alta sierra,
porque no extrañe la tierra
mi cuerpo en la sepultura;
y en sierra de grande altura,
por ver si veré de allí
las tierras a do nací.
Soledad tengo de tí
¡oh tierra donde nací!*

*Aurora bella,
a rondarte venimos,
Aurora bella,
que venimos guiados
por una estrella.*

...

*A la gala de la bella moza
y a la gala del galán que la goza.
A la gala de la moza bella
y a la gala del galán que la lleva.
Que bonita está la parra
con los racimos colgando;
más bonita está una novia
para los enamorados.*

Es evidente que, si se canta a todo aquello en lo que de una u otra manera se manifiesta la persona, es inagotable el tema de las canciones. Así pues, enunciaremos brevemente:

- Las canciones con *tema religioso*: abundantísimas en toda la lírica peninsular, pues nuestra historia ha estado esculpida por el catolicismo y por una religiosidad que ha impregnado cualquier ámbito de nuestra cultura: canciones de loa, de ruego, de petición, de agradecimiento, villancicos...
- Las canciones de tuna: son cantos de ronda que los estudiantes universitarios cantaban bajo el balcón de las mozas:

Cual las olas van amantes a besar
las arenas de la playa con ardor,
así van los besos míos a buscar
de la playa de tus labios el sabor.
Si del fondo de la mina es el metal
y del fondo de los mares el coral,
de lo más hondo del alma me brotó
el cariño mío que te tengo yo.

Enredándose en el viento
van las cintas de mi capa.
Y cantando a coro dicen:
¡Quiéreme, niña del alma!
Son las cintas de mi capa,
de mi capa estudiantil,
un repique de campanas,
un repique de campanas
cuando yo te rondo a ti.

• Canciones alusivas a la marcha o la muerte de los soldados en la guerra.

Mambrú se fue a la guerra,
qué dolor, qué dolor, qué pena,
Mambrú se fue a la guerra,
no sé cuando vendrá.

• Canciones infantiles que se bailaban generalmente en corro o en dos filas enfrenta-
das. Son innúmeras, y de tan larga tradición que la música de alguna de ellas aparece en los cantos sefardíes (no hay que olvidar que a los judíos españoles —los sefardíes— los expulsaron de España en 1492).

Yo soy la viudita
del conde Laurel,
que quiero casarme,
y no tengo con quien.
Si quieres casarte
y no tienes con quien,
escoge a tu gusto,
que aquí tienes quien.

Escojo a la rosa
por ser la más bella
de todas las flores
de mayo y abril.
Muchas gracias, jardinera,
por el gusto que has tenido:
tantas niñas en el corro
y a mí solo has escogido.

• Canciones alusivas a la fiesta de los toros: prácticamente no hay fiesta en España en
la que, con más o con menos efervescencia, no estén presentes los toros.

Los toritos vienen,
los toritos van,
los toritos vienen,
por el arrabal,
por el arrabal,
por el arrabal,
los toritos vienen,
los toritos van.

Lección 16
Querer es poder

Querer es poder

 D I Á L O G O

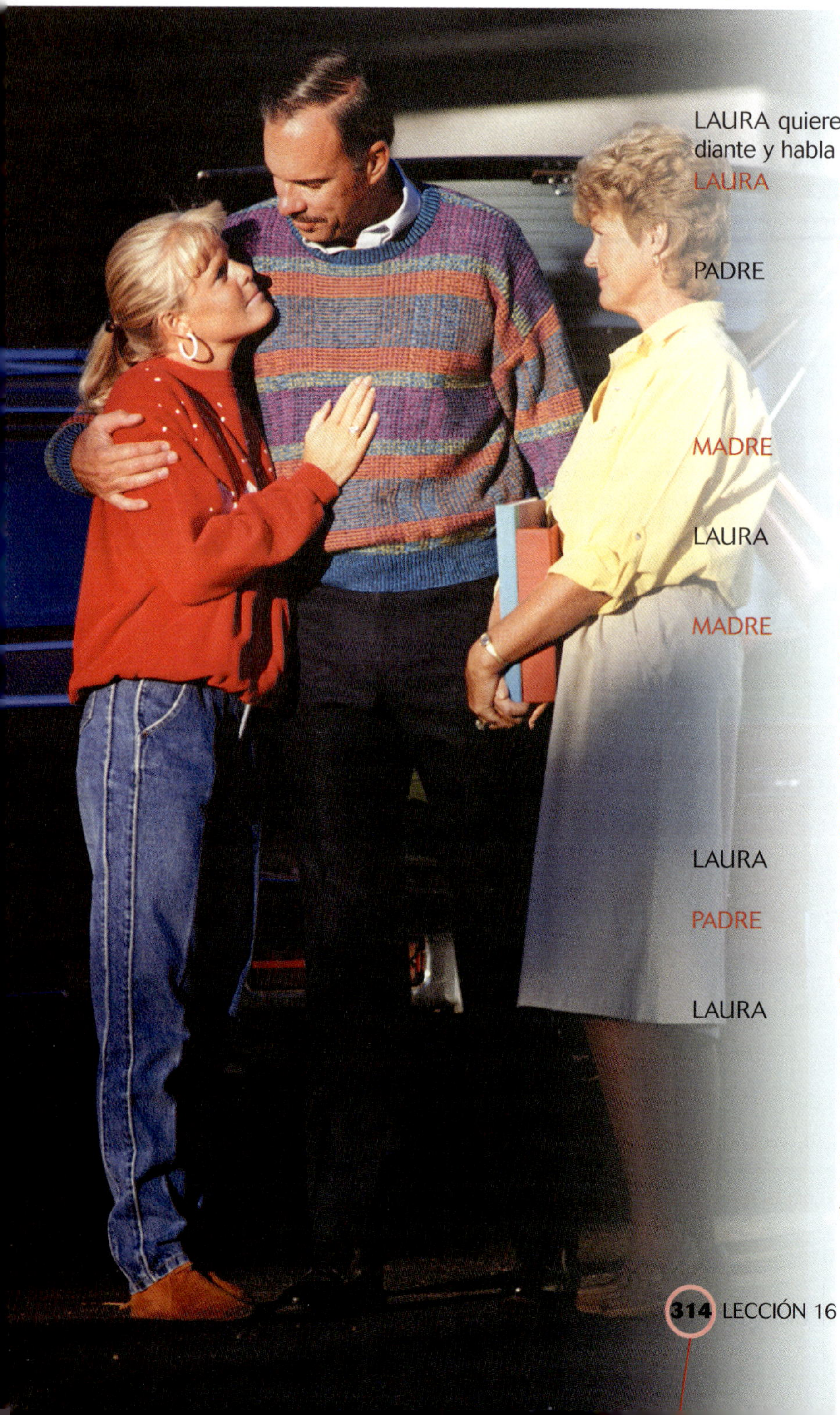

Con tal de que no tenga que seguir estudiando...

LAURA quiere dejar el instituto porque es una mala estudiante y habla del tema con sus padres.

LAURA ¿Por qué os empeñáis en que siga en el instituto? Mis **notas** son **pésimas**; tengo 19 años y no consigo aprobar el **bachillerato**.

PADRE Creo que tienes razón. De no tener esas calificaciones tan malas yo nunca te aconsejaría que lo dejaras. Pero, **aunque me duela, creo que es lo mejor.** Ahora bien, te aconsejo que lo dejes siempre que sepas lo que vas a hacer con tu futuro.

MADRE ¡No digas tonterías! **Si quieres que tu hija llegue a ser alguien en la vida, tiene que seguir estudiando.**

LAURA Mirad, yo os prometo que **si de aquí a un par de meses no encuentro un empleo decente, me pongo a estudiar** de nuevo.

MADRE Estoy segura de que si dejas los estudios durante un par de meses y no encuentras trabajo, te resultará mucho más difícil reanudarlos. Además, **aunque lo encontraras yo no te permitiría que lo hicieras.** Piensa que la vida de estudiante es muy cómoda y que **si trabajas tendrás que ayudarnos en casa con tu sueldo.**

LAURA Vale, por mí encantada. **Con tal de que no tenga que seguir estudiando...**

PADRE Pero prométenos que **si no consigues encontrar el empleo que buscas, terminarás el bachillerato y harás la selectividad.**

LAURA Creo que **aunque me mate a estudiar no llegaré nunca a la Universidad.** Además hay montones de licenciados que han terminado su carrera y están en el paro; como comprenderás, con este panorama se te quitan las ganas de esforzarte por los estudios; pero bueno, si tú quieres, te lo prometo, te lo prometo.

HABLEMOS DEL DIÁLOGO

● **Notas:**	➡	Calificaciones.
● **Pésimo, -ma:**	➡	Muy malo.
● **Bachillerato:**		Estudios necesarios para obtener el grado de segunda enseñanza, antes de la Universidad.
● **Decente:**	➡	Bueno, digno.
● **Selectividad:**	➡	Examen que se realiza antes de entrar en la Universidad para seleccionar a los estudiantes por sus notas.
● **Matarse a estudiar:**	➡	Estudiar mucho, lo máximo posible.

✓ **Si quieres que tu hija llegue a ser alguien en la vida, tiene que seguir estudiando.**

✓ **Si en un par de meses no encuentro un empleo, me pongo a estudiar.**

✓ **Si trabajas tendrás que ayudarnos en casa con tu sueldo.**

✓ **Si no consigues encontrar el empleo que buscas, terminarás bachillerato y harás la selectividad.**

✓ **Si tú quieres, te lo prometo.**

 Entre las distintas formas de expresar la condición que aparecen en este diálogo, esta es la más usual. Fíjate en que con **SI** se da una secuencia de tiempos. En el diálogo la oración subordinada va en indicativo y sigue esta correlación:

● **SI + PRESENTE ➡ PRESENTE**
Si quieres… tiene que seguir estudiando.

● **SI + PRESENTE ➡ FUTURO**
Si trabajas, tendrás que ayudarnos.

✓ **De no tener esas calificaciones tan malas, yo nunca te aconsejaría que lo dejaras.**

✓ **Te aconsejo que lo dejes siempre que sepas lo que vas a hacer con tu futuro.**

✓ **Con tal (de) que no tenga que seguir estudiando…**

 Otras formas de expresar condición que aparecen en el diálogo son las estructuras:

● **DE + INFINITIVO**
● **SIEMPRE QUE + SUBJUNTIVO**
● **CON TAL (DE) QUE + SUBJUNTIVO**

Observa que con este último indicador de condición la oración queda suspendida y es la entonación la que completa su sentido.

✓ **Aunque no te gusta estudiar, debes estudiar.**

✓ **Aunque no quieras estudiar, deberás hacerlo.**

✓ **Aunque me duela, creo que es lo mejor.**

✓ **Aunque lo encontraras, yo no te permitiría que abandonaras los estudios.**

✓ **Aunque me mate a estudiar no llegaré nunca a la Universidad.**

 Para expresar concesión, objeción o 'pegas', el indicador más utilizado es **AUNQUE**:

● Va con **INDICATIVO** cuando hablamos de hechos conocidos por el hablante o cuando el hablante considera algo cierto.

● Va con **SUBJUNTIVO** cuando hablamos de hechos no comprobados directamente o de opiniones con las que el hablante no está de acuerdo.

✳ Estos ejemplos del diálogo responden al esquema:

TÚ DICES QUE … PERO YO DIGO QUE …

1. **PON** en indicativo o subjuntivo el verbo que aparece en cursiva.

1. Si *ser* más alta, habría sido modelo.

2. Si me *pagar*, habría comprado los zapatos.

3. Si *comer* menos, estaría más delgada, pero pasaría hambre.

4. Si *pretender* implantar este sistema, tendría que defender mejor su teoría.

5. Si *hacer* una picia, castíguelo.

6. Si *llover* durante la procesión, pondrán un toldo.

7. Si la pulsera *tener* diamantes, será muy cara.

8. Si *depender* del médico, curaría a todos sus pacientes.

9. Si *elegir* ese color, no te habría pegado con la falda azul.

10. Si *mandar* hacer eso, todo el mundo protestaría.

2. **PON** en indicativo o subjuntivo el verbo en cursiva:

1. Con tal que *ganar* el partido, todo vale.

2. Si me *dar* una razón, no le reñiría.

3. A no ser que lo *matar*, a las diez tiene que estar aquí.

4. Por si *ser* poco, ahora nos vienes con estas historietas.

5. Parece una buena persona, salvo que las apariencias *engañar*.

6. Confío en él, a no ser que *ser* un charlatán.

7. Él no cree en los OVNIS, excepto si *ver* uno.

8. Suponiendo que *creer* en los milagros, yo te conseguiría un novio.

9. Admitiendo que no *tener* prejuicios estúpidos, me comprenderías mejor.

10. Iremos a Santander, a no ser que no *conseguir* plaza en el hotel.

3. COMPLETA los diálogos, según el modelo, expresando deducciones de las frases que aparecen en el ejercicio.

Modelo: Cómpratelo. Si no *ser* tan tacaño.
   Si no fueras tan tacaño te lo habrías comprado.

1. ¿Piensas permanecer ahí parado sin hacer nada?
   Si *conseguir* algún trabajo bueno.

2. Se ha torcido el tobillo.
   Si no *hacer* el tonto todo el día.

3. Pedro no ha llegado muy alto en su carrera de abogado.
   Si no *ser* tan tímido.

4. Vino empapado de agua.
   Si me *hacer* caso.

5. Me quedé tirado en la carretera.
   Si *arreglar* el coche.

Si no hubieras corrido tanto, no te habrías roto el tobillo.

4. CONSTRUYE frases que expresen duda o inseguridad, teniendo en cuenta el modelo que te ofrecemos.

Modelo: Pedírmelo / seguramente / casarme
   Si me lo pidiera seguramente me casaría.
   Si me lo pidiera puede que me casara..

1. Limpiarte los dientes / no tener dolor de muelas.

2. Acostarte pronto / no estar dormido por las mananas.

3. No fumar tanto / no toser así.

4. Ganar tú el dinero / ahorrar más.

5. El entrenador exigir más a los jugadores / ganar la liga.

6. Poner más interés / salirte las cosas mejor.

7. Oír la radio / enterarte de lo que sucede en el mundo.

8. Leer el periódico / estar al día.

9. Estar más delgada / valer la falda estrecha.

10. Caer en la cuenta de lo que haces / rectificar tu postura.

5. CONSTRUYE frases que expresen hipótesis irreal, según el modelo.

Modelo: *Si hubieras querido venir habrías conocido a mis padres.*

> Si quieres expresar que algo ya no tiene remedio, hazlo con:
>
> **SI + PRET. PLUSCUAMPERFECTO DE SUBJUNTIVO** **FUT. HIPOT. COMPUESTO**

1. Estudiar español / comprendido a ese argentino.

2. Hacer calor / quitarme el jersey, pero no lo hacía.

3. Poner enfermo / llamar al médico.

4. Cogerlo a tiempo / no morirse.

5. Tener tiempo libre / ayudarte.

6. Pasar por debajo / caer una teja.

7. Ser más astuto / llegar más lejos en la vida.

8. No llover / ir al campo.

6. ¿De quién te fiarías más? TRATA de pedir ayuda a los amigos. **ESCOGE** al amigo que más confianza te inspire según las respuestas que te da:

1. ÁNGELA: ¿Me ayudas a hacer la comida?
   ROSA: Si tuviera tiempo, lo haría.

2. ÁNGELA: ¿Me traes un vaso de agua?
   MIGUEL: Te lo traigo siempre que luego tú me hagas otro favor.

3. ÁNGELA: ¿Me compras un paquete de tabaco?
   JESÚS: Si me lo hubieras pedido antes te lo habría traído.

4. ÁNGELA: ¿Me puedes conseguir una entrada para el cine?
   BEATRIZ: Si paso por la taquilla, te la traigo.

ROSA ☐   MIGUEL ☐   JESÚS ☐   BEATRIZ ☐

7. CONTESTA a estas preguntas formulando hipótesis:

1. ¿Qué vas a hacer cuando seas mayor?

2. Si alguien te ofrece hacer una película, ¿qué le dirías?

3. Si consiguieras aprender español, ¿qué te gustaría hacer?

4. ¿Qué harías si un político te dice que va a suprimir los impuestos?

5. Si te das cuenta de que no tienes dinero para pagar la cuenta de un hotel en el que has pasado la noche, ¿cómo reaccionarías ante el recepcionista?

8. EXPRESA amenazas con **COMO** en las siguientes situaciones, de acuerdo con el modelo que te proponemos.

1. Tu compañero de clase no para de molestar.

2. Usted es policía y un conductor está aparcando en un lugar prohibido.

3. Usted es médico y su paciente está muy enfermo porque fuma mucho.

4. Usted está comprando una casa y no se fía de las condiciones de pago.

5. Su hijo no quiere levantarse hoy de la cama para ir al colegio.

Modelo: Quieres ir de vacaciones y tu mujer no.
Como no nos vayamos de vacaciones juntos voy yo solo.

Como no deje de fumar se va a poner peor.

9. COMPLETA estos diálogos planteando objeciones a lo que se te propone, como en el modelo.

1. ¿Te gustaría ir al Caribe? Si (venir tú conmigo).

2. ¿Me acompañas al fútbol? Si (invitarme).

3. ¿Te gustaría casarte con un español? Si (ser guapo e inteligente).

4. ¿Aprobaste el examen de matemáticas? Si (estudiar un poco más).

5. Han detenido a Daniel. Si (no tener la mano tan larga).

Modelo: ¿Te gusta salir por las noches?
Me gustaría más si no hubiera tantos gamberros por las calles.

6. Tengo empacho. Si (no comer tanto).

7. No ligo nada últimamente. Si (ser más simpático).

8. ¿Podría hacerme una carta de recomendación? Si (conocerte más y mejor).

9. No me he puesto moreno este verano. Si (ir a la playa).

10. No consigo entender nada. Si (prestar más atención).

10. INTENTA cambiar **SI** por **COMO** y **SIEMPRE QUE** en los casos en que se pueda.

1. Te diré la verdad, sólo si no te enfadas.

   ....

2. Nos recomendó llegar pronto si no nos acompañaba nadie a casa.

   ....

   ....

3. Beberemos un Rioja, si es auténtico.

   ....

4. Si sigue subiendo el precio de la gasolina, tendremos que ir en bicicleta.

   ....

   ....

5. Seguro que el camino es este, si no me equivoco.

   ....

6. Si se te ocurriera hacer lo que piensas, me iría de casa.

   ....

   ....

7. Si te quedaras mudo, explotarías.

   ....

8. Me parece bien que suban los impuestos, si los invierten en algo bueno.

   ....

   ....

11. SEÑALA la forma verbal que sea correcta para formar una estructura condicional:

1. Como no ....
   a) te abrigues / no sales de casa   b) te abrigas / no salgas de casa

2. Te recibo en casa por si no .... que te vea nadie.
   a) quieres   b) quieras

3. Estás como si te .... dado una paliza.
   a) hubieran   b) dieron

4. Si me .... sola en el mundo me moriría.
   a) quedara   b) quedaba

5. El mes que viene estaremos en América, si Dios ....
   a) quisiera   b) quiere

6. En el supuesto caso de que los planes de estudio .... nadie estaría contento con ellos.
   a) funcionen   b) funcionaran

7. Si no .... el coche, no habría venido andando.
   a) me hubieran robado   b) robaran

8. Si alguien te .... qué escondes ahí, dile que un libro.
   a) pregunta   b) preguntara

9. Si por casualidad se le ...., llámalo tú.
   a) olvida llamarte   b) olvidará llamarte

10. Si .... el tiesto en la terraza, no olvides regarlo.
    a) pondrás   b) pones

12. ADVIERTE a tu amigo de lo que puede pasarle si no sigue tus consejos:

Modelo: No estudiar / no ser nadie en la vida.
Si no estudias, no serás nadie en la vida.

1. No hacer deporte / ponerte fofo.

5. No darme un abrazo / no volverte a hablar.

2. No venir pronto / irnos.

6. No curarte antes el catarro / no salir de casa.

3. No dejar de comer / prohibírtelo yo.

7. No enchufar la televisión / no encenderse nunca.

4. No regresar pronto del colegio / mi padre preocuparse.

8. No conducir mejor / nunca sacar el carnet de conducir.

13. ¿Qué harías si estuvieras en el lugar de estas personas? EXPRÉSALO.

Modelo: Últimamente me encuentro fatal.
Yo que tú, iría al médico.

1. Me voy de casa (no hacerlo, si no querer lamentarlo).

2. Le voy a dar otra oportunidad (no hacerlo, te está engañando).

3. Estoy adelgazando mucho (consultarlo con un endocrino).

4. No puedo hacer nada. Estoy muy triste (visitar al psicólogo).

5. Oigo ruidos extraños en la casa (cambiar de casa).

Últimamente me encuentro fatal.

Yo que tú, iría al médico.

14. COMPLETA los espacios en blanco con un indicador de condición:

1. Nos desabrocharemos el cinturón .... aterricemos.

2. Trabajaré los sábados .... me los paguen bien.

3. Coge ese trabajo .... no encuentras otro mejor.

4. Te acompañaré al cardiólogo .... me ayudas a hacer la mudanza.

5. .... viene, muy bien; .... no quiere venir, otro habrá que sí quiera.

6. .... es verdad lo que se rumorea, ya no te puedes fiar ni de tu padre.

7. Nos parecería bien .... fuera acorde con nuestra ideología.

8. .... no me lo devuelvas ya, te denuncio por robo.

9. Comprueba bien todas las puertas .... se ha quedado alguna abierta.

10. Continuaré en la empresa de mi padre .... me ofrezca algo mejor.

Nos desabrocharemos el cinturón cuando aterricemos.

15. En este texto aparecen estructuras condicionales. COMPLETA los espacios en blanco con un indicador de condición y con el tiempo y modo adecuados. Para ayudarte, puedes oír el texto completo en la cinta.

Si tienes más de 25 años, no (poder, tú) .... estudiar hasta ahora y deseas acceder a la Universidad sin tener que ir aprobando uno por uno todos los cursos de Bachillerato (poder, tú) .... estudiar el curso de acceso a la Universidad para mayores de 25 años que todos los años imparte la UNED. También la Universidad convoca cada año en el mes de febrero, las pruebas de madurez para mayores de 25 años que se realizan en abril o mayo.

.... (superar, tú) estas pruebas, (deber, tú) .... realizar un cursillo de adaptación para matricularte en cualquier facultad. .... (aprobar, tú) el examen, sólo (poder, tú) .... acceder a la Universidad en la cual has superado las pruebas.

ESQUEMAS GRAMATICALES

LA EXPRESIÓN DE LA CONDICIÓN I

Las cláusulas condicionales expresan una condición cuyo cumplimiento es necesario para la realización de la acción del verbo del que dependen.

● **INDICADORES DE CONDICIÓN**

● **SI** (EL MÁS HABITUAL)	*Si quiere venir, que venga.*
● **COMO**	*Como no venga pronto, me iré sin ella.*
● **CUANDO**	*Cuando no te lo he dicho, será por algo.*
● **CON SOLO**	*Con sólo un esfuerzo más, habrías ganado.*
● **CON TAL DE QUE**	*Con tal de que vengas, no me importa a qué hora.*
● **CON QUE**	*Con que me digas la respuesta será suficiente.*
● **SIEMPRE QUE**	*Siempre que me avises antes, puedes visitarme.*
● **MIENTRAS**	*Mientras sea verdad, me puedes decir lo que sea.*
● **CUANTO ANTES**	*Cuanto antes nos llamen, primero iremos.*
● **DE + INFINITIVO**	*De haber ocurrido algo nos habrían avisado ya.*

✓ **EXPRESIONES CON 'QUE' EQUIVALENTES A EXPRESIONES CON 'SI'**

● **SALVO QUE**	*Salvo que estés enfermo, no faltes a esta clase.*
● **EXCEPTO QUE**	*No digas la respuesta excepto que estés seguro.*
● **A NO SER QUE**	*A no ser que haga frío, no te pongas el abrigo.*
● **A MENOS QUE**	*No hables, a menos que te dé permiso.*

✓ **EXPRESIONES DE USO MÁS CULTO**

● **EN EL CASO DE QUE**	*Lo compraré en el caso de que tenga dinero.*
● **CON LA CONDICIÓN DE QUE**	*Te lo presto con la condición de que lo devuelvas.*
● **EN EL SUPUESTO DE QUE**	*En el supuesto de que llueva, no será mucho.*
● **A CONDICIÓN DE QUE**	*Iré, a condición de que tu amiga vaya también.*

✓ **QUE** CONDICIONAL. EN ORACIONES DISYUNTIVAS Y SE CONSTRUYE COMO **SI**	*¿Que quiere venir?, perfecto; ¿que no quiere?, peor para ella.*
✳ **PARA EXPRESAR AMENAZA O ADVERTENCIA** (IDEA TEMPORAL DE INMEDIATEZ):	*En cuanto cojas esa pieza, se caerán todas las demás del montón.*
✳ En la lengua coloquial se utiliza mucho para expresar amenaza: PETICIÓN U ORDEN + y	*Díselo y te mato.*
✳ INDICADORES QUE EXPRESAN DESEO	*Como me regalen lo que quiero, les doy un beso.*
✳ CON VALOR DE CONDICIÓN ÚNICA	*Con sólo una hora más, lo habrías terminado.*
✳ INDICADORES TEMPORALES EQUIVALENTES A SI	*Cuando tú lo dices, será que es verdad.*
✳ CON VALOR DE CONDICIÓN OLVIDADA	*Te dijo que podías comer pasteles, eso sí, siempre que no hubieras comido dulces antes.*
✳ VALOR DE CONDICIÓN QUE PERMANECE	*Mientras pueda valerme por mí mismo, no es necesario que vengáis a ayudarme.*
✳ CON VALOR DE SI + PRONTO, RÁPIDAMENTE	*Cuanto antes lo resolváis, mejor para vosotros.*

LA EXPRESIÓN DE LA CONDICIÓN II

● **EL MODO EN LA EXPRESIÓN DE LA CONDICIÓN**

Las cláusulas condicionales pueden llevar indicativo o subjuntivo. La aparición de uno u otro en la condición encabezada por SI está ligada al grado de certeza que tenga el hablante sobre el cumplimiento de la condición.

✓ A MAYOR GRADO DE CERTEZA
DE QUE SÍ SE CUMPLIRÁ Mayor probabilidad de aparición del indicativo.

✓ A MENOR GRADO DE CERTEZA
DE QUE SE CUMPLIRÁ Mayor probabilidad de aparición del subjuntivo.

✓ VAN SIEMPRE CON SUBJUNTIVO EN
LA ORACIÓN SUBORDINADA LAS
CONDICIONALES INTRODUCIDAS POR:

● A MENOS QUE	*Lo haré, a menos que no me lo permitan.*
● COMO	*Como lo veas, te arrepentirás.*
● CON TAL QUE	*Hazlo, con tal que te calles de una vez.*
● A NO SER QUE	*Voy contigo, a no ser que prefieras ir solo.*
● EXCEPTO QUE	*Comeremos esos platos, excepto que a ti no te apetezcan.*
● SALVO QUE	*Solucionaremos el problema, salvo que sea un error irreparable.*
● SIEMPRE QUE	*Nos ayudaremos unos a otros, eso sí, siempre que no haya nadie que no quiera.*
● POR POCO QUE	*Por poco que le digan, ya se pone a llorar.*
● A NADA QUE	*A nada que haya ruido, se pone nervioso.*
● SUPONIENDO QUE	*Suponiendo que la casa esté en orden, pasaremos allí las vacaciones.*

● **NOTAS ESPECIALES**

● **SI** Es posible en todas las oraciones condicionales, pero **COMO** y **SIEMPRE QUE**, no.

● **COMO**  Expresa que, de cumplirse la condición, se produciría un hecho inesperado, generalmente negativo, por eso se utiliza para amenazar al interlocutor y aconsejarle que no realice una determinada acción. El condicionante siempre va antepuesto.

● **SIEMPRE QUE** Expresa una condición sin la cual no se cumple la oración principal. Equivale a **SÓLO SI**. En estos casos la condición suele ir detrás de la oración principal.

ESQUEMAS GRAMATICALES
LA EXPRESIÓN DE LA CONDICIÓN III

● **SECUENCIA DE TIEMPOS CON 'SI'**

✓ ORACIÓN SUBORDINADA EN INDICATIVO

No admite ni futuro ni futuro hipotético (o condicional) (Nunca digas: * *si vendrás* o * *si vendrías*).

● **CON PRESENTE**
La oración principal puede llevar
cualquier tiempo que no sea pasado.

 Si tienes hambre, come.
Si no madrugas, no llegarás a tiempo.

● **CON PASADO**
La cláusula admite cualquier tiempo
salvo el pretérito anterior, o el pluscuamperfecto;
este último se puede oír en la conversación
en un registro muy descuidado.

 Si se enfadó por eso, peor para ella.

 Si lo ha buscado, lo habrá encontrado.

 Si no te multaron, fue por tu cara bonita.

✓ ORACIÓN SUBORDINADA EN SUBJUNTIVO

● Nunca ponemos **PRESENTE** ni **PRETÉRITO PERFECTO**

 • *Si venga* (En México se usa).

 • *Si haya venido.*

● **SI + IMPERFECTO DE SUBJUNTIVO** (subordinada)   **FUTURO HIPOTÉTICO** (principal)

Si hablaras menos…   *… te iría mejor en la vida.*

● **SI + IMPERFECTO DE SUBJUNTIVO** (subordinada)   **IMPERATIVO** (principal)

Si viniera a recoger este paquete…   *… dáselo en mano.*

● **SI + PLUSCUAMPERFECTO DE SUBJUNTIVO** (subordinada)   **FUTURO HIPOTÉTICO** (principal).
Con sentido de pasado.

Si hubieran venido a tiempo…   *… no habría sucedido nada.*

● **SI + PLUSCUAMPERFECTO DE SUBJUNTIVO** (subordinada)   **FUTURO HIPOTÉTICO** (principal).
Con sentido de presente.

Si te hubieras despertado pronto…   *… habrías hecho el desayuno.*

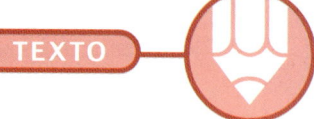

Si las cosas no cambian, todo apunta a un desastre previsto

Una generación de españoles se está jugando su futuro en la reforma educativa. Los resultados que están **aflorando** en los ámbitos de implantación de la **LOGSE** son de tal gravedad, que ocultarlos sólo conduciría a profundizar en el daño a los actuales escolares y ampliarlo a los futuros estudiantes.

La Administración se cuida de no informarnos con rigor de cuál es la realidad de la educación de los muchachos del sistema educativo LOGSE, pese a que existe un organismo cuya finalidad es evaluar la calidad del sistema.

Los resultados de las pruebas de selectividad de las dos primeras **promociones** LOGSE **arrojan** un porcentaje de aprobados significativamente más bajo que el de los alumnos del sistema que sustituye, pese a que las pruebas de examen eran extremadamente simples.

Así que, si las cosas no cambian, más de 500 000 alumnos de doce años deberán **incorporarse** al primer ciclo de **ESO** en el mes de septiembre, aunque, para la mayoría de los **implicados** en el sistema educativo toda la reforma se ha hecho en malas condiciones y ha acabado con la posibilidad de crecimiento de la enseñanza pública, a pesar de la creciente demanda de las familias.

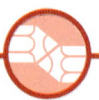

HABLEMOS DEL TEXTO

LOGSE: Ley Orgánica General del Sistema Educativo.

ESO: Enseñanza Secundaria Obligatoria.

Aflorar: Asomar, surgir, aparecer.

Promoción: Conjunto de personas que al mismo tiempo obtienen un grado, título o empleo.

Arrojar: Dar como resultado.

Incorporarse: Entrar a formar parte de algo.

Implicado: Afectado, que tiene parte o interés en un asunto.

16. FÍJATE en este horario de un instituto de enseñanza secundaria:

Hora	Lunes	Martes	Miércoles	Jueves	Viernes
9-10	Español	Matemáticas	Ciencias	Dibujo	Inglés
10-11	Matemáticas	Inglés	Ciencias	Español	Dibujo
11-11:30	RECREO	RECREO	RECREO	RECREO	RECREO
11:30-12:30	Inglés	Español	Dibujo	Matemáticas	Ciencias
12:30-1:30	Ciencias	Matemáticas	Ciencias	Español	Inglés

1. ¿Qué asignatura es la que más te gusta?

2. ¿En cuál sacas (sacaste) mejor nota?

3. ¿Tienes buenos o malos recuerdos del colegio?

4. Si volvieras al colegio, ¿qué cosas cambiarías y qué cosas dejarías igual?

5. ¿Qué recuerdos tienes de los profesores y alumnos del colegio?

17. Dos estilos de vida. **HAZ** una lista con puntos positivos y puntos negativos sobre el estilo de vida de un centro público y un centro privado. **PONTE** en el lugar de un padre o madre: "*Si yo fuera madre llevaría a mi hijo a un centro privado porque... y porque... aunque también el centro público tiene otras ventajas*".

18. IMAGINA que eres un niño. **EXPÓN** lo que te gustaría ser de mayor.

1. Si tuviera .... sería ....
2. Si pudiera .... haría ....
3. Me gustaría ser .... con tal de que ....
4. Aunque tenga .... años me gustaría ser ....
5. Aunque ....
6. A pesar de que sea .... me gustaría ....

19. ESCUCHA esta entrevista a un representante de la Universidad de Valladolid:

P: PERIODISTA
R: REPRESENTANTE

P: ¿Cómo ves la situación de la Universidad en la actualidad?

R: Creo que la Universidad tiene que cambiar. Está muy masificada y si de verdad queremos una enseñanza de calidad debemos intentar cambiar un poco todos.

P: ¿Es Valladolid una ciudad con magnetismo para atraer a estudiantes de fuera de España?

R: Ya lo creo. Desde hace más de 50 años todos los años vienen a nuestra ciudad miles de estudiantes de las partes más alejadas del planeta. Hay que pensar que, aunque Valladolid es una ciudad mediana, tiene infinidad de atractivos para los estudiantes.

P: Siempre se ha hablado de que en Valladolid es donde mejor se habla la lengua española.

R: Aunque esto es un tópico, creo que hay razón en ello. Los estudiantes extranjeros se sienten atraídos por las gentes, costumbres, Universidad y, por supuesto, el buen castellano de estas tierras.

INVENTA una conversación dando tu opinión sobre la Universidad española, dónde se habla mejor español, etc. **UTILIZA** oraciones subordinadas (condicionales, concesivas, causales, finales...).

20. Clases de exámenes. **OBSERVA** estos tipos de exámenes que se pueden hacer a lo largo de la vida y **REDACTA** un texto siguiendo la fórmula del modelo:

- Examen oral.
- Reconocimiento médico.
- Prueba de alcoholemia.
- Prueba de selectividad.
- Examen de conducir.
- Cata de vinos.
- Test psicológico.
- Pruebas para el reclutamiento militar.
- Examen de Inspección Técnica de Vehículos.

ELABORA estructuras condicionales como esta:

Modelo: *Si te examinas de... llegarás a obtener...*

21. Esquema del sistema educativo español. **DESCRIBE** el sistema educativo de tu país.

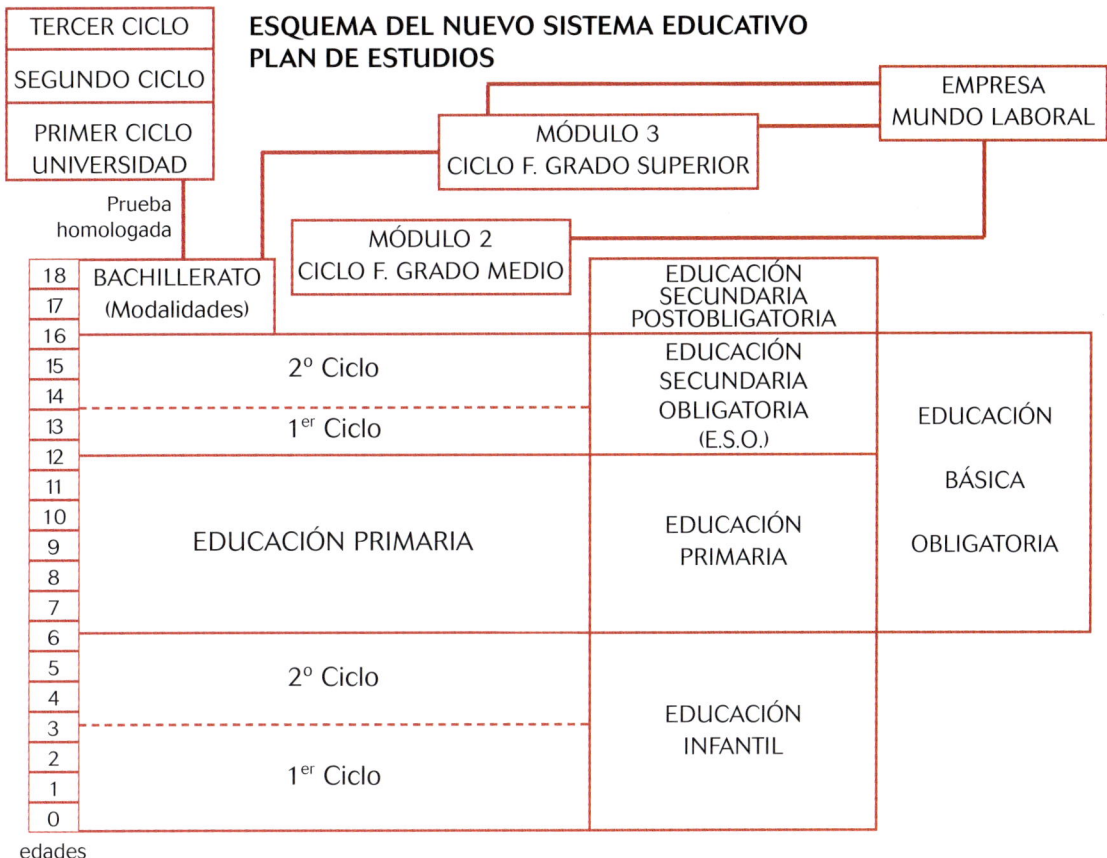

ESQUEMA DEL NUEVO SISTEMA EDUCATIVO
PLAN DE ESTUDIOS

A la vista del sistema educativo español, ¿qué debe hacer Juan García, un chico de 15 años, estudiante de cuarto curso de ESO para ser médico?

Si quisiera hacer _____ tendría que ir a _____

Si supiera hacer _____ podría hacer _____

Si supiera dos idiomas podría hacer _____

Si se le dieran bien las matemáticas podría estudiar _____

22. CONTESTA a estas preguntas sobre el texto.

1. ¿Por qué se habla de un 'desastre previsto'?

2. ¿Se ha hecho la reforma en buenas condiciones?

3. ¿Con qué posibilidad ha acabado la reforma?

4. ¿Están todos satisfechos con la reforma?

23. EXPLICA los tipos de estructuras que aparecen en el texto:

1. Si las cosas no cambian, todo apunta a un desastre previsto.

2. La Administración se cuida de no informar… pese a que existe un organismo…

3. Los resultados de las pruebas de selectividad… arrojan un porcentaje de aprobados más bajo… pese a que las pruebas eran simples.

4. 500 000 alumnos de doce años deberán incorporarse al primer ciclo de ESO…, aunque… toda la reforma se ha hecho en malas condiciones.

5. … ha acabado con…, a pesar de la creciente demanda de las familias.

CAMBIA los indicadores de condición y concesión por otros que tengan el mismo significado.

24. El siguiente texto contiene muchas frases coloquiales. **AVERIGUA** de cuáles se trata y qué se quiere expresar con ellas:

LA LETRA CON SOL ENTRA

¿No te has apuntado todavía a ningún curso veraniego, esos de horchata y manual? Porque, chica, si no te apuntas por cuestiones académicas, inscribirse en cualquiera de los 745 cursos que se ofrecen es puro esnobismo y frivolidad, y recuerda que no hace ni dos años te tiraste diez días persiguiendo a aquel profesor de no sé qué. De aquella inolvidable experiencia anotaste varias conclusiones:
   - No hay que apuntarse al tuntún. ¿Acaso se apuesta a cualquier caballo en un hipódromo?
   - ¿Quién habla de profesores? El éxito radica en que el ponente sea una personalidad o un personaje.
Si te cabe alguna duda todavía, por mínima que sea, infórmate en nuestras oficinas. Por mucho que te empeñes, nunca lo olvidarás.

EXTRAE las estructuras condicionales y concesivas del texto.

ESQUEMAS GRAMATICALES
LA EXPRESIÓN DE LA CONCESIÓN I

Las estructuras con valor concesivo expresan una objeción o dificultad para la realización de la acción indicada por el verbo principal.

● INDICADORES DE LA CONCESIÓN

- **AUNQUE**
  Indicador concesivo de uso universal.
  ☞ *Aunque sepas lo que pasó te lo contaré con pelos y señales.*

- **A PESAR DE QUE**
  Con frecuencia alterna con AUNQUE.
  ☞ *Te lo volveré a contar a pesar de que ya lo sepas.*

- **AUN CUANDO**
  Alterna con AUNQUE. Es más culta.
  ☞ *Habría votado al mismo que tú, aun cuando no me lo hubieras insinuado.*

- **PESE A QUE**
  Sustituye o alterna con AUNQUE.
  ☞ *No quería entrar en razón pese a que le dimos razones para ello.*

- **POR MÁS QUE**
  Se usa en la lengua hablada y la escrita.
  ☞ *Por más que estudio esta asignatura no logro aprobarla.*

- **POR MUCHO QUE / POR POCO QUE**
  ☞ *Por mucho que estudies, suspenderás.*

- **(AUN) A SABIENDAS DE QUE.**
  ☞ *Aun a sabiendas de que se iba a arruinar, se empeñó en emprender ese negocio.*

- **POR + ADJETIVO + QUE**
  ☞ *Por bueno que sea, no será como él.*

- **ASÍ**
  Así te mates, el plan no saldrá adelante.

- **(AUN) A RIESGO DE (QUE)**
  ☞ *Aun a riesgo de equivocarme, voy a casarme con Pepe.*

- **AUN + GERUNDIO**
  ☞ *Aun estudiando mucho, es difícil aprobar.*

- **POR MÁS (SUSTANTIVO) QUE**
  ☞ *Por más esfuerzo que hagas, no vas a ganar una medalla olímpica.*

- **Y ESO QUE**
  ☞ *Fui a la fiesta, y eso que no me invitaron.*

- **SI BIEN**
  ☞ *Te compré el regalo, si bien no lo mereces.*

- **POR MUY + ADJETIVO / ADVERBIO + QUE**
  ☞ *Por muy guapo que seas, no desfilarás.*

✓ OTRAS FORMAS DE EXPRESIÓN DE LA CONCESIÓN

- **FUTURO** con valor concesivo (equivale a AUNQUE + PRESENTE)
  ☞ *Serán ricos pero no son felices (aunque son ricos…).*

- **FUTURO HIPOTÉTICO** (equivale a AUNQUE + PRETÉRITO PERF. SIMPLE [o IMPERFECTO)
  ☞ *Tendría buenas intenciones pero no lo parecía (aunque tuviera buenas intenciones…).*

- **FUTURO HIPOTÉTICO COMPUESTO** (equivale a AUNQUE + PRETÉRITO PLUSCUAMPERFECTO) en estructuras adversativas.
  ☞ *Habría comido mucho, pero tenía hambre a la media hora (aunque había comido mucho…).*

- **AUNQUE + FUTURO**: El hablante da por hecho que sabe lo que va a suceder.
  ☞ *Aunque tomará el metro en Atocha no nos vamos a encontrar.*

- **PORQUE** en la lengua hablada puede expresar 'no merece la pena', 'nada va a cambiar'. La otra parte de la frase siempre es negativa.
  ☞ *Porque me llames a todas horas, no voy a dejar de pensar eso de ti.*

ESQUEMAS GRAMATICALES
LA EXPRESIÓN DE LA CONCESIÓN II

● **EL MODO EN LA EXPRESIÓN DE LA CONCESIÓN**

  ✓ **HECHOS FÍSICOS**
  - Conocidos o comprobados. ☞ INDICATIVO ☞ *Aunque hace frío no llevo abrigo.*
  - No comprobados directamente. ☞ SUBJUNTIVO ☞ *Aunque haga frío no llevaré abrigo.*

  ✓ **OPINIONES**
  - El hablante considera algo cierto. ☞ INDICATIVO ☞ *Aunque trabajas, no lo parece.*
  - El hablante está en desacuerdo. ☞ SUBJUNTIVO ☞ *Aunque lo digas, no me lo creo.*

● **CORRESPONDENCIA ENTRE MODOS E INDICADORES DE CONCESIÓN**

  ✓ **INDICATIVO**
  - (AUN) A SABIENDAS DE QUE ☞ *Hizo lo que debía aun a sabiendas de que me molestaría.*
  - Y ESO QUE ☞ *Le dijo cuatro palabras bien dichas y eso que era su jefe.*
  - SI BIEN ☞ *Vale, lo haré, si bien no estoy de acuerdo con eso.*

  ✓ **SUBJUNTIVO**
  - POR MUCHO QUE ☞ *Por mucho que lo intentes, no lo conseguirás.*
  - POR + ADJETIVO + QUE ☞ *Por fácil que te parezca, no lo es tanto.*
  - POR MUY + ADJ./ADV. + QUE ☞ *Por muy hermoso que sea, es carísimo.*

  ✓ **INFINITIVO**
  - A PESAR DE ☞ *A pesar de tener muy mal humor, cae bien a la gente.*
  - (AUN) A RIESGO DE ☞ *Le dijo la verdad, aun a riesgo de perder su amistad.*
  - PESE A ☞ *Pese a no tener un duro, da todo lo que tiene.*

  ✓ **GERUNDIO**
  - AUN ☞ *Aun suplicándole que te lo permita hacer, no lo hará.*

  ✓ **INDICATIVO / SUBJUNTIVO**
  - AUNQUE ☞ *Aunque han aprobado, los alumnos no están contentos.*
    Aunque hayan aprobado, los alumnos no están contentos.
  - A PESAR DE QUE ☞ *A pesar de que llueve, vamos al cine.*
    A pesar de que llueva, vamos al cine.
  - PESE A QUE ☞ *Pese a que estamos contentos, todos queremos más.*
    Pese a que estemos contentos, todos queremos más.
  - POR MÁS (SUSTANTIVO) QUE ☞ *Por más amigos que tienes, no te ayuda ninguno.*
    Por más amigos que tengas, no te ayuda ninguno.

● **ESQUEMA DEL SUBJUNTIVO / INDICATIVO EN LAS CONCESIVAS**

  ✓ YO DIGO QUE... ☞ INDICATIVO ☞ *Aunque hace sol no quiero ir a la playa.*
    Y YO DIGO QUE... *(Yo digo que hace sol y que no quiero ir a la playa).*

  ✓ TÚ DICES QUE... ☞ INDICATIVO ☞ —*Yo creo que es mejor viajar en tren.*
    Y YO TAMBIÉN DIGO QUE... —*Aunque es mejor el tren es más barato el coche.*

  ✓ TÚ DICES QUE... ☞ SUBJUNTIVO ☞ —*Yo creo que es mejor viajar en tren.*
    PERO YO DIGO QUE... —*Aunque sea mejor el tren es más barato el coche.*

LÉXICO

EL SISTEMA EDUCATIVO

SUSTANTIVOS

La enseñanza
La escuela
El colegio
El instituto
La facultad
La universidad

La academia
La escuela técnica
El alumno
El discípulo
El maestro

El catedrático
La matrícula
Las notas
Las calificaciones
La asignatura

Los materiales de estudio
El diccionario
La pizarra
El folio
La tiza
El dictado
El mapa
Los apuntes
El ordenador
La pluma
El compás

Los títulos y diplomas
El título
El certificado
Las oposiciones
El sobresaliente
El expediente

El diploma
El justificante
La convocatoria
La matrícula de honor
La beca

La carrera
La licenciatura
El aprobado
El suspenso
El notable

VERBOS

enseñar
aprender
estudiar
examinar
repasar

matricularse
licenciarse
diplomarse
suspender
aprobar

 EJERCICIOS

25. RELACIONA los elementos de las tres columnas:

1	2	3
La beca Erasmus-Sócrates ●	● cubre ●	● a los padres.
Los apuntes ●	● no funciona ●	● muy pocos gastos.
El expediente ●	● os dicta ●	● el profesor.
La ESO ●	● fueron entregadas ●	● en el medio rural.
Las notas ●	● se necesita ●	● 5 años.
La carrera ●	● dura ●	● para pedir una beca.
Las asignaturas optativas ●	● dio su discurso ●	● durante tres horas.
El conferenciante ●	● son elegidas ●	● por los propios alumnos.
El formulario ●	● sirve ●	● para hacer la matrícula.
La formación profesional ●	● empieza ●	● a estar valorada.

26. LEE cómo es el sistema educativo de Francia:

La escolarización es obligatoria en Francia desde los 6 hasta los 16 años, y se estructura así: hasta los 11 años, los niños van a la "Ecole Primaire", después asisten al "Collège" y desde los 15 hasta los 18 van al "Lycée", donde cursan segundo, primero y el curso "Terminale". Al final del primer curso, realizan la primera parte del examen "Baccalaureat", para medir el dominio del francés. La segunda parte del examen se pasa al finalizar el curso "Terminale". Lo normal es asistir al liceo local, donde el alumno tendrá que optar entre los estudios de la rama de Ciencias o de Letras. Matemáticas, Historia y Geografía, Francés, Física, Biología, Inglés y otro idioma son las asignaturas comunes a todos.

IMAGINA que eres un estudiante francés, ¿qué estudios deberás seguir si quieres ir a la Universidad? ¿Qué diferencias encuentras entre este sistema educativo y el de tu país?

27. EXPLICA el significado de estas frases coloquiales:

1. Cuando suspendió el parcial no le quedó más remedio que agachar las orejas y marcharse.

2. Después de un año entero estudiando, es bueno cambiar de aires.

3. El profesor nos dijo que ahuecáramos el ala.

4. En la escuela le decían que era un cero a la izquierda.

5. No te has enterado de lo que te he explicado porque estás todo el día en el limbo.

6. Esto que te digo te lo puedo asegurar porque lo sé a ciencia cierta.

7. Nunca dejes el trabajo a medio hacer.

8. Desde que suspendió el examen de inglés no levanta cabeza.

9. Cómo aprender español sin morderse la lengua.

LA LABOR CULTURAL DE LOS MISIONEROS

El mayor problema con que se encontraron los conquistadores y colonizadores españoles en el Nuevo Mundo fue la incomunicación con los indígenas. Los lugares descubiertos formaban un mosaico de lenguas tan diversas que, según el Padre Acosta, de Quito a Chile había más de 600 lenguas distintas.

Ya en el segundo viaje de Colón queda patente que el objetivo principal de los descubrimientos era evangelizar y crstianizar a aquellos seres, al tiempo que se les sometía a la Corona castellana. Por ello viajaron en esa ocasión un nutrido grupo de clérigos y misioneros. Estos, desde el principio, inventaban y practicaban formas de acercamiento a los indígenas, pero con pobres resultados. Los primeros intentos de los reyes españoles consistieron en expandir el español para lograr una rápida evangelización y también se ordena que se adoctrine en castellano, se enseñe la doctrina cristiana y a leer y escribir a los hijos de los caciques para que ellos, a su vez, enseñen a los demás. Estas leyes fueron ineficaces.

Una figura indispensable en el proceso de comunicación entre hablantes de unas y otras lenguas fueron los *indios lengua*: intérpretes de español y una lengua indígena. Se convirtieron de intérpretes en traductores oficiales y colaboradores de altos cargos políticos y eclesiásticos.

Esta actitud que mantienen la iglesia oficial y la Corona, no la siguen los misioneros. Durante el reinado de Carlos I se ordena que se adoctrine en español; pero con ello no se progresa en la evangelización. Por ello su hijo, Felipe II, en 1565 ordena que sólo vayan a evangelizar los clérigos que conozcan el idioma de sus feligreses indígenas. Ordena, además, que en las Universidades de Lima, México y en las ciudades donde hubiera Academias reales hubiera cátedras de la lengua de los indios. Pero tanto este rey como su hijo, Felipe III, reciben consejos en contra de la evangelización en lengua indígena. Y de nuevo se prohíbe. Tendencia que mantienen Felipe IV (1621-1665) y Carlos II (1665-1700) y se mantuvo en el siglo XVIII.

Pero contrarias eran la opinión y actitud de los misioneros. El Padre Las Casas pidió al Papa que los misioneros aprendieran la lengua de sus feligreses. En idéntico sentido se manifestaban los otros evangelizadores. Porque el contacto con el pueblo, el respeto a las personas, a los modos de vida, costumbres y lengua de los indios eran la más poderosa guía para los misioneros.

Y así, los misioneros, que conocían bien algunos de aquellos idiomas escribieron gramáticas de ellas, conscientes de la dificultad de aprender una lengua sólo con la práctica diaria. Acomodaban la lengua estudiada a la grafía y las categorías gramaticales del español o del latín. Su objetivo era ofrecer una gramática de una lengua indígena, lo más didáctica posible, a los otros misioneros. Escribieron, además, diccionarios bilingües sumamente útiles.

Tras esta labor hay que ver la actitud del clero ante el indígena: buscaban su evangelización y aculturación, pero viendo al indígena como un ser humano al que había que respetar y elevar a una condición religiosa superior, sin destruir su cultura tradicional básicamente oral, su identidad y sus derechos.

Aquellos frailes no consideraban las lenguas indígenas inferiores al español; además, las adaptaron a una grafía de la que carecían. Y esa adaptación es la raíz de su supervivencia.

Índice

Índice